U0607503

英国脱欧：进展与前景

李奇泽 著

人民出版社

目　录

不确定性年代里的确定性寻求
（代前言）

黄　平

今天，世界各地都见证了经济大变化，政治大动荡，关系大重组。

仅拿欧洲来说，2008 年以来就经历了从希腊债务问题到欧元区危机、从克里米亚归属问题到乌克兰危机、从经久不衰的非法移民问题到二战以来规模最大的难民危机、从英国的脱欧公投到欧洲各国将要举行的不确定性大选……

在美国，几乎是同一时期，我们也见证了从次贷危机、雷曼兄弟倒闭到华尔街金融风暴，从茶党运动、占领华尔街运动到两极分化、两党极化，从桑德斯现象到特朗普当选……

在各类媒体上，人们甚至用了"黑天鹅"来描述一个又一个惊奇和意外。

面对变局、迷局、乱局，中国如何应对？从战略抉择到政策规划，要不要调整？

变动中的国际格局

如果从国际格局和世界秩序的角度纵览当今世界，格局的调整和秩序的变化才是最重要的特征。仅从 1945 年第二次世界大战结束以来的短短 70 余年的历史看，无论是德黑兰、波茨坦还是雅尔塔，三巨头无论当时达成了什么样的关于战后世界划分势力范围的协议，很快又进入了长达近半个世纪的"冷战"，而整个冷战时期，在我们周边，实际上还发生了好几场热战。"冷战"／热战之余，争夺中间地带的努力和斗争一直就没有停止过。这些"中间地带"，也被叫作"第三世界"，其一开始并没有"发展中"的意涵，只是在它们摆脱殖民统治和争取独立后，发展才成了他们最为关心的议题，虽然至今在很多这样的国家和地区，发展仍然是最为头痛的难题，其中一些还处在不发展或欠发展的状态之中。

战后形成的冷战格局，一方面是一种冷和平格局，另一方面也一直处在变化之中，除了广大的中间地带不时变换其排列组合，两个阵营内部和两个阵营之间，也一直就没有固化过。20世纪70年代中期中国提出"三个世界"理论之时，当时的国际格局已经与二战结束时大不一样了。而就在许多新独立的国家和地区仍受困于不发展或贫困之中时，"冷战"以特殊的戏剧化（悲剧？喜剧？闹剧？）形式一夜间宣告结束了。

变化成为常态

东欧剧变、苏联解体，"冷战"结束。美国自以为不是苏联垮了，而是美国和西方胜了，一时沉浸在"历史终结"的陶醉之中。但是美国的"一超独霸"好景不长，很快，人们发现那不过是昙花一现，这个世界所迎来的，不是什么历史终结，而是我们"已知世界的终结"（沃勒斯坦2001年出版），如果不是回到文明冲突的时代或进入新的文明冲突的话。

20世纪90年代以后，即使以全球化之名所上演的各种剧目，经济结构变迁、科技革命、能源之争、地区纠纷、宗教冲突，无不以变化、变迁、变动为基本标识。2007、2008年以来，不确定性更是成了基本的常态。

一般地说，自然科学总是走在社会科学的前面，而社会科学中，国际关系理论又总是走在后面。这次又是这样。在自然科学界，早在20世纪初，爱因斯坦就先后提出了狭义相对论和广义相对论，20世纪20年代海森堡发现了不确定性原理（Uncertainty Principle，曾译"测不准原理"），再后来是量子力学的发展，一直到 20 世纪 90 年代关于混沌理论（chaos theory）的研究，关于复杂系统理论（system complexity）的研究，都在不断突破 18、19 世纪以来科学对于确定性的寻求。在社会科学界，除了前述的《已知世界的终结》（The End of the World as We Known it，I. Wallerstein），20 世纪 80 年代以来就有了关于《迁移时代》（The Age of Migration，S. Castles）、《风险社会》（Risk Society，U. Beck）、《网络社会的兴起》（The Rise of Network Society，M. Castells）、《飞逝而去的世界》（Runaway World，A. Giddens）、《现代世界的混沌与治理》（Chaos and Governance in the Modern World System，J. Arrighi，et al.）等等。这些重要的社科类著作，大多没有进入从事国际问题、国际关系研究的学者的视野，尽管它们几乎都在第一时间就被翻译成了汉语。而它们的作者们所想要面对和试图阐释的，都是我们今天正在进入的这个以变化、变动、变迁为基本特色的全球化时代和它所面临的种种挑战、风险、危机和不确定性。

由于这些都是本文一开始所列欧美那些挑战发生以前发表或被翻译出版的，我们未对它们给予足够注意也就在所难免。无疑，人文社会科学历来看重的就是变化。中国古代最伟大的不朽著作之一就是《易经》，古希腊的传统也是以"人不能两次踏进同一条河流"而著称的。更不用说自资本主义在西欧发生发展以来，几乎"所有凝固之物都融化为了一缕青烟"，研究资本主义的发生、运转，它本身的结构、机制，它所蕴含的矛盾、冲突，才是社会科学学者所要锲而不舍，毕其一生去寻根究底的。如今，面对地区和全球层面上新的挑战和在这些挑战下新一轮的国际格局变化和国际秩序重构，连当时因宣布"历史终结"而名噪一时的福山，也开始不断反思，甚至怀疑美国已经是一个失败国家！

2017：不确定性的年份

本来，从欧洲的一体化进程来看，不得不承认，从欧共体，到欧元区，再到欧洲议会和欧洲理事会，像欧盟这样的设计是具有长远目标和战略耐力的。特别有意思的是，欧洲国家众多，文化如此多样，却对一体化如此执着。欧盟，与其说它是一个未完成的一次性工程（project），不如说它是一项长期的不断延伸的规划（program）。即使如此，也可以说，人算不如天算，计划赶不上变化。本文一开始所列欧洲面临的各类挑战和危机，几乎没有一项是当初设计时预期到了的，更有甚者，有些干脆就是它本身发展演变所带来的"未能预期到的结果"（unintended consequences）。

而美国，无论怎样研判和估量其硬实力软实力或综合实力，更无论是否正在发生（或人们是否愿意看到）美国衰落，面对如此罕见的政治分裂、社会撕裂和上下割裂，不得不承认，今天它所遭遇的危机，确实已经是20世纪80年代以来学者们曾热烈讨论的合法性危机了。本次大选过程中所具有的戏剧性，黑天鹅一只一只地出现，主流媒体的一次次误判（和误导！），不过是这种危机的外在表现和具体个案而已。

在欧美，更深刻的变化，其实早就开始发生了：人口结构的老龄化或人口构成的多样性，经济的多元化或空心化及所导致的就业不足与福利不够，贫富差异的日益悬殊和外显化，本地人外来人的矛盾或移民带来的各类族裔矛盾所导致的"我们是谁？"的认同危机，虚拟经济与实体经济之间的孰轻孰重，沿海和大城市带与内地和小城镇居民在一系列基本问题上的差异与分歧，代际之间在生活方式和价值上的不同模式和追求，这些都不是仅仅在谁当选、什么政策、如何推行这样的政治或政策层面上就能解决的深层次经济社会难题。

外交是内政的延续。随着特朗普的当选和1月20日入主白宫，外交转型也被提到了日程，而他本人是否具有执政经历，嘴上放炮是否遵循外交礼仪，对媒体发声是否符合"政治正确"，都不是问题的关键所在。但特朗普说"美国（利益）优先"时，一方面是在强调回归美国本身面临的矛盾、难题、挑战和危机，另一方面是在与他的前任拉开距离，全球事务、国际争端、地区冲突，都要以美国利益为优先考虑。对于特朗普及其团队，最大问题在于：什么才是美国的利益？怎样才能使"美国重新变得伟大"？贸易保护，政治保守，社会排外，是否真的就符合美国的——哪怕只是短期的——利益？

2017 年，美国的新总统新班底才开始执政，欧美关系会不会出现大的变化、如何变化？英国与欧盟的脱欧谈判才将开始拉开大幕，其进程会有多复杂？对英对欧有何影响？几个主要欧洲国家将有大选，在法国、德国、荷兰、意大利谁将上台？他们对于欧洲的政治版图有什么冲击？不仅如此。更重要的是，欧洲一体化走势会不会放慢、受阻，以至倒退？欧美的这些变化将对世界格局产生什么影响？贸易保护主义、政治保守主义和社会排外主义（"民粹主义"）会不会在一些国家乃至整个世界如幽灵般回荡？20 世纪末以来的这一轮全球化会不会放慢乃至出现逆全球化？

如果说 2016 年的不确定性是以英国公投、美国大选为标志的，那么，2017 年更大的不确定性，是特朗普入驻白宫后会开始显现。在种种"政治正确"的或"政治不正确"的说辞后面，反映的是当变化成为常态，混沌和风险也就常在，各种危机随时可能发生，不确定性（不仅是测不准，而且是无法测！）成了几乎是唯一的确定性，国际格局呈现出一副"失序"（disorder）的样态：社会失范（abnormal）、制度失灵 (dysfunction)、安全失控 (out of control)、精英失职（breach of duty）。再往深看，是关系重建，无论是国际关系的行为主体还是主要议题都已经发生了重大变化；同盟重组，冷战时的那些"同盟"要么不复存在，要么正在失效；规则重写，丛林规则，零和规则，不再是符合时代潮流的规则；格局重构，一超独霸不再，多极世界尚未充分成型，多边难免，多元难治。

新的挑战，新的机遇

不经意间，我们又走到了一个新时代的门口，把狄更斯的老话换个顺序说：这是最坏的时代，也是最好的时代；这是愚昧的年头，也是智慧的年头；这是怀疑的时期，也是信仰的时期；这是黑暗的季节，也是光明的季节；这是失望的冬天，也是希望的春天。

今天的世界，增长乏力，贫困依在，失业加重，贫富差距到处可见，社会不公有增无减，地区冲突频繁，族裔歧视严重，难民涌动，暴恐不断……

面对这些挑战，各人自扫门前雪，不再是明智的选择，因为我们越来越互相依存；以邻为壑、彼此为敌，更不是理性的策略，因为这只能是害人害己；退居一隅、偏安一方，无非是鲁滨逊似的幻想；复辟倒退、回到过去，根本不再可能。向前看，全球层面的治理有待完善，国家和地区间的合作有待提升，精英与大众间的共识有待达成。走互利、合作、共享、共赢之路，就必须将已有的各种资源重新激活、更新组合、吸纳新元素、接受新思想、实施新方案，从创新（即"创造性的破坏"）中寻求再生。创新，才是真正的机遇，而机遇，从来都只是给有准备的人的。

从2017年到2020年，从新世纪的前20年到整个21世纪，我们需要的，不是贸易保护和政治保守，更不是疑外、排外、恐外、仇外，而是更新版或升级版的全球化：这是创新的，使财富更加涌流，也是包容的，使各国都能参与；它是公平的，要大家都能受益，还是绿色的，确保可持续。新的格局在这种全球化中形成，新的秩序在这种全球化中构建，新的规则在这种全球化中达成。也许，或者肯定，这个过程不是一帆风顺的，其间充满了不确定性、难题与混沌，风险与危机，博弈与较量，冲突与斗争，都在所难免。我们做了最坏打算，才有可能得到最好结果。

探索新路，需要新的思想，引领新潮，需要新的担当。面对不确定，面对风险甚至可能的危机，有一点是确定无疑的，那就是：走和平之路，发展之路，互利之路，共赢之路。

这样，无论美国的政治走向一时多么让人捉摸不透，欧洲的一体化进程短期看增添了多少曲折，也无论非洲多么"穷"中东多么"乱"，不论气候变化达成的协议是否严格执行，全球减贫的目标能否如期达成，如果金砖国家的机制能够持续并提升其作用和影响，"一带一路"的倡议能够让更多的国家和组织参与，那么，新兴经济体的作用，发展中国家的贡献，非西方道路的意义，中国的大国担当，就一定能够更加凸显。人类社会、世界体系、国际格局，就都可能在 21 世纪按照从利益共同体、到责任共同体、再到命运共同体的路线图来建设。

（作者系中国社会科学院欧洲研究所所长，中华美国学会会长）

前　言

　　1973 年 1 月，英国正式加入欧共体，但迟迟不肯加入欧元区，并坚持使用本国货币英镑。一直以来，作为欧盟主要成员之一的英国，对欧盟奉行暧昧态度。随着近年来欧盟经济持续下行，英国方面认为欧盟经济严重影响英国经济，因此脱欧情绪高涨。2016 年 6 月 24 日，英国脱欧公投，"脱欧派"以超过 50% 的选票胜出，脱欧成为事实。

　　不少学者、研究机构对英国脱欧后全球、欧盟、英国的经济走势给出了不同的看法。国际货币基金组织（IMF）主席拉加德表示，英国脱欧对英国经济将会是一个"糟糕到极点"的选择。从英国与欧盟的经贸关系来看，欧盟是英国的第一大出口目的经济体，占英国出口总量的 46.9%；同时欧盟也是英国第一大进口来源经济体，占英国进口总量的 52.3%，英国脱欧后，英国经济赖以运转的许多协议、规定以及法律依据将被打破，使得英国经济发生震荡。此外，英国重新开启欧盟贸易协定谈判，未来双方经贸关系走向似乎并不明朗。

　　本书在大量现有资料的基础上，主要采用了两种分析方法。一是运用历史和系统的研究方法，对英国与欧盟关系的演变过程进行了尽可能全面的梳理，总结归纳了各个时期英国与欧盟关系发展的特点，对未来英国与欧盟可能选取的经贸合作方式进行了梳理，并对未来英国与欧盟经贸关系走向进行了深入的研究分析。二是在运用了定性分析和定量分析相结合的方法，主要研究了英国与欧盟及其主要成员国之间的经贸关系，分析了英国脱欧之后对双方经贸关系产生的影响，最后系统性研究了英国脱欧之后对世界经济的影响。

本书主要研究了二战以来英国与欧盟之间关系的演变、英国脱欧对双方经贸关系的影响、未来英国与欧盟之间可能选择的经贸合作模式和英国脱欧后双方经贸关系前景。

全书共分为六章，主要内容与结构安排如下：

第一章为英国与欧盟关系的演变。本章将英国与欧盟的关系变化划分为 5 个阶段：主张联合阶段、对抗一体化阶段、加入欧共体阶段、合作与分歧阶段和正式脱欧阶段。在主张联合阶段，欧洲各国在经历了第二次世界大战摧残之后，开始萌发欧洲一体化的思想。此时，英国首相丘吉尔主张建立一个欧洲合众国，并提出了著名的"三环外交"的方针；在对抗一体化阶段，法国外交部部长提出了西欧国家煤钢联营计划（舒曼计划），开启了欧洲一体化新进程。英国政府出于维护自身国家主权的考虑，拒绝参加这种"超国家"的机构。同时，英国政府还强烈抵制共同市场，联合瑞典、挪威、丹麦、瑞士和奥地利等国家组建了欧洲自由贸易联盟，试图与欧共体抗衡；在加入欧共体阶段，为了摆脱英国遇到的困难和经济问题，英国政府决定加入欧共体。英国加入欧共体的过程较为曲折，从 1961 年开始，英国先后两次正式申请加入欧共体，都因遭到法国总统戴高乐的反对，而未能获得通过。直到 1973 年，英国才正式加入了欧共体；在合作与分歧阶段，英国的加入推动了欧共体经济的进一步发展，同时也与欧共体之间存在诸多异议，阻挠着欧洲一体化进程。1975 年 6 月，英国便首次对是否留在欧共体进行了公投。英国还拒绝加入欧元区，同时始终不参加申根协定，只是有限加入部分条款。在欧债危机爆发之后，英国政府态度冷淡，拒绝参与欧洲的经济治理。英国首相卡梅伦还宣称，若以他为首的保守党在新一轮的选举中获胜，将以全民公投的方式决定英国在欧盟的去留；在正式脱欧阶段，2016 年6 月 23 日，英国举行了全民公投，最终 51.89% 的民众选择支持脱欧，英国就此宣布退出已经加入了 43 年之久的欧盟。

第二章为英国脱欧前与欧盟及其主要成员国的经贸关系。本章先是深入研究了英国与欧盟之间的经贸关系，重点阐述了英欧之间的贸易政策、英国与欧盟之间的进出口贸易状况。然后,本章详细分析了英国与德国、荷兰、法国、意大利、比利时之间的经贸关系。为了完善欧盟单一市场,促进欧盟国家之间的经贸发展,欧盟出台了单一市场行动计划、内部市场战略等政策,这些政策的实施深刻地影响着英国与欧盟之间的经贸关系。英国国家统计局的统计数据则显示,欧盟是英国的第一大出口目的经济体,同时欧盟也是英国第一大进口来源经济体,英国与欧盟之间经贸联系十分紧密。2015年,英国对欧盟的进出口贸易总量达到了3559.43亿英镑。此外,在欧盟主要成员国中,德国、法国、荷兰、比利时和意大利为英国的主要进出口国。

第三章为英国脱欧对双方经贸关系的影响分析。本章主要分为三个部分:第一部分和第二部分主要从就业、人民福利、金融业、社会投资和整体经济走势共5个角度,详细分析了英国脱欧对英国自身以及对欧盟的影响。第三部分主要研究了英国脱欧对双方经贸关系的影响。对于英国来说,英国脱欧可以节省每年向欧盟缴纳的财政预算,摆脱欧盟规章对英国经济发展的束缚,同时还能使英国免受欧债危机的拖累,但是脱欧之后的英国贸易将会受到影响,GDP也将出现缩水,经济增长速度出现下滑的可能性较高。对于欧盟来说,英国脱欧将会削弱欧盟整体经济实力,影响到欧盟整体的经济增长速度,欧盟经济规模将会缩水17%以上。同时,英国脱欧还将影响到欧洲经济一体化进程,使欧洲经济一体化进程出现倒退,甚至还可能引发负面的示范效应。综合来看,英国脱欧之后,对英国自身和欧盟的影响有利有弊,但从整体上来说,是弊大于利。

第四章为英国脱欧后双方经贸合作模式分析。本章主要深入分析了英国脱欧之后双方可能采取或借鉴的经贸模式,主要分为瑞士模式、挪威模式(EEA模式)、土耳其模式、加拿大模式(FTA模式)、新加坡模式(自由港模式)和世界贸易组织模式(WTO模式)。在瑞士模式下,英国可以享受到欧盟单一市场货物、人员、资本等的自由流动所带来的诸多益处,但是需要重新签署多项单边协议,且该模式对于欧盟来说吸引力不够大。在挪威模式下,英国可以加入欧洲经济区(EEA),继续享受欧盟单一市场待遇,但是加入欧洲经济区意味着英国没有实行独立贸易协定的特权,英国将会沦为欧盟政策的遵循者。在土耳其模式下，英国将不用分摊欧盟预算，并拥有加强移民控制的特权，但是需要采用诸多欧盟现有的产品市场准则。在加拿大模式下，英国能够实现独立与欧盟签订自由贸易协议，且不再需要向欧盟缴纳预算分摊额。在新加坡模式下，自由港区可以实现贸易自由、投资自由、雇工自由、经营自由等，但是自由港具有地域局限性，仅限于沿海港口城市。在世界贸易组织模式下，英国与欧盟之间没有特殊的贸易协定，双边经贸往来将重新引入关税及非关税贸易壁垒。相较于之前欧盟体系内实行的单一市场贸易规则，英国与欧盟双方贸易壁垒将会抬高，这种局面是英国与欧盟双方所不愿意看到的。

第五章为英国脱欧后双方经贸关系前景分析。本章主要分析了英国脱欧后将要面临的贸易谈判以及英国脱欧后双方经贸关系的走向。根据《里斯本条约》第 50 条，在英国政府正式启动退出程序后两年内需要在多个层面包括本国国内、欧盟层面以及其他 27 个欧盟成员之间进行一系列的谈判。因此，英国最早于 2018 年 7 月才能正式脱欧，脱欧流程将十分漫长。

第六章为英国脱欧对世界经济的影响。本章主要分为四个部分，具体分析了脱欧之后的英国在世界经济中的地位、英国脱欧对英美经贸关系的影响、英国脱欧对中英经贸关系的影响、英国脱欧对全球的影响。

第一章　英国与欧盟关系的演变

一路走来，全球政治经济发展舞台上的聚光灯都频频投射在英国与欧盟的发展上。欧盟内部一直有着三足鼎立的发展形势，英国就是其中具有影响力的一员。英国对于和欧盟关系处理的各种方针政策，也在不同程度上左右着欧盟的发展。回顾欧洲的发展历程，欧洲是在二战以后慢慢兴起一体化的浪潮的。可以说，英国和欧盟之间的关系也是在二战后的欧洲形势不断变化发展下而逐步蜕变过来的。回顾看来，舒曼计划可以说是主张欧洲一体化的始发点。而后，欧洲对于一体化也纷纷出现质疑和反对的声音。在一系列的谈判和利益平衡后，欧共体正式诞生了，随之而来的标志性事件就是欧元诞生。而欧洲这一体化的进程中，欧盟自己的发展频频出现问题，和英国之间的矛盾渐渐累积起来，最后导致了英国脱欧。纵观英国与欧盟关系的历史进程，我们可以发现，英国带有强烈的主权意识，反对加入类似于欧共体的超国家机构，但是又希望通过融入欧盟来提高自身的国际影响力，维持过去"日不落"帝国的荣耀。正是在这样一种矛盾纠葛之中，英国与欧盟的关系几经波折，具体情况如下文所述。

一、主张联合阶段

（一）二战后的欧洲联合运动

在第二次世界大战结束前，欧洲部分国家，诸如法国，就已经萌生了欧洲联合的思想，并希望在欧洲能够建立起一种超国家的机构。1945年第二次世界大战结束之后，欧洲各国均遭受了重创，生产力遭受严重破坏，百废待兴，同时人民流离失所，社会治安极为混乱。在这样一种背景之下，西欧爆发了"欧洲联合"的运动。各国人民一致认为，欧洲决不能像一战和二战时期那样斗来斗去，只有欧洲各国团结在一起，才能够快速恢复欧洲经济，摆脱当前的经济困境。西德的领导人曾经对外表示，欧洲联合共同体的建立是势在必行的，唯有如此，欧洲才能最大限度地集结各方力量，从而形成抵抗美国和苏联欺压的有力保护伞。由此，统一发展的号角逐渐在欧洲内部吹响开来，一体化的进程也从此正式进入轨道。

（二）丘吉尔：主张联合

1945年，在法西斯国家相继正式宣布投降后，二战终于画上句号。根据大概的估计，全世界大约有4/5的民众被刮进这场战争暴风雨中，这可以说是人类发展史上人员伤亡前所未有之多的劫难之巅。对于欧洲本身来说，其所受的破坏和损伤更是不言而喻的，因为欧洲正是二战其中一个非常关键的战场。在第二次世界大战期间，英国英勇地抵抗了德国的侵略扩张，维护了世界的和平，同时英国也遭受了二战极大的破坏，国内经济开始出现衰落。根据相关资料显示，二战期间英国总共伤亡人数超过57万人，英国经济损失超过了70亿英镑。为了支付巨额的军火费用，英国政府变卖了大部分战前海外投资，国债也较二战前大幅度提高。在巨额的负债拖累下，英国国民经济接近于崩溃。在这种情况下，"日不落"帝国的昔日荣耀不复存在，英国经济实力开始下降，逐步沦为依附于美国的地位，英国大部分海外殖民地民族运动越发高涨，纷纷摆脱了英国的控制，宣布独立。

战后的英国不但雄风不再，并进一步分崩离析。从国家综合能力来看，尽管英、美、苏一起被认可成为"三巨头"，可说到军事实力，英国根本不能相抗衡于美国和苏联，大英帝国昔日辉煌不再。但是，在欧洲内部，由于昔日的强力对手德国、法国等均遭受了二战的毁灭性破坏，而英国本土由于较少受到德国的军事破坏，多数基础设施保存相对更为完整，英国的政治、经济和军事实力均居于欧洲首位，为欧洲第一号强国。

第二次世界大战结束后，在"欧洲联合"运动如火如荼地开展的背景之下，英国首相丘吉尔提出了建立欧洲合众国的主张。丘吉尔在一次演讲中表示，欧洲很有必要建立起欧洲一体化体系。要推动这一目标的逐步达成，德国与法国之间要慢慢和解……丘吉尔的这场演讲在欧洲反响很大，一时之间一体化的号角在欧洲大陆吹响起来。可仔细分析丘吉尔的这次演讲可以看到，丘吉尔建议发展欧洲合众国，并没有考虑过英国也加入到其中，他所主张的欧洲合众国实质上是不计算英国于其中的。但是，由于当时的英国是欧洲各国的领头羊，西欧各国还是希望英国能够发挥带头作用，带领西欧各国实现欧洲联合的。

1948 年 10 月，英国首相丘吉尔提出一个外交看法。那就是通过英国、美国和一体化的欧洲这三股力量的微妙关联，使英国充当三者的沟通纽带，并大力倡导"欧洲联合"，那也就是耳熟能详的"三环外交"方针。所谓"三环外交"中的三股重要力量是指，第一个是英国与英联邦，次之为英美之间的微妙关联，再者就是团结起来的欧洲。英国在这三环中处于极为重要的地位，这三环结合起来之后力量将会变得非常强大，不存在一种力量能够向它们挑战。"三环外交"方案提出后不久，丘吉尔多次在公开场合表示，英国是一个独立大国，并不具有加入到欧洲一体化团体中的可能性。英国愿意与欧洲站在同一阵线，但是英国不会是欧洲联合中的一员，这与英国当前的国际地位是极其不符的。因此，当时英国实质上并不想真正成为欧洲联合中的一员，其此举只是想借助欧洲的力量来挽救和恢复在二战中被削弱的国际地位。"三环外交"对二战后英国的对外事务处理方针带来了不少的影响，丘吉尔政府正是以这个方针为基准开展外事活动，试图通过此举来挽救大英衰落。

二、对抗一体化阶段

（一）拒绝参加舒曼计划

1. 舒曼计划的提出

欧陆人所强烈期盼的欧洲一体化，英国人表现并不踊跃，并没有发挥其领头羊的带头功能。相比之下，身处欧陆的法国表现得更为主动，在鼓动欧洲一体化的轨迹中施加了尤为关键的影响。法国人认为，要想达成欧洲一体化，需要团结欧洲各个国家之间的力量，每个领域的推动，要从欧洲每个国家经济上的团结，推进到欧洲各国政治上的团结。不久，西欧多个国家与法国人产生了强烈的共鸣。

在这样一种情况下，针对"欧洲联合"运动，法国人立即展开了行动。法国人让·莫内（Jean Monnet）提出了特别具有创造力的构思：把法国、德国双方的煤炭与钢铁资源归属于一个一体化管理组织之下，一起勘探和使用双方的这些相关矿物资源，并且该组织还热烈欢迎欧洲其他国家加入进来。很快，让·莫内就将这份建议书提交给了当时的法国外交部部长罗伯特·舒曼（Robert Schuman）。罗伯特·舒曼对这份建议书表现出了强烈的兴趣，很快一项具有重要意义的计划——"舒曼计划"便孕育而生了。

1950 年 5 月 9 日，法国外交部部长罗伯特·舒曼在记者招待会上发表了西欧国家展开煤钢联营的声明，即历史上著名的"舒曼计划"。在"舒曼计划"中，罗伯特·舒曼倡导：建立一个一体化联营组织，统一安排法国、德国双方的煤炭和钢铁运营，再有参与到该一体化组织中的成员国之间，煤炭与钢铁的流通不用再征收关税。"舒曼计划"的提出，为二战后欧洲各国的联合打下了良好基础，并开启了欧洲一体化进程。

舒曼计划提出之后，联邦德国、意大利、荷兰等国家对此产生了极大的兴趣，并且纷纷表示愿意展开合作，参与到这样一个煤钢高级联营机构中来，此外这些西欧国家还积极迅速地展开了行动。根据舒曼计划，意大利、荷兰、联邦德国、比利时、法国、卢森堡等六个国家开展了多次交涉，最终，1951 年的时候在法国巴黎订立下《欧洲煤钢共同体条约》，欧洲一体化进程由此展开。

2. 英国拒绝参加舒曼计划

但是舒曼计划提出后，英国政府认为这种"超国家"的国际联合体制会损害英国的国家主权，危害英国的经济利益，因此英国官方明确表示不希望加入到这种超国家机构，而是倡导政府间发展互助合作，并拒绝加入舒曼计划。

英国不参加舒曼计划的具体原因表现为：第一，从经济层面来看，舒曼计划的提出损害了英国在欧洲大陆的经济利益；第二，从政治层面来看，当时执政的工党政府无法接受这样一个超越国家的高级联营机构来对英国经济指手画脚，这将损害工党的利益；第三，从国家层面来看，舒曼计划中提出的高级联营机构，是一种超越国家的经济组织，是凌驾在国家主权之上的，这无疑侵犯了英国的国家主权，触及了英国的底线，因此英国人是不能接纳这种安排的，这是英国官方不参与舒曼计划的主要原因；第四，考虑到法国与德国之间矛盾依然较大，英国政府认为舒曼计划并不可能顺利实施，舒曼计划最终将会以失败而告终，因此英国选择拒绝参加这样一个前景不好的计划。

（二）抵制成立共同市场

为了进一步促进欧洲经济一体化进程，荷兰政府在 1955 年提议建立一个共同市场。同年 6 月，在西西里岛墨西拿，法国、联邦德国、意大利、比利时、荷兰、卢森堡举行了合作会议，探讨建立属于西欧国家的统一市场。而此时的英国政府却对其并不十分在意。考虑到上述六国政府之间存在诸多分歧，英国政府便认为这样一种合作方式将不会成功，因此英国政府明确表示不会参与到墨西拿谈判会议中去。同时，墨西拿会议上提出欧洲共同市场这一建议，英国官方表示强烈不满。英国官方反对欧洲共同市场的主要原因是，欧洲一体化经济体需要组建一个关税同盟，这将触及英国当前的经济利益。英国已经和英联邦国家构架了一个类似的关税集合体，一旦英国加入到西欧国家一体化经济体中，英国将丧失全体英联邦国家市场，这涉及英国的核心利益。另外，英国同样认为这样一种关税同盟可能会向超国家的方向发展，这是英国官方拒绝接纳的，英国政府更有意愿在主权国家的基础上与西欧各国加强合作。

（三）成立欧洲自由贸易联盟

1956 年 7 月，英国官方提议在西欧成立自由贸易区。英国官方希望，在自由贸易区内，西欧国家逐步取消内部的关税，与此同时，西欧各国拥有经济上的自由权，可以自行确定各自的对外关税。这一建议对英国来说可谓一举两得，其一是英国仍旧可以保持同英联邦国家之间的经贸合作，其二是英国还可以加强同西欧国家之间的联系，借助法国、联邦德国等国的力量来提高自身的国际影响力。但是，法国、联邦德国、意大利等对英国政府的建议并不感兴趣，这些国家期望通过经济一体化促进政治上的进一步团结，加强欧洲国家的结盟力量，英国的想法与西欧六国的想法是相违背的。同时，1956 年苏伊士运河战争的失败让西欧六国感受到了来自美国和苏联两个超级大国的巨大压力，西欧六国更加坚定了欧洲一体化的目标。随后，法国、联邦德国、意大利、荷兰、比利时和卢森堡 6 国加速了统一进程，并于1957 年在意大利的首都罗马订立了《欧洲经济共同体条约》和《欧洲原子能共同体条约》。

在此情况下，英国政府抵抗建立一体化经济体的想法宣告破产。为了抵挡西欧六国构建的一体化市场，减少英国政府面临的利益损失，英国开始联合瑞典、挪威、葡萄牙等国家，准备组建一个自由贸易区。1960 年 1 月，英国、挪威、瑞典、葡萄牙、丹麦、瑞士、奥地利共 7 个国家在斯德哥尔摩签订了《斯德哥尔摩公约》，即《建立欧洲自由贸易公约》，欧洲自由贸易联盟（European Free Trade Association，EFTA）由此诞生。欧洲自由贸易联盟主要以逐渐打破贸易壁垒、推动各成员国之间工农产品的自由流通交易、提高合作发展的积极性等为目标，且欧洲自由贸易联盟并不寻求欧洲政治一体化。

欧洲自由贸易联盟各成员国的经济发展水平参差不齐，且其成员国之间的合作不够紧密。相对于快速崛起的欧共体来说，欧洲自由贸易联盟无论在推进速度还是在综合实力上都无法与欧共体相抗衡。因此，最终英国于1972年退出了欧洲自由贸易联盟，转而积极寻求加入到欧共体。

三、加入欧共体阶段

（一）欧共体的成立

欧洲共同体（即欧共体）是欧洲煤钢共同体、欧洲原子能共同体和欧洲经济共同体的总称。欧共体的成立可归纳为以下3个阶段：

1951年4月18日，《关于建立欧洲煤钢共同体的条约》签订，签署国分别为法国、意大利、联邦德国、荷兰、比利时、卢森堡，标志着欧洲煤钢共同体的成立；1957年3月25日，法国、意大利、联邦德国、荷兰、比利时、卢森堡六国又共同订立了《欧洲经济共同体条约》和《欧洲原子能共同体条约》，统称为《罗马条约》；1965年4月8日，《布鲁塞尔条约》签订，该条约规定将欧洲煤钢共同体、欧洲原子能共同体和欧洲经济共同体合并到一起，组建欧洲共同体，这意味着欧共体正式成立，欧洲一体化进程进一步得到深化。

（二）英国加入欧共体

整体来看，英国参与到欧共体的过程较为曲折。自1961年始，英国共三次递交加入欧共体的申请，前两次都因遭到法国总体戴高乐的抵制而未能获得通过。到1973年，戴高乐下台之后，英国才正式加入到了欧共体。其具体过程如下。

1. 1961 年首次申请加入欧共体

(1) 背景因素

从政治方面来看，随着第二次世界大战画上句号，世界格局发生了较大的转变，世界上出现了美国、苏联这两个超级大国。与美国、苏联这两个超级大国相比，英国实力地位远远不及，已经丧失了昔日"日不落"大帝国的荣耀。为了提高英国的国际地位，当时英国首相丘吉尔提出了"三环外交"，所谓"三环外交"里的三个关键力量分别是指：第一股力量就是英国和英联邦，其次就是英美之间所形成的微妙关系，再者就是团结起来的欧洲，而英国在这三环中有着极为关键的影响作用。丘吉尔正是想利用这一外事处理方针来保护英国的全球影响力。然而，跟着全球形势的斗转星移，英国于前两环中所处位置有所变化，这时的英国官方需要倚靠欧共体来增强自身的全球实力和掌控力。其一，英国在英联邦体系中的地位被不断削弱。二战后，英联邦对英国极其重要，深刻影响着英国在世界上的地位。因此，英国政府极力维护这一英联邦体系。但是，二战后英联邦诸多成员国，包括印度、巴基斯坦等，国内掀起了民族独立运动，许多国家纷纷获得独立。例如，1947 年印度宣告独立；1961 年，南非对外宣布告别英联邦，正式独立。英国极力维护的英联邦体系逐步显现瓦解迹象，英国的综合实力大幅度削弱。另外，英联邦成员与英国的联系也一直下降，英国在英联邦中的影响力也逐步被削弱。其二，英国与美国的特殊关系逐渐变得淡化。二战画上句号之后，面对美国、苏联两个巨无霸的局面，英方采用了收缩对策，开始选择倚靠美方。在美国政府"马歇尔计划"等一连串政策的支持下，英国自己的经济发展实现了快速复苏，双方之间的经济联系日益紧密，英美双方还在全球防务方面展开了互助，英美之间这样一种关系便是所谓的"英美特殊关系"。但是，在"英美特殊关系"中，英国更多的是美国的依附者的角色，在面对许多涉及美国自身利益的问题上，美国将不会考虑到英国的情况，这样的"英美特殊关系"注定将变得极其不稳定。1956 年爆发的苏伊士运河事件，便能很好地说明这一点。1956 年 7 月，为了抢夺苏伊士运河的控制权，英国联合法国、以色列对埃及发动了侵略战争。但是，在美国、苏联两个超级大国的压力之下，英法联军最终只能撤军。此外，英国与美国在对待欧共体的问题上，看法也有很大不同。对于美国来说，为了更好地制衡苏联，美国赞成欧洲向一体化发展，而且期盼英国可以参与到欧共体中，美方政府为此还向英国政府施加压力。而对于英国来说，如上文中所分析的那样，英国带有强烈的主权意识，反对加入类似于欧共体之类的超国家机构，所以英国一开始拒绝加入到欧共体。美国政府出于美国利益的考虑，极力催促英国参加欧共体，而这是英国官方所不愿意的，由此美英的微妙联系逐步变得淡化。在这样一种情况下，英国政府开始逐渐失去美国这一强大力量的支持。为了维护自身的国际地位，英国政府对欧共体的态度开始发生转变，转而融入欧共体，增强英国在国际社会的话语权。长期以来，英国在欧洲一路奉行的不介入的孤立政策，英国希望能够保持自己的掌控权。随着欧共体逐步形成，欧洲在一体化的道路上迅速前进，欧共体的发展能力大幅度增强，如果英国政府不及时采取措施，英方将面临被欧洲孤立的危险。为寻求在欧共体增强对英国的作用，英国因此加入到欧共体中。

从经济方面来看，在第二次世界大战结束后初期，英国作为西欧各国的领头羊，经济实力还较强，此时的英国不愿意加入到欧共体。但是到了20世纪60年代初期，英国经济发展开始陷入窘境，发展增速开始出现下滑，落后于西欧主要的经济体。1950—1960年，英国 GDP 年均增长率为 2.7 个百分点，当时的联邦德国的 GDP 增长率为 7.8 个百分点，法国是 4.8 个百分点，这些欧共体成员国经济发展速度明显快于英国。英国是一个传统的工业国家，国内工业企业生产设备较为陈旧，企业的管理方式也表现得相对落后，这就导致了英国工业企业生产效率相对较低。此外，英国自己实施的福利政策，也给政府带来了沉重的财政负担。因此，此时的英国官方急切想发掘出推动英国经济增长的新能量，欧共体成员国的快速崛起让英方发现了机会。为了推动英国自己的良好持续增长，提升国内的发展能力和全球领导力，英方最终决定向欧共体靠拢，积极寻求正式加入到欧共体。

（2）麦克米伦政府首次申请加入欧共体

1957 年 1 月，英国前首相罗伯特·安东登·艾登因苏伊士危机辞职以后，麦克米伦接任英国首相兼首席财政大臣，并当选为保守党领袖，麦克米伦自 1959 年大选胜利后开始掌握权力的权杖，掌权阶段为 1959 年至 1963年。在麦克米伦当政时期，欧共体的综合实力迅速增大，其在世界政坛的影响力也越来越大，此时的英国政府开始意识到加入欧共体的重要性和紧迫性。于是，在 20 世纪 60 年代初的时候，英国政府便组建了专门观察英国和欧共体关系动态发展的机构——"经济筹划（欧洲）委员会"。该委员会经过深入研究发现，从政治上，为了促进欧洲的团结与稳定，英国政府有必要融入欧共体；从经济上来看，融入欧共体将有利于提高英国工业的竞争力，使英国经济实现快速增长，从而摆脱当前的经济困境。因此，综合来看，英国加入欧共体将会得到巨大的实惠。

1960 年 5 月，欧洲共同体成员国的六位部长举行了一次会议，就减少六国之间存在的贸易壁垒以及农业方面的政策展开了谈判。在这个时候，法国总统戴高乐提议要将欧共体发展成为一个同时有经济和政治层面团结合作的一体化组织，戴高乐希望欧共体成员国可以在外交层面、国防安全等层面展开更为全面深入的合作。而英国官方不愿意看到欧共体从一个一体化经济体发展成为政经全面合作的团体，因此这时的英国方面更加意识到事态的急迫性。英国政府内阁经过内部商讨之后，一致认为英国必须加快融入到欧共体，从而更好地去决定和影响欧共体未来的发展。

随后，麦克米伦改组了内阁，开始任用一些"亲欧派"担任内阁成员，并决定要立即同欧共体成员国展开入欧谈判。1961 年麦克米伦便开始了行动，他在当年 1 月份就亲自乘坐飞机前往法国，与时任法国总统的戴高乐举行了会谈，麦克米伦希望法国能够同意英国的入欧申请，同时还表示英国可以向法国提供其希望得到的技术。1961 年，麦克米伦前往美国，会晤了时任美国总统肯尼迪，双方就英国参与欧盟事宜达成一致，英国政府很快得到了美国官方的支持。1961 年 7 月，麦克米伦正式向英国下议院提交了英国政府的入欧申请，由于当时的保守党议员占据了下议院多数席位，且多数人都支持麦克米伦。因此，麦克米伦获得了英国下议院的多数人的支持，英国政府内部取得了共识，一致决定要加入欧共体。

在取得英国政府内部一致同意和得到美国政府的支持等条件下，1961年8月9日，英国方面向欧洲经济共同体六个成员国提交了申请。1961年11月，英国官方代表开始和欧洲经济共同体六个成员国展开磋商，就英国加入事宜进行了多次商谈。虽然双方耗费了超过一年的谈判协商时间，整个谈判过程却迟迟未取得实质性进展，主要问题来自英国方面。英方想获得作为欧共体一员的诸多优惠，但又不愿意做出相应的让步。影响双方合作的问题关键有以下两方面：一方面是英国和英联邦之间关联问题，另一方面则是涉及农业方面的方针。在和英联邦的合作发展中，英国不希望失去它和英联邦之间的特殊联系，这就意味着英国既希望继续得到英联邦中的好处，又进一步得益于欧洲共同体成员国的身份，这导致了英国和欧洲共同体成员国之间的大争议。在农业方面，为了保证自己国内的发展不受外部影响，英国不愿意采纳欧共体设立的农业引导方案，英国认为该政策将会损害其发展。因此，双方谈判并未取得实质性进展。

（3）遭遇失败

在这种进退两难的困境下，英国首相麦克米伦决定打破僵局，1962年麦克米伦先后两次前往巴黎，与法国总统戴高乐展开了谈判。在会谈中，麦克米伦表示英国愿意做出相应的让步，英国希望能够尽快加入到欧共体。

但是，不管英国政府如何示好，法国的戴高乐政府的看法却并未有所转变，并十分怀疑英国的诚意。戴高乐觉得，英国和美国以及英联邦之间的经济合作紧密，英国不会和欧洲共同市场保持统一对外关税政策，这也会对英国、美国和英联邦之间的经贸往来有负面影响，英国政府不愿意做出如此让步。而在农业问题上，戴高乐更是直指，英国吃的农产品都来自世界各地区，包括肉类、糖油、蔬果、淀粉类食品等，英国现在基本没有什么意愿来进口来自欧洲大陆的农副产品，尤其像法国这样的相对昂贵的农副产品。

在政治上，戴高乐觉得英国和美国之间存在着一种专属英美特殊关系，英国不可能坚定地和欧洲共同市场（European Communities）站在同一个阵营，英国一向坚持的是其大西洋主义政策，对于欧陆盛行的一体化方向并不赞同。对于英国的大西洋主义政策，戴高乐是十分不满的。在与麦克米伦的会谈中，戴高乐直接提到："英国会参加欧洲人的欧洲吗？"此外，在法国非常关心的核技术问题上，英国与法国也无法达成相应的共识。在历经两轮讨论后，法国总统认为英国并没有真正的诚意加入欧洲共同市场。因此，在1963年1月14日，戴高乐在一次记者发布会上公开声称不欢迎英国加入欧洲共同市场。在同年1月的欧洲共同市场会议上，法国政府使用了否决权，正式拒绝了英国的入欧申请。这样，英国首轮参与到欧共体的申请遭遇失败，英国进入欧洲共同市场的进程从而延缓。虽然英国首轮参与欧洲共同市场的申请失败了，但总的来说还是为以后的英国入欧进程做出了铺垫。

2. 1967 年再次申请加入欧共体

（1）背景因素

从政治的角度来看，第二次世界大战结束之后，饱受战火摧残的英国整体发展水平大幅度下滑，其全球地位也是大不如前，此时的环球形势中形成了美国、苏联两极巨无霸格局。此外，在许多英联邦成员纷纷独立、建立自己国家的政府之后，英国在英联邦体系中的作用和拓展力一直减弱，这进一步使英国的综合实力受到重大损伤。例如，在亚洲的南部和东南部地区，一些英国的殖民地卷起了民族解放运动的浪潮，直接摆脱了英国的殖民管制，如1948年1月，缅甸宣布脱离英国走向独立。这些独立后的国家纷纷开始行使国家主权，摆脱了昔日受英国控制的局面，独立自主地走上国际舞台，发挥出自己的作用力和影响力。另外，英联邦的其他成员也开始显露出独立的愿望，部分成员开始制定属于自己的国籍法。在二战后南亚和东南亚地区民族独立与解放运动等的作用和影响之下，英国与英联邦之间的关系开始逐步被弱化，但在当时来说这种关系总体上还算是较为稳定的。但是，随后出现的苏伊士运河事件，以及英联邦其他成员国的反殖民化运动，彻底改变了英国与英联邦之间这种稳定的局势。受英国首轮申请加入欧洲共同市场的影响，部分英联邦成员国开始改变对欧洲共同市场的认识。在看到欧洲共同市场发展力度逐渐增强和国际地位逐步提高的情形下，部分英联邦成员国着手主动和欧洲共同市场进行联系，寻求合作的机会。比如，自1964年开始，英联邦成员国印度和巴基斯坦着手开始和欧共体开展贸易往来，积极与欧洲经济共同体开展贸易合作。此外，英国与非洲英联邦成员之间的矛盾也在不断凸显。在詹姆士·哈罗德·威尔逊（James Harold Wilson）担任英国首相期间，爆发了罗得西亚事件。考虑到英国自身力量有限，罗得西亚事件可能对英国政府带来极大的负面影响，这造成了英国与非洲英联邦成员之间的矛盾，多个英联邦成员对此事表达了强烈的不满，英国与非洲的英联邦成员之间的稳固关系开始出现动摇。罗得西亚事件之后，非洲的两个国家坦桑尼亚和加纳便和当时的英国政府断绝了外交关系。在上述的诸多新变化、新情况下，英国与英联邦之间的合作有所减弱，英联邦的离心力进一步增强，受此影响，英国自己内部民众也开始对其表达了负面情绪。

从 GDP 增长的角度来看，英国的经济发展陷入困境，发展前进速度逐渐放缓。20 世纪 60 年代中期，英国发展推进动力不足，增长速度下降。世界银行的相关统计情报表明，1962 年英国的 GDP 增长率仅为 1.33 个百分点；1964 年英国的 GDP 增长率上升为 5.04 个百分点，经济虽有所好转；但是随后的 1965 年和 1966 年，英国 GDP 增长率下降为 2.79% 和 2.05%，1967 年英国 GDP 增长率仅为 2.31%，经济发展速度开始放缓，具体如图 1–1 所示。同时期，英镑汇率也开始出现较大波动，1967 年 11 月 18 日，英镑贬值率高达 14.3%。与此同时，英国同英联邦各个成员国之间的经济联系表现得越发减少，英国在英联邦中的经济地位也在不断下降。

从全球影响力的角度来看，20 世纪 60 年代中期，英国的全球影响力进一步遭到削弱。从发展实力来观察，英国在主要资本主义国家中的 GDP 总量排名出现了下滑，二战结束后英国 GDP 总量是仅次于美国的存在，但是到了 20 世纪 60 年代，英国的 GDP 总量被联邦德国、日本等国家赶超，沦落为第五名。伴随着英国国际地位的不断下滑，英镑在 1967 年开始出现大幅度贬值，这反过来进一步削弱了英国的经济实力。同时，由于实行高福利政策，当时的英国政府开始出现财政问题，比如，1964 年英国政府背负 8 亿英镑的财政赤字。

（2）威尔逊政府申请加入欧共体

面对国际政治经济形势的变化和国内经济增长的乏力，1966 年英国首

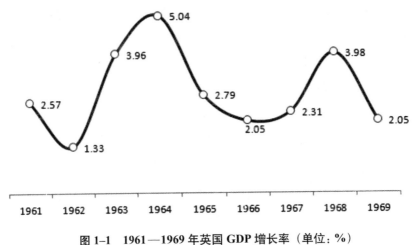

图 1-1   1961—1969 年英国 GDP 增长率（单位：%）

资料来源：世界银行。

相詹姆士·哈罗德·威尔逊再次大选获得成功之后，对加入欧共体的态度
更为积极，开始积极寻求加入欧共体。1966 年 10 月 22 日，詹姆士·哈罗
德·威尔逊召开了内阁会议，就英国加入欧共体的问题展开讨论。在此次内
阁会议上，内阁成员对英国加入欧共体后可能产生的影响进行了深入探讨，
会上内阁成员一致同意英国继续与欧共体展开协商。随后，英国首相詹姆
士·哈罗德·威尔逊便开始对法国、联邦德国、意大利、荷兰、比利时、卢
森堡六国进行了访问，就英国再次加入欧共体的事宜进行了相应的协商。

在结束了对法国、联邦德国、意大利、荷兰、比利时、卢森堡六国的
访问之后，詹姆士·哈罗德·威尔逊正式向英国下议院提交了英国加入欧共
体的申请。詹姆士·哈罗德·威尔逊宣称，英国加入欧共体有利也有弊，从
经济方面来看，英国加入欧共体之后，将有助于摆脱当前的经济困境，实现
经济的快速增长；从政治层面来看，英国加入欧共体之后，英国的政治地位
和政治影响力都将得到大幅度增强。英国下议院对此进行了多轮辩论，最终
英国加入欧共体的决定获得了绝大多数议员的一致同意。在征得英国下议院
的同意之后，1967 年 5 月 11 日，英国政府再次提交了加入欧共体的申请。

（3）再次遭遇失败

毫无疑问，英国加入欧共体的最大障碍来自于当时的法国政府，法国

政府的表态将会左右英国能否顺利地成为欧共体中的一员。英国正式提交了加入欧共体的申请之后，1967 年 5 月，在一次记者招待会上，法国总统戴高乐首次做出了公开表态，戴高乐提到，与之前一样的是，英国并不具备加入欧共体的条件，英国加入到欧共体中，将会不利于欧共体的发展，不利于欧洲一体化进程。同时，英国与美国之间关系过于紧密，英国的加入将会影响到欧共体与美国之间的关系。此外，此时的英国经济形势并不太好，英国加入欧共体，很有可能会拖累欧共体经济的发展，这是欧共体六个成员国都不愿意看到的。戴高乐直接指出"考虑到英国目前的发展情况，我更倾向于让英国成为欧共体的联系国，而不是欧共体的正式成员"。很显然，从这次记者招待会中可以看到，法国总统戴高乐的这次公开表态，是如之前一样，法国并不赞成英国加入欧共体。

在戴高乐公开表态之后，英国首相詹姆士·哈罗德·威尔逊并没有气馁，而是希望能够继续劝说法国总统戴高乐，使其能够同意英国加入欧共体。为此，英国首相詹姆士·哈罗德·威尔逊决定再次访问法国，会晤法国总统戴高乐。1967 年 6 月，英国首相詹姆士·哈罗德·威尔逊再次与法国总统戴高乐举行了会谈。整个会谈过程谈论的内容较为广泛，但是戴高乐依然坚持自己之前的主张。很显然，夏尔·安德烈·约瑟夫·马里·戴高乐还是不太欢迎这时的英国参与到欧共体中。面对如此情况，英国政府决定做出进一步的退让。1967 年 7 月，在后续的谈判中，英国主动做出了部分让步，并修改了英国加入欧共体的条件。英国方面表示，在农业政策方面，除了小部分财政分配上的分歧，英国甘愿采纳欧洲共同市场在农业方面的政策；在英国与英联邦的关系问题上，除了小部分优惠政策之外，英国愿意接受欧共体的既定政策；另外，英国也不再强调英国入欧之前，先要对《罗马条约》进行修订。英国外交部部长布朗还特地宣称："英国愿意遵守欧洲共同体条约原则。"但是关于法国关心的英国与美国之间的特殊关系的问题，尤其是双方在安全防卫方面的合作，英国并没有提出要做出让步。

在英方政府提出愿意做出相应的让步之后，意大利共和国、德国、尼德兰王国（即荷兰）、比利时王国、卢森堡大公国 5 国均表示同意英国加入欧共体，但法国戴高乐政府却还是表示极其不情愿。因为我们可以看到英国虽然在农业政策方面、与英联邦的联系等方面做出了让步，但是对于法国十分关注的英美之间的密切合作问题上，英国并没有做出改变。法国政府并不希望让一个和美国关系过于紧密的英国政府加入到欧洲共同市场，因此，法国表示拒绝英国的入欧申请。1967 年 11 月 27 日，戴高乐在记者发布会上公开声称法国不希望英国参与到欧共体。法国接着重新行使了否决权，拒绝了英国的入门，到这里英国参加欧洲共同市场的申请遭遇二连败。

3. 1973 年正式加入欧共体

（1）英国正式加入欧共体

1970 年 6 月 19 日，詹姆士·哈罗德·威尔逊的继任者爱德华·希斯（Edward Heath）成为英国首相。爱德华·希斯是个典型的"亲欧派"，他上台之后开始积极寻求英国入欧事宜。此时的外部形势已经发生了较大的变化：一方面，多次阻碍英国加入欧共体的法国总统戴高乐已下台，戴高乐的继任者乔治·让·蓬皮杜对英国加入欧共体的态度有所改善，不再像戴高乐那样执行强硬的政策。另一方面，这时候的德国已经发展成为欧共体内的头号强国，法国政府希望借助英国的力量来实现欧洲内部共同市场的平衡。在这样一种有利的形势下，英国政府开始调节自己的外交政策，慢慢逐步降低英国与英联邦和美国之间的特殊联系，积极谋求加入欧洲共同市场。

随后，英国政府便再次向欧共体提交了加入的申请。英国与欧共体各成员国再次就英国加入欧共体的事宜展开了多轮谈判。在谈判中，英国与欧共体双方主要围绕着以下四个问题展开：（1）农业政策，（2）英联邦特优惠政策，（3）分摊共同市场预算，（4）英镑对策。其中的核心谈判问题是农业政策方面的问题。长期以来，英国都是从英联邦国家进口自己所需的农产品，加入欧共体之后，英国的农业将会受到较大的冲击，而且英国还需要承担高额的农业财政预算，这对英国来说会产生较大的不利影响。但是为了能够顺利地成为欧共体中的成员，这次英国主动在农业政策问题上做出了相应的妥协，最终双方谈判才达成了一致。1973 年 1 月 1 日，英国正式加入到欧共体。

（2）加入欧共体的影响

英国加入欧洲共同市场后，其有利影响主要有以下三方面：首先，英国加入欧洲共同市场之后，通过与一体化经济体内成员国之间的合作，英国的发展得到了快速复原；其次，英国在全球市场上的地位显著提高，同时还提高了英国在欧洲的话语权；最后，英国的参与为进一步推进了欧洲统一市场进程，为欧洲一体化的快速推进建立了关键的良好基础。

四、合作与分歧阶段

在进入欧洲共同市场以后，英国在推动欧洲一体化进程中施加了关键的影响。英国的参与，促进了欧洲经济的加速前进，增强了欧洲共同市场在全球的影响力。当然，英国获得了不少利益，正如上文所述，英国加入欧共体之后，无论是经济实力还是国际影响力都得到了显著的提高。

尽管如此，在欧洲共同市场统一的历程中，英国有很多的不同意见并经常和欧洲一体化市场的政策有所争议，英国逐渐演变为欧洲共同市场统一的阻挠者。英国参与欧洲共同市场的主要意图为，加强其和西欧关键经济体之间的经济合作，从而牢固树立自己在全球的影响力。然而，针对欧洲共同市场的统一，英国与西欧国家之间仍有很大的分歧。西欧国家认为，欧洲共同市场的统一不仅仅是经济层面上的逐步归一，更有政治上的统领，最终的目标是达成欧洲统一。而英国却不这么认为，总的来说英国对于欧洲政治上的统一是极力反对的，认为这将损害到国家的独立性。英国认为，欧洲一体化不应该是政治上的统一，而应该是各个独立国家主体之中联结所形成的合作同盟，不应该按照超越国家主权的方向发展。在这个问题上的严重分歧，使得英国加入欧共体以后，英国与欧共体成员国之间的关系不太稳定。另外，在预算摊派、农业政策、劳动力流动等多个方面，英国和欧洲共同市场之间也还有诸多的分歧。具体情况如下。

（一）启动退欧公投

20 世纪 70 年代初期，西方的一些资本主义国家发展慢慢浮现"滞胀"的现象，各个经济体推进速度逐步显现放缓，此时的英国也没有幸免，其内部的经济慢慢也陷入困境。在这样一种情况下，刚刚加入欧共体的英国内部开始出现分歧，部分英国民众开始反对英国加入欧共体，并强烈要求英国脱离欧共体，独立自主地发展本国经济。而此时的各党派内部也产生了严重分歧，迫于无奈之下，英国首相詹姆士·哈罗德·威尔逊在大选中宣称将对是否继续留在欧共体内展开公投。最终，1975 年詹姆士·哈罗德·威尔逊再次当选英国首相，随后英国民众便展开了公投，最终投票结果显示有 67.2%的民众支持继续留在欧共体内。虽然这次退欧公投，大部分民众都支持英国继续留在欧共体，但是脱欧派的势力依然不容小觑，这为之后的英国脱欧埋下了伏笔。

（二）拒绝加入欧元区

1. 欧元区的建立

实现欧洲货币单一化，是欧陆人一直以来的愿望。1958 年，欧洲共同市场成员国订立下了一项关于统一货币的相关协定，旨在达成西欧各国货币自由兑换。1969 年，欧洲共同市场的各个国家决定组成一个经济与货币上的联盟，从而带动货币统一的开展。

1972 年，欧洲共同市场的各个国家又提出了达成欧洲货币联盟的 3 个关键目的。这三大目的分别为：第一，关于汇率制度，在欧洲共同市场内部实施的是可调整的中心汇率制度，在欧共体外部实施的是联合浮动汇率制度；第二，要组成一个专门针对欧洲货币合作的基金从而向成员国提供相应的贷款；第三，使用欧洲统一的计算单位。这三个主要目的的提出，为实施欧洲货币单一化提供了良好基础，并给随后的欧洲货币制度指明了方向。

1979 年，为了继续推动欧洲经济一体化的进程，欧共体的主要成员国（联邦德国、法国、意大利、荷兰、比利时、丹麦、爱尔兰、卢森堡）开始筹备建立欧洲货币体系（European Monetary System，EMS）。这个体系的重要信息包括：第一，欧洲货币单位（European Currency Unit，ECU），是欧洲一体化货币系统的核心，是由欧洲共同市场 12 个成员国的法定货币构建而来的一篮子货币。欧洲货币单位既是度量欧洲共同市场各个国家之间货币中心汇率的标尺，又同时可以作为他们的国家储备资产。第二，建立欧洲货币合作基金，设立该项基金主要是为了实现各国汇率的稳定发展，避免各国汇率大幅度波动的情况发生。第三，组建稳健的汇率系统。在欧洲货币体系中，欧洲共同经济体中各成员国实施的是固定汇率制度。当然，各国的汇率并不是完全固定的，欧洲货币体制是允许各成员国的汇率在一定范围内上下浮动的，如果有过大的浮动幅度，这个国家的货币当局需要使用一定的汇率控制手段，实质上这是在欧洲共同市场内部组建一个货币区。

1989 年，欧洲共同市场内部又编制了《德洛尔报告》。《德洛尔报告》指出要构建起一个专属于欧洲的中央银行，该中央银行肩负着发行单一的货币，并订立适用于欧洲共同市场各个国家的货币政策的任务。《德洛尔报告》的提出为欧元和欧洲中央银行的诞生奠定了重要的基础。

1991 年，欧洲共同市场 12 个成员国（德国、英国、法国、意大利共和国、比利时王国、丹麦王国、希腊共和国、尼德兰王国、葡萄牙共和国、西班牙王国、爱尔兰共和国、卢森堡大公国）订立了《欧洲经济与货币联盟条约》和《政治联盟条约》，即历史上著名的《欧洲联盟条约》。1993 年，《欧洲联盟条约》的生效，标志着欧盟的诞生。根据《欧洲联盟条约》所示，欧盟将分为三个主要进程来达成欧洲的货币一体化进程。

第一进程的主要任务为：第一，达成资本的自由流动；第二，制定可调控的固定汇率制度，汇率波动幅度不超过 ±2.25%；第三，统一调控各成员国相关的经济发展政策。实质上，第一阶段自 1990 年便已经开始付诸行动了。

第二进程的关键任务是：第一，组织一个一体化的欧洲货币机构，设立该机构的关键作用是统一调节管理各个国家的货币政策；第二，让各自的央行可以独立地执行他们的货币政策，摆脱各自政府的约束和控制；第三，固定欧洲货币联盟各组成国官方货币在欧洲货币单位的比重。第二阶段自

1994 年开始付诸实施。

第三进程的关键目标是：第一，坚持固定汇率制度，固定欧洲货币联盟经济体的货币与欧洲货币单位之间的汇率；第二，成立欧洲中央银行，统一管理欧洲经济政策；第三，关键是建立新的经济政策和财政体系；第四，将各国中央银行的部分外汇储备调移并汇总到欧洲中央银行，总款额为 500 亿欧元。

考虑到欧盟成员国之间经济发展水平存在较大差异，《欧洲联盟条约》还制定了相应的标准来规范各国经济的发展。这些"趋同"准则主要包括：第一，各成员国的内部通货膨胀率（这个通货膨胀率是按消费价格指数衡量）不能超过 1.5%；第二，各成员国政府财政亏损不能多于 GDP 的 3 个百分点，同时公共债务不可多于 GDP 的 60 个百分点；第三，国家货币归属在欧洲货币汇率体系，且货币不能够发生单方面贬值的现象。第四，在业绩情况评定的头一年，长期市场利率不能高于平均利率水平的 2%。只有达到以上"趋同标准"的，才被允许使用欧元来取代本国原有的货币。

1999 年 1 月 1 日，欧洲的单一货币——欧元正式问世。首批加入欧元区的国家为德国、法国、意大利、荷兰、比利时、卢森堡、爱尔兰、奥地利、芬兰、西班牙、葡萄牙，英国等国家并未加入欧元区。随后又有希腊、斯洛文尼亚、马耳他、塞浦路斯等国先后加入欧元区，欧元区覆盖的范围进一步拓大。目前，欧元区已覆盖了欧洲 19 个国家，覆盖人口数量超过 3 亿人。欧元的诞生更深程度地推进了欧洲经济市场一体化的向前发展，为欧洲全方位联盟的建立铺平了道路。

表 1-1　欧元区各成员国汇总

加入时间	成员国
1999 年	德国、法国、意大利、荷兰、比利时、卢森堡、爱尔兰、奥地利、芬兰、西班牙、葡萄牙
2001 年	希腊
2007 年	斯洛文尼亚

加入时间	成员国
2008 年	马耳他、塞浦路斯
2009 年	斯洛伐克
2011 年	爱沙尼亚
2014 年	拉脱维亚
2015 年	立陶宛

随着欧洲一体化进程的不断推进，欧洲国家单一货币——欧元诞生了，欧元的发行使得欧洲国家之间市场联系更为紧密，既有益于欧元区各国之间的资金往来和货物贸易，又有助于欧盟的对外贸易，欧元的出现进而提高了欧盟在全球范围内的影响力，增强了欧盟的经济实力，且还有助于推动欧洲政治一体化的向前迈进。

2. 英国拒绝加入欧元区

英国政府对欧洲货币联盟的反对态度可以追溯到 20 世纪 80 年代，当时担任英国首相的玛格丽特·希尔达·撒切尔（Margaret Hilda Thatcher）不赞成加入欧洲货币联盟。事实上，长期以来英国一贯非常重视自身的主权，英国政府担心一旦加入欧元区，将会损害到其经济主权，而且英镑作为国际货币的昔日荣耀将难以维系。同时，随着欧洲一体化的逐步推进，英国将成为欧盟中的一个重要成员国，"日不落帝国"将不复存在，这是广大英国民众所不能接受的结果。

1991 年 1 月 1 日，欧洲的专属货币——欧元问世时，英国虽然身为欧盟成员国，但并没有加入欧元区。欧盟非常希望英国加入欧元区内，而且给了英国自行选择的权力。1993 年，《马斯特里赫特条约》出台，该条约规定，到 1999 年 1 月 1 日，英国有权利确认是不是真的要加入欧元区。从这能够看出，欧盟十分尊重英国自身的意愿，这同时也说明了英国在欧盟中的地位举足轻重。而当时的英国政府却并没有考虑过要加入欧元区。以约翰·梅杰（John Major）为首相的英国政府实质上与玛格丽特·希尔达·撒切尔政府态度一致，并不愿意加入到欧元区。但是梅杰政府为了缓和英国与欧盟之间的矛盾，采取拖延政策，并没有直接拒绝加入欧元区的要求。

随后，托尼·布莱尔（Tony Blair）担任了英国首相，其上台之后主张英国加入欧元区，并掀起了在全国范围内讨论关于英国是否适合加入欧元区的风气。1997 年托尼·布莱尔政府还提出了英国加入欧元区的五个衡量标准：第一，是不是有助于英国的涉外投资；第二，是不是有助于英国的就业市场的改善；第三，是不是有助于英国的金融行业的发展；第四，是否能够很好地处理经济变化的情况；第五，是否与欧元区各成员国经济发展总体上保持一致。在经过相关可行性研究分析之后，英国政府最终得出了结论，英国目前是不适合加入到欧元区的。此外，大部分英国群众对于英国加入欧元区也持否定的看法，英国人民觉得加入欧元区，意味着英国将变成欧盟中的组成部分，"日不落帝国"将不复存在，这也是广大英国人民所无法接受的。在这样一种情况下，1997 年 10 月，英国托尼·布莱尔政府宣布，英国将不会参加 1999 年 1 月 1 日启动的经济与货币联盟。在采取了多年的拖延策略之后，2003 年英国政府终于对是否加入欧元区作出正式表态。同年 6 月，托尼·布莱尔政府发表公开声明，表示关于之前英国加入欧元区的五个衡量标准，英国只满足了第三条"是否有利于英国金融行业的发展"这一条件，而其他四个条件，诸如"是否有利于投资、是否有利于就业"等，均未达到标准。因此，托尼·布莱尔政府拒绝英国加入欧元区。而之后托尼·布莱尔的继任者戴维·卡梅伦（David Cameron）也秉持了前任英国首相们的一贯政策，对英国加入欧元区持反对态度。

纵观英国历届政府对欧元区的态度，我们不难发现，从玛格丽特·希尔达·撒切尔政府、约翰·梅杰政府到托尼·布莱尔政府再到戴维·卡梅伦政府，英国人对加入欧元区并无兴趣，并拒绝加入到欧元区。欧盟的主要成员国，例如德国、法国、意大利等，是非常希望英国进入到欧元区，英国的加入无疑将更加拓展欧元的实力和综合地位，从而进一步促进欧洲经济政治统一的深入发展。然而英国政府的态度却依然没有发生多大改变，一直采取拖延策略和观望态度，迄今为止英国都未加入欧元区。

（三）拒绝加入申根协定

1. 申根协定的形成

申根协定的形成追溯到 20 世纪 70 年代，当时在欧洲共同市场内部，恐怖主义较为嚣张。要想维护社会稳定，压制恐怖势力，欧洲共同市场内部各个国家召开数次会议，促使各国提高社会治安方面的互助。1975 年，英国政府提议要求建立一个联合工作小组来打击活跃在欧共体内部的恐怖主义分子及恐怖组织。随后，12 个欧共体成员国达成一致，开始加强在社会治安方面的合作，这就为申根协定的形成做出了铺垫。

1984 年 7 月，德国与法国订立了关于双方边境管控方面的合约。该合约规定，逐步解除德国、法国双方的共同边境管制，符合相关规定的两国车辆可以自由进入两国境内，且免受边境检查，但两国政府还是保留了对双方入境车辆进行抽查的权利。该协议签署之后，荷兰、比利时、卢森堡三个国家随后对该协议表示热烈欢迎，并表示愿意加入到该协议中去，荷兰、比利时、卢森堡三个国家还就该协议提出了相应的建议。

1985 年 6 月 14 日，德国、法国加上荷兰、比利时、卢森堡三国举行了相关会议，共同签署了《申根协定》，该协定签署的目的是逐步取消德国、法国、荷兰、比利时、卢森堡这五个成员国之间的边境查控。《申根协定》的主要内容包括取消成员国公民边境检控制度，设立警察系统互助制度，并开发申根信息体系，构建合作使用档案库。

1986 年 2 月，欧洲共同市场各大成员国在布鲁塞尔统一订立了《单一欧洲文件》。《单一欧洲文件》主要内容包括：达成统一的内部环境，实现货物、劳动力、投资和服务的互相交通流动；增强各成员国社会方针的协调等。欧共体虽然一直提倡要实现劳动力货物等的流通互动，但是在劳动力互动流通方面却并没有取得多少实质性的进展。

1990 年 6 月，德国、法国加上荷兰、比利时、卢森堡三国又共同签订了《申根公约》，对以往签订的申根协定有了相应的补充。《申根条约》的出台再次完善了申根协定系统，加强了各成员国之间各种关键经贸要素的自由流动，欧洲一体化的步伐进一步加快。随着《申根条约》的出台，申根体系越来越完善。随后，越来越多的欧洲国家申请加入了申根体系。例如，意大利于 1990 年 11 月加入了申根体系，随后 1991 年葡萄牙和西班牙也申请加入到了申根协定，具体情况如表 1–2 所示。

表 1–2　申根体系成员国范围扩张过程

阶段	国家	加入申根体系的日期
申根体系创始国	德国、法国、荷兰、比利时、卢森堡	1985.06.14
第一次扩张	意大利	1990.11.17
第二次扩张	葡萄牙、西班牙	1991.06.25
第三次扩张	希腊	1992.11.06
第四次扩张	奥地利	1995.04.28
第五次扩张	丹麦、瑞典、挪威、芬兰、冰岛	1996.12.19
第六次扩张	捷克、波兰、匈牙利、斯洛伐克、斯洛文尼亚、立陶宛、拉脱维亚、爱沙尼亚、马耳他	2004.05.01
第七次扩张	瑞士	2004.10.16
第八次扩张	列支敦士登	2008.02.08

2. 申根协定的内容

《申根协定》的条文较多，其关键信息包括去掉成员国公民边境检查制度，设立警察系统互助制度，并开发申根信息系统，构建共用档案库，以及增强边境管理等。

申根协定的主要原则包括：第一，在使用申根签证前，各个成员国的签证需要得以确认；第二，统一的申根签证应由协议国家的外交和领事部门颁发；第三，一体化的申根签证应让协议国家的外交和领事部门来签署；第四，采取统一政策来管理公民的往返和进出，并在申根体系各成员国中签署统一的签证等等。

1985 年 6 月《申根协定》的签署，使得申根体系内各成员国的公民在进出边境口岸时不用再受到检查，《申根协定》使得欧盟成员国之间达成了在人员、货物、资金和服务在欧盟内部自由流动的愿望，使零边界欧洲的申根理念成为可能。在申根体系内，各大成员国可以凭借统一签证自由自在地出入各成员国的边境口岸，国家边境线的概念逐步变得模糊化，申根体系受到了各成员国公民的极大欢迎，但同时也带来了非法移民、跨国犯罪等一系列问题。

3. 英国拒绝加入申根协定

在《申根协定》签署之前，欧洲共同市场内部就产生了要实现劳动力、货品、投资和服务互通交流的呼声，部分欧共体成员国表示希望可以在欧共体内逐步取消边境查控制度，进而最终达成欧洲共同市场内部公民自由进出的自由流动。但是，当时的英国政府强烈反对，英国政府表示不愿意接受取消护照检查制度。从这时候起，英国便对申根体系持排斥态度，因此迄今为止，英国尚未加入到申根协定里面去。

《申根协定》签订到现在，英国经历了五任首相，分别是玛格丽特·希尔达·撒切尔、约翰·梅杰、托尼·布莱尔、戈登·布朗（Gordon Brown）、戴维·卡梅伦以及特雷莎·梅（Theresa May）。首先，玛格丽特·希尔达·撒切尔是个十分典型的"疑欧派"。其实，她坚守国家主权至上的理念，不赞同英国加入超国家的体系中。关于边境人员的自由流动的讨论，英国前首相玛格丽特·希尔达·撒切尔曾表示，出于边境安全的考虑，更好地控制非法移民，打击违法犯罪以及恐怖主义，她不赞同完全废除欧盟成员国对英国边境的控制。

随后，接任玛格丽特·希尔达·撒切尔的英国首相，对于《申根协定》的态度，基本上与撒切尔保持一致。形成这种情况的关键原因是英国非常重视其国家主权，并且其内部的受疑欧风潮的影响较大，而如果实行《申根协定》，意味着英国边境将向欧洲大陆欧共体成员国开放，这将损害到英国的国家领土主权，且威胁到英国的社会治安，这些都是英国人一向反对的。在考虑一系列因素的情况下，英国政府一直拒绝加入到申根体系中。

然而，随着欧洲一体化的不断推进，申根成员国的逐渐增加，英国政府虽然一直以来都不赞同《申根协定》，但也受到欧洲一体化的影响，在不考虑《申根协定》目的的基础上，英国政府开始考虑《申根协定》的部分条款，加强与《申根协定》之间的合作。

1999 年 3 月，随着欧洲一体化进程的不断推进，英国政府开始申请加入《申根协定》的部分条款，主要涉及的内容为加入申根信息系统（SIS）、共同打击跨国犯罪等。2000 年 5 月 29 日，英国的这一申请获得了通过。随后，英国又申请加入了《申根协定》关于移民政策、统一签证、边境控制等方面的规定。尤其是关于非法移民方面的政策，英国政府十分积极地申请加入，这与英国政府一向采取严厉手段打击非法移民的政策是一致的。从总体上来看，英国政府是有选择地加入《申根协定》的部分条款，对于那些符合英国自身利益的相关政策（如打击非法移民），英国政府非常欢迎；而对于那些可能有损英国国家主权的条款，英国政府则强烈反对。所以，由此可以看出，英国是基于独立的主权国家和欧盟其他国家发展互助合作的前提下，而其对外事务方针的出发点是基于独立国家主权利益的。

（四）欧债危机后不配合欧盟政策

1. 欧债危机爆发

欧债危机始于 2009 年，首先发生在希腊，此后从希腊不断向外拓展到欧洲其他国家，其发展历程主要分为三个阶段：

第一阶段是希腊债务问题爆发。2009 年 10 月，希腊官方宣称其财政亏损在国民生产总值中的占比超过 12 个百分点，随后希腊便激起了主权债务危机，三大国际评级机构（标准普尔、穆迪、惠誉）纷纷下调希腊的主权债务评级，投资者开始抛售希腊国债券，欧洲债务危机从而荡起。欧债危机爆发之后，开始逐步拓展到欧洲其他国家。

接下来的阶段是爱尔兰债务危机。与希腊有很多相似之处，2010 年 9 月，爱尔兰宣称 2010 年度爱尔兰财政亏损在国民生产总值中的占比将高达 32 个百分点。11 月份，爱尔兰爆发了债务危机。

第三个阶段是欧元区国家相继爆发债务危机。具体表现为，2011 年 3 月，葡萄牙爆发了严重的债务问题；2011 年 8 月，意大利和西班牙也出现了较严重的债务问题。欧元区债务危机形势越来越严峻。

债务问题的频频爆发给欧盟各个国家带来了非常糟糕的经济困境，大部分欧盟国家经济增速出现下滑，失业率以及通货膨胀率大幅度上涨。虽然英国并没有加入到欧元区，但是身为欧盟成员国之一的英国，其国内经济发展也受到了欧债危机的影响。根据英国国家统计局的相关数据显示，2010年的第一季度，在欧债危机的阴影下，英国国民生产总值增长率下降到0.8%。虽然随后经济增长速度有所恢复，但是到了2011年英国GDP增长率又开始下降到2%以下，2012年第二季度，英国GDP增长率下降到1.0%，具体情况如表1-3所示。同时，根据欧盟统计局的统计数据显示，2011年英国国内失业率高至8.1个百分点，劳动市场情况也不容乐观。

表1-3 英国GDP增长率变化情况

时间	英国GDP增长率（%）
2009 Q1	−6.1
2009 Q2	−5.7
2009 Q3	−4
2009 Q4	−1.4
2010 Q1	0.8
2010 Q2	2.1
2010 Q3	2.6
2010 Q4	2.3
2011 Q1	2.3
2011 Q2	1.3
2011 Q3	1.2
2011 Q4	1.3
2012 Q1	1.2
2012 Q2	1.0
2012 Q3	1.8
2012 Q4	1.3
2013 Q1	1.5

续表

时间	英国 GDP 增长率（%）
2013 Q2	2.1
2013 Q3	1.7
2013 Q4	2.4

资料来源：英国国家统计局。

2. 英国不配合欧盟政策

在欧债问题长时间发酵期间，身为欧盟成员中三大经济体之一的英国采取不配合欧盟的政策，并多次表示出强硬的态度拒绝为解决欧债问题出资出力，这毋庸置疑到着英国与欧洲之间的互动和发展。

在欧债危机出现的初始阶段，欧盟立即开始着手准备援助欧债危机爆发国，而身为欧盟重要成员国的英国，却不想被欧债危机爆发国牵连，不愿参与到对欧债问题频发国的援助中。当时的英国首相戴维·卡梅伦直接表示，为了维护英国本国的利益，英国不会参与到欧元区援助计划中去。在欧债危机爆发之后，欧盟立即响应，对希腊、爱尔兰、葡萄牙、西班牙等国家展开了援助，并设立了临时救助机制——欧洲金融稳定工具（EFSF）和永久拯救体系——欧洲稳健体系（ESM），为希腊、爱尔兰、葡萄牙、西班牙等债务危机爆发国提供了多项贷款资助。但是，英国政府却并没有参与到这两个临时救助机制当中去，英国政府认为这将把英国带入欧债危机的泥潭中，不利于英国经济的恢复与发展。

在欧债问题的深入触发阶段，英国政府开始亮出对欧盟的一些措施。伴随着欧洲债务问题的不断扩展，其对欧盟经济的负面影响也越来越大，在这样的困境之下，欧盟国家开始反思自身的制度缺陷。在不断的反思过程中，欧盟逐步意识到欧洲一体化在历史发展进程中的出现的问题和欧洲政治一体化的重要性。欧盟主要成员国认为，如果欧盟实行统一的财政政策，主权债务危机发生的可能性会降低，欧元区将持续稳定地发展下去。相反，如果各国各自为营，欧盟的政策就会大打折扣。因此，欧盟内部各个国家开始纷纷宣扬要逐步提高欧洲政治一体化进展的脚步。此时，德国总理默克尔更是直接表示，呼吁欧盟各成员国直接上交各自的财政主权，从而更深入地、快速地推进欧盟政治一体化。但是，英国官方却对此极为不满，并多次否认此论调。英国是不愿意欧盟向着政治一体化政治同盟的方向发展下去的，因为这样会极大地损害到英国的国家独立，这也是英国历届政府在对欧盟方针一贯遵守的原则。英国首相戴维·卡梅伦表示"英国是不会赞成欧陆国家在政治上的结盟的，这不是一个明智的选择，因此英国选择不参加"。最明显的例子就是，2011年12月29日，欧洲27国领导人峰会经过十几个小时的艰难谈判，最后宣布欧元区17个成员国及6个未加入欧元区的欧盟国家同意加入政府间条约，以加强财政融合，强化财政纪律，欧盟多个成员国达成了一份"财政条约"，进一步推进欧盟政治一体化，而唯有英国和捷克没有前去开会。

对于欧盟为解决债务危机而实行的新的政策，英国政府不是大力支持，而是表达了自己的不满，英国政府比较关注的是自身利益。在欧盟的"银行业联盟"谈判中，英国的表现是最好的证明。金融行业是英国的支柱产业，英国金融业对英国来说非常重要。而欧盟设置的银行业联盟政策也会使得英国的各大银行遭遇来自欧盟的监管，这也是一贯倡导金融行业自由化的英国所不希望看到的，英国官方认为这将会限制其国内金融行业的发展，从而触及英国的核心利益。

从长期来讲，在欧债问题爆发时期，英国采取的诸多不配合欧盟的做法将使其本身蒙受十分不利的阴影。从政治的角度来看，英国采取的诸多不配合欧盟的做法，将会引起多数欧盟成员国的不满，从而对英国自己的形象产生不利影响，反观法国、德国则发挥了特别积极的促进作用，这样会降低英国在欧盟国家的影响力。从经济的角度来看，英国政府对欧盟的"金融业联盟"谈判的否定，将不利于英国以银行为代表的金融机构和欧洲大陆的金融机构展开合作，这将对英国的金融行业造成不好的影响。此外，正所谓得道者多助失道者寡助，在欧债危机爆发的时刻，英国政府拒绝参与对欧债危机国的援助，这可能使英国失去来自欧盟的帮助，从而增加了未来英国出现债务危机的风险。

（五）英国启动脱欧公投

　　随着英国国内"疑欧派"力量的不断增强，戴维·卡梅伦政府开始感受到巨大的压力。2013 年，为了缓和国内矛盾并赢得大选，戴维·卡梅伦提出："如果以他为首的保守党赢得了 2015 年的大选，将开展全民公投决定英国是否继续留在欧盟。"

　　2015 年 5 月，保守党赢取了英国议会多数席位，戴维·卡梅伦再次当选为英国首相。此时，受欧债危机的影响，英国政府与欧盟之间开始产生诸多分歧与矛盾，英国与欧盟之间的关系变得不再像之前那样友善，英欧矛盾不断。在此情况下，英国国内"疑欧势力"再次抬头，不少"脱欧派"开始鼓吹英国要脱离欧盟。在民意的压力下，戴维·卡梅伦政府向英国下议院提交了"脱欧公投"的议案，并作出承诺将在 2017 年底前启动英国全民公投，决定英国还要不要继续待在欧盟。

　　欧债危机爆发以来，英国经济受到较大冲击，还受到欧洲难民问题的影响，英国国内矛盾开始不断增长，"脱欧派"势力不断壮大，其与"留欧派"之间的矛盾逐渐变得激烈。实质上，英国与欧盟之间的关系已经变得密不可分，脱离欧盟将会给英国带来诸多不利影响。从经济方面来看，目前的欧盟是英国的最大贸易伙伴，英国的诸多外来资金都是来源于欧盟各成员国，英国的公司大部分涉外的资本投向也都多聚集在欧盟。近年来，随着欧洲一体化不断推进，有不少英国公民在欧盟其他国家工作，英国也吸引了几百万从欧洲大陆来的劳动力，英国与欧盟之间在经济上的联系越发紧密。从政治角度来看，对欧盟来说，英国的参与平衡了欧盟内部的政治力量，增强了欧洲的综合实力，从而助长了欧洲一体化的发展进度。对英国，假如英国脱离欧盟，英国在欧盟内部的影响力将减弱，同时还会动摇英国的国际地位。综合来看，英国不离开欧盟将会是个颇为明智的决定。

　　在这样一种情况下，戴维·卡梅伦提出要启动英国全民脱欧公投，其主要目的是为了缓和国内存在的政党之间的矛盾，安抚国内的"疑欧派"势力，同时此举也是希望争取到更多的选票，为赢得 2015 年的英国首相选举。当然，戴维·卡梅伦还想借此来要挟欧盟，让欧盟在英国"脱欧"问题上作出适当让步，从而换取更多的好处。

五、英国正式脱欧

（一）脱欧公投的原因分析

第一，英国人民长期存在的岛国心理。这种岛国心理长期存在于英国，深刻地影响着英国政府的对外政策。英国是个岛国，位于欧洲大陆的西北部，四面都在海洋的围绕之下。英国独自悬浮在海洋之外，海洋把英国与欧洲大陆隔绝开来，这一个特别的地理位置使得英国人民产生了一种"岛国心理"，那就是英国人民更偏保守和更排外。在英国人看来，英国不属于欧洲的范畴，欧洲大陆才是所谓的欧洲。从英国的历史发展来看，英国与欧洲大陆之间的关系也并不友好稳定，从罗马帝国的入侵（43—409 年）、英法百年战争（1337—1453 年）再到第一次世界大战（1914—1918 年）和第二次世界大战（1939—1945 年），英国与来自欧洲大陆的国家总是会存在这样或那样的矛盾，英国与欧洲之间战争不断，英欧之间的友好关系经历了多次起伏。由此可以看到，英国与欧洲大陆国家的分歧由来已久。英国人一直认为要十分重视应对来自欧洲大陆的威胁，并将其对外防御中心放在欧洲大陆。英国人总是对欧洲大陆充满着排斥与戒备心理，担心诸如纳粹德国这类型的专制政权再次出现。正如英国首相温斯顿·丘吉尔所阐述的那样，"英国与欧洲是独立划分开来的，英国不是欧洲的一部分，英国是欧洲之外的英国"。

第二，出于维护英国自身经济利益的考量。很显然，英国会产生脱离欧盟的想法，其主要原因是为了维护自身在经济层面的利益。英国金融业历经长时间的成长，到现今为止已历经三百余年的历史。1694 年，世界上首个商业银行——英格兰银行正式诞生，由此可见英国的金融产业成长历程颇为悠久。当今世界，英国的伦敦市为欧洲首屈一指的金融中心，和美国的纽约、日本的东京等城市齐名，是当今全球最大的金融中心之一。全球最大的外汇交易市场在英国首都伦敦，每年平均外汇交易量可以达到3万亿英镑；伦敦保险市场是世界性的保险与再保险业务的运作中心，英国伦敦市还是全球首屈一指的保险业核心，在伦敦的保险公司数量超过800家。此外，伦敦股票交易所交易规模也位居世界各大交易所前列。鉴于金融行业的重要性，英国政府非常关注金融行业的稳定发展。关于金融业，欧盟制订了种类繁多的监督条文，这不利于英国金融产业的自由发展，而欧盟订立的部分政策缺乏弹性，往往会制约金融行业的发展，这些对于英国高度发达的金融市场来说无疑是非常不利的。同时，近期德国政府和法国政府为了规范欧盟金融市场，开始谋划金融交易税征收的相关事宜，这将加重英国金融行业的税收负担，毫无疑问，这对英国国内的金融服务业会产生不利影响。对此，英国政府强烈反对金融交易税的征收。除此之外，随着欧洲主权债务危机的不断蔓延，使得英国想摆脱欧元区这个泥潭，让英国经济免受欧洲主权债务危机的影响。欧债危机的爆发给欧盟各国造成了非常严重的经济困境，大部分欧盟国家经济增速出现下滑，失业率和通货膨胀率大幅上升。面对这种情况，英国国内关于脱离欧盟的呼声越发高涨，支持脱离欧盟的人士认为，脱离欧盟将减少对欧洲经济的援助义务，从而减轻欧洲主权债务危机波及并危害到英国经济的发展。

第三，英国并不认同达成欧洲政治一体化。在欧洲一体化进程中，英国和主要西欧国家之间有着较大的争议。西欧国家认为，欧洲一体化不仅仅是经济层面上的归一，还包括政治上的归统，欧洲一体化最终的目标是促成欧洲的统一。而英国并不这么认为，英国反对欧洲政治一体化，这将损害到国家的主权。英国认为，欧洲一体化不是欧洲政治一体化，欧洲一体化是各个主权国家之间组成的政治联盟，不能是一个超越国家的组织。英国的对外政策讲究的是要务实、不激进以及英国善于注重历史经验的积累，以实现"经济繁荣"作为外交优先任务，注重广泛外交网络的建立，旨在发挥其大国的影响力，正如英国外交大臣威廉·黑格（William Hague）所指出的，英国外交部的一切努力都是为确保英国在世界上的影响力得以扩大而非削弱、与世界上快速增长的地区保持联系，以及在应对巨大挑战时维持"全球领袖"角色。正如英国首相哈罗德·麦克米伦所说的，英国人喜欢基于经验与欧盟展开合作，而不想冒过多的风险。对于英国来说，英国加入欧盟的主要目的是为了促进英国与欧盟之间的贸易往来，因此，英国长期保持的是功利主义的态度，在英国看来，并不想在欧盟内部实现政治上的联盟。英国真正看中的是统一的欧盟单一市场，这个单一场地目前覆盖欧盟二十多个国家，是一个拥有5亿多人员的超级大市场，这对英国来说这一巨大市场富有吸引力。因此，在英国人看来，欧盟对其来说就类似于国际货币基金组织（IMF）、世界贸易组织（WTO）等，是用来促进本国经济增长的组织，英国并不想加入到欧洲政治联盟中去，也不愿意看到欧洲政治一体化的形成。

第四，欧盟遇到许多问题（难民问题、欧洲债务问题、乌克兰问题），这是促使英国国内"脱欧势力"进一步抬头，成为欧盟失去英国的外部诱因。和以前蓬勃发展的欧共体不同，如今的欧盟在经历了快速扩张后，开始面临诸多制度性缺陷。困扰欧盟的三大棘手事情分别是：难民的处置、乌克兰危机和欧债危机问题。其中，欧洲主权的债务危机问题的发生时间最早，2009年希腊共和国突发了主权债务问题，随后便逐步扩散到欧盟其他成员国。欧盟先后对这些债务危机发生国进行了贷款救援，然而效果并不明显，欧盟债务问题态势依然非常严峻。乌克兰问题爆发于2013年，时任乌克兰总统的亚努科维奇拒绝和欧盟订立政治和自由贸易协议，引发了国内政治形势的动荡，随着俄罗斯的介入，欧盟与俄罗斯开始陷入对立的状态，双方都制定了相应的制裁措施。难民问题集中爆发在2015年，大批来自中东和非洲的难民进入欧盟，大量占用当地国家的居民的福利，引发了欧盟多个成员国的抗议，并造成了社会治安的混乱。在多重危机的打击之下，欧盟可谓是内忧外患，此时的欧盟对英国来说，已经失去了昔日的吸引力，英国国内脱离欧盟的呼声也越来越高。

第五，这也是英国国内脱欧派政治势力与留欧派势力相互斗争的结果。

　　长期以来，脱欧势力一贯出现在英国国内主要党派——英国工党、保守与统一党中。在这两大党派里都存在着"留欧派"和"脱欧派"的双方势力，双方一直以来争论不断，在对欧盟方针上也有着林林总总的分歧。在戴维·卡梅伦担任英国首相期间，英国保守党内部脱欧派势力变得越来越强大，卡梅伦的权威也开始遭遇严峻挑战。同时，独立党势力的不断壮大，也给戴维·卡梅伦政府带来了巨大的压力。为了取得 2015 年大选的胜利，卡梅伦政府只好作出承诺开展英国民众全民公投。

（二）脱欧公投

　　2016 年 6 月 23 日，戴维·卡梅伦政府承诺的全民公投终于如期举行，英国民众开始就是英国否继续留在欧盟展开投票。2016 年 6 月，英国全民公投结果出炉，据统计数据显示，有 51.89% 的英国民众想要离开欧盟，余下的 48.11% 的英国人民希望继续留在欧盟，随后英国政府宣布英国将退出欧盟。这一结果公布之后，世界一片哗然，英国首相戴维·卡梅伦随即宣布辞职。虽然，英国政府宣布要退出欧盟，可是英国脱欧正式落地还需要耗费两年多的时间。正像官方所言，假如英国政府向欧盟峰会提出退出欧盟的声明，欧盟峰会在接获英国正式申请后马上开启《里斯本条约》第 50 条条文的相关规定，剩下二十七个国家的首领将讨论谈判的相关规划与方案，并对英国退出欧盟后英国与欧盟二者关系做出说明。这个协定需要在欧盟峰会上获得半数通过，之后在欧洲理事会上以特定多数通过后，英国将正式脱欧。即使没有合适的安排，也需要两年后自动启动脱欧程序，因此，英国将最早于 2018 年 7 月才能正式脱欧。

第二章　英国脱欧前与欧盟及主要
成员国的经贸关系

一、英国与欧盟的经贸关系研究

（一）欧盟对内贸易政策

为了完善欧盟单一市场，促进成员国之间的贸易往来，欧盟出台了一系列政策，主要是单一市场行动计划等，这些政策的实施，深刻地影响着英国和欧盟之间的经济和贸易关系。具体如下。

1. 单一欧洲法案

1986 年 2 月，包含英国在内的欧洲共同体各成员国政府首脑订立了《单一欧洲法案》，明确指出了要在 1992 年 12 月 31 日前建成内部市场，实现货物、资金、服务、人民自由流动的统一大市场（Single Market）。1993 年 1 月 1 日，欧盟单一市场开始逐步实施，总共有 12 个国家参与其中。

2. 单一市场行动计划

1997 年 6 月 4 日，欧委会发布了单一市场行动计划（Action Plan for the Single Market），并提出在 1999 年 1 月 1 日之前完善单一市场的机制和功能，为欧元的顺利发行做准备。单一市场行动计划提出了四大战略目标：（1）使单一市场规则更加有效（在欧盟和各成员国两个层面正确执行并优化规则）；（2）处理重大市场失灵（消除税收扭曲和反竞争行为）；（3）去除市场壁垒以整合市场（打破公用事业区域界线和改善跨地区商业环境）；（4）统一市场惠及所有公民（消除边境管制和保障公民统一市场权利）。欧委会对于每一战略目标都明确了一系列的具体行动，并将整个计划分为三阶段执行，总期限为 18 个月。

根据欧委会公布的报告，行动计划四大战略目标到 1999 年基本实现，主要成就包括：

（1）使单一市场规则更加有效

第一，单一市场规则在成员国没有得到执行的比例大幅下降，从 35% 降至 13.9%。第二，欧盟成员国问题解决和政策执行得到了强化，欧委会建立了协调机制，促使各成员国及时解决各国公民和企业所提出和面临的问题，同时完善了欧委会的内部决策机制和违约处理制度。第三，欧委会成立了商业咨询小组，在对行政负担和执行成本立法时，将个人和企业的意见纳入了参考范围。

（2）处理重大市场失灵

第一，1997 年 12 月，欧盟各成员国达成了商业税收行为守则，以统一协调各国税收政策。第二，在竞争领域，几乎采用了所有的当时能够想到的反托拉斯措施，消除了国家贸易补贴行为。

（3）消除地方市场壁垒以整合市场

第一，积极面对创新和新技术领域的所有承诺都实现了，如在信息社会服务、有条件的准入服务和生物技术发明方面通过了关于透明度机制的法规，提出了关于数字签名和版权及相关权利的法令。第二，在金融服务方面，欧委会制定了关于集体投资计划（collective investment schemes，UCITS）和金融服务远程销售的法令。第三，通过法令建立了天然气内部统一市场，从而为欧盟公用事业自由的立法框架奠定了基础。

（4）统一市场惠及所有公民

第一，加强与公民和企业的交流，通过电话和因特网，相互之间可以传递信息并反馈意见。第二，1998 年 6 月，欧盟开通了欧洲就业在线服务网络，每年处理超过 50 万次关于欧盟就业机会的咨询。第三，扩大了对公民在欧盟统一市场社会安全权利的保护范围,欧委会启动了一项广泛的社会安全协调计划和改革计划。第四,通过了一项带有辅助养老金的劳动者自由流动的法令。第五,将初级农产品纳入产品责任法令的规定范围内。

然而,欧委会的报告也指出在单一市场行动计划并未圆满完成时,在以下方面还存在问题:第一,欧盟没能完全消除单一市场法令执行的拖延和抵制问题,仍有部分国家和地区未完全执行单一市场法令。第二,在专利、建筑产品和一致性标识领域所取得的进展低于预期。第三,简化内部市场立法程序的建议升级为立法提案的进程较为缓慢。第四,欧盟统一市场仍然面临诸多挑战,如取消税收壁垒、创造更有利的税收环境,单一市场的效率仍有待提高,就业机会仍有待增加。第五,国家补助政策仍是单一市场最主要的阻碍因素。第六,尽管欧委会在欧洲公司法令上投入了非常大的人力和物力,但是各成员国仍然难以就欧洲公司法令达成一致。

3. 内部市场战略(1999—2002 年)

1999 年 5 月,《欧洲内部市场战略》(The Strategy for Europe's Internal Market)正式提出,对 2000 年至 2005 年欧洲统一市场的进一步完善做出了战略部署。

该战略制定四项目标:提高人民生活质量、提高共同体经济的商品和资本市场效率、改善商业环境、在世界变化中开拓内部市场。为了实现这些目标,欧委会制订了相应的行动计划,具体如下。

战略目标 1:提高人民生活质量,主要通过以下五项具体的方法和路径:通过进一步整合内部市场和政策环境,使可持续发展成为可能;保护客户在内部市场的权益;促进劳动力市场,确保社保制度的协调;让欧盟民众充分利用特许权;使自由、安全和公平成为可能。

战略目标 2:提高共同经济体商品和资本市场的效率,主要通过以下六项具体的方法和路径:以提高内部市场效率来鼓励经济改革;确保金融服务发挥全部潜力;在对规则的制定相互理解的共同基础上,完成立法框架的商定,并积极执行;消除现有或潜在的障碍和壁垒,以改善跨境贸易,推广相互认可原则的应用;在公用事业和运输部门确保有效的市场开放立法,同时保持通用服务；通过充分保护工业和知识产权来鼓励创造和创新。

战略目标3：改善商业环境，主要通过以下四项具体的方法和路径：加强和统一欧共体各成员国的认识，使市场之间的合作不会被反竞争削弱；消除对内部市场的税收问题和不当的税收竞争；优化法律和监督框架，降低监管对商业带来的负担。

战略目标4：在世界变化中开拓内部市场成果，主要通过以下五项具体的方法和路径：促进21世纪多边贸易体系形成；确保内部市场能够成功扩大共同体的拓展。

4. 内部市场战略（2003—2006年）

2003年3月20—21日，欧委会召开欧洲理事会，欧委会与各成员国认识到了内部市场战略是欧盟层次极其重要的经济政策协调工具。欧委会认为需要启动和深化内部市场战略，主要原因有三点：首先，欧盟要在2010年之前成为最具竞争力和活力的知识经济体，需要尽快采取行动形成联合起来的对内市场；其次，欧盟在不断扩张，急需新的有效战略，来巩固对外市场的布局。最后，欧盟经济和就业增速下滑，需要优化产业结构，突破内部市场的发展瓶颈。随着新成员国的加入，新的内部市场战略强调：要夯实内部市场基础，打破商品和服务贸易的壁垒，保证规则有效执行，减少官僚主义作风，消除税收壁垒障碍，扩大采购平台和机会。新的战略列出了需要优先采取的行动，其框架如下：

（1）促进商品的自由流通

与单一的成员国相比，欧盟范围内的货物流通成本仍较高且程序更为复杂。出口到其他成员国时，企业有时仍需要重新检测产品，甚至需要做出调整，以满足当地的要求。此外，各成员国对市场控制和监管的强度与标准各不相同。在技术领域，阻碍商品跨境流通的壁垒主要表现为：第一，最近几年，各成员国之间的贸易增长比与第三国的贸易增长慢，各成员国之间并没有执行价格统一的政策；第二,四分之三的企业认为，联盟应该最先采取的行动就是取消商品和服务跨境流通中的技术性壁垒；第三，在瑞典企业，有约20%的企业遭遇过贸易壁垒，其中85%的企业选择了按要求调整其产品，以符合目标国的标准；第四，西班牙企业所遇到的问题中，关于技术法规和合格评定的问题大约占了 50%，这些是令他们最烦恼的事情；第五，1995 年，出口国商品通过欧洲标准的平均时间只要 4.5 年，但到 2001 年已提高到大约 8 年，产品法令生效十多年后，建立产品统一大市场所需的 600 项标准仅 22% 获得通过；第六，由于到 2000 年出口国与进口国在相互商品标准的相互认可原则仍没有得到执行，欧盟内贸易额比预期少了近 1500 亿欧元。

采取的措施包括：

第一，相互认可原则是内部市场的基础。当然，该原则也暴露了一些缺陷。欧盟及各成员国制度缺乏透明度，也没有统一的模式评估相互认可原则执行的程度，企业也没有畅通的渠道反对对其不利的措施和规定。因此，许多企业不得不放弃目标市场，或者被迫调整产品以符合当地标准。这些风险逐渐扩大，最后变成众多企业都需要面对的风险。欧委会认为，需要通过更具体可行的规则，以加强各国制度和标准的透明度，并鼓励成员国相关机构的规定按照相互认可原则和内部市场的要求进行制定和执行。

第二，新模式（New Approach）。大大简化了规章制度的新模式，限制了各国产品差异化的立法，生产商可自由选择执行欧洲标准或任何其他满足要求的技术标准。新模式是深化内部市场改革的工具，但其某些地方仍需要加强，特别是在扩大内部市场的方面，包括：完善合格检测统一标准，加强各国政府间合作和市场监管，确保对不能满足最基本技术要求的产品能够及时采取有效行动，提高各国对 CE 标识的认可度和认知度。另一方面，也需要将新模式的应用范围扩大至其他部门以完善和简化制度。

第三，欧洲标准。相关的组织和产业协会应该加强合作，完善相关统一的标准，并使标准有效实施，将之变成各成员国的准则。大力推广欧盟自愿标识。

第四，可持续发展。在环保方面，欧盟建立了对空气污染、水污染和废物排放的统一标准。欧盟提供的法律框架必须是有效的、灵活的，不能影响产业竞争力和产品自由流通。成员国则需要修订其各自的技术标准，从而满足欧盟的环保要求，并努力避免新的贸易壁垒的出现。应对这些挑战，欧委会在一些区域性的市场立法中引入了对商品环保要求，欧委会还通过了产品整合的建议。

第五，汽车部门。欧盟车辆审批制度强制性地扩大到客车和摩托车领域。汽车或摩托车车型在任何一个成员国获得批准，即可适用于整个欧盟内部市场，这样既可降低成本，也可以防止地方保护壁垒重新出现。这个制度将逐渐应用于卡车和货车领域。

（2）统一服务市场

各成员国的法规各不相同，差异较大，且各国的规章制度缺乏稳定性和透明度，这是服务自由流通仅限于法律概念的重要原因。由于许多服务复杂、无形，知识和服务供应商需要获得特定的资格，服务统一市场的法律规则制定比货物更为复杂。不同的服务行业情况各异。例如金融服务业，为统一金融服务市场而制定的金融服务行动计划，其中42项措施有32项已经得到了实施。但是金融行业不断变化的结构、不断涌现的新商业模式和不断演变的风险模式，对金融监管者和制度带来了新的挑战和要求。在许多服务业领域，如旅游、建筑、工程和咨询、检测，仍没有一个统一的、具体的内部市场制度。提供这些服务的方式各不相同，服务自由流动受到了各国和各部门法律阻碍。商业过程的每个阶段从最开始的建立到各种生产要素的投入，再到售后服务等环节，都受到了这些壁垒的影响。这提高了商业成本，增加了资源浪费，限制了创新和服务的多样化，降低了服务业的就业创造效应。统计数据反映了服务跨境流通的困难：服务贸易额仅占内部市场贸易总量的20%，这个比例比十年之前还低。

采取的措施有：第一，向部长理事会和欧盟议会提交了《促销条例》（便利跨欧促销行动）和《专业资格认可法令》（促进有技术的专业人员的流动）；第二，在2003年之前提议《内部市场服务法令》，以建立确定的、公平的法律框架，优化就业环境和跨境服务流通；第三，在可行的基础上，欧委会拟扩大各成员国技术法规审批制度的适用范围，使其包含服务领域，这能有效防止出现新的地方服务壁垒；第四，欧委会会继续重视欧盟消费者服务安全报告，该报告提出了一些旨在监控和支持各国政策统一措施的建议；第五，督促部长理事会和欧洲议会与金融服务相关的法案，并使《透明度法令》通过一审程序；第六，欧委会将提议《资本充足率法令》（修订版），并尽早通过；第七，欧委会将公布关于清算和结算的沟通意见，逐步形成一个统一的欧洲支付系统，便利跨境股权交易；第八，欧委会将开展更为广泛的咨询，以完成和进一步发展金融服务行动计划，尤其是创建单一零售金融服务市场领域；《消费信贷法令》将尽快获得部长理事会和欧洲议会的通过，以建立一个有效的信贷统一市场。

（3）确保高质量的互联网产业

采取的行动有：第一，"第二铁路套案"、关于公共运输有控制的竞争的提案、旨在建立单一欧洲空域的套案，以及关于港口服务准入的提案等，应该快速获得部长理事会和欧洲议会的通过。就开放空域协议，部长理事会应授权欧委会与美国展开谈判。欧委会应尽快开放客运市场，以在铁路部门完成内部市场改革。第二，"能源套案"应尽快获得部长理事会的通过，并得到有效执行，开放燃气和电力市场，以完成能源内部市场改革。第三，欧委会应尽快评估水和废水部门的法律和行政状况，尽早进行改善。第四，敦促《邮政服务法令》转化为成员国法律，开放邮政市场，以完成邮政内部市场改革。2006年，欧委会将对各成员国进行评估，并以此为基础进行下一步行动。第五，明确各国对补偿普遍服务提供成本的援助规则，并进行统一。第六，发布绿皮书，对确保主要工程中公私合作的问题进行讨论，征求广泛意见。

（4）降低税收壁垒的影响

采取的措施有：第一，公司税领域。短期内，提议修订《母子公司法令》，取消欧盟内的双重征税，允许同一集团的下属企业相互支付股息而不减除代扣所得税；同时提议修订《并购法令》，允许延期支付某些税负，避免双重征税，从而帮助企业重组。长期内，在欧盟层次逐步制定并执行一个统一的企业税基标准。第二，增值税领域。欧委会将发布征求意见稿，制订简化、完善现有税制的计划。第三，机动车税领域。欧委会提出，在未来五到十年逐步取消车辆登记税，以增加道路税和燃料税的方式对各成员国给予补偿。欧委会还提议立法消除内部市场汽车自由流动的障碍。第四，股息领域。欧委会将向社会征求意见，讨论欧洲法院对各种类型的股息税收体系的改革建议。采取行动确保各企业得到公平公正待遇，如果企业有需要可以启动违约程序。

（5）扩大采购机会

采取的行动包括：第一，立法性的采购套案应获得部长理事会和欧洲议会的通过，完善现行体制，使其更为统一和现代化，并为电子采购创造环境。会员国需要尽快落实这些立法，并纳入国内法。第二，现有的监管机构或其他机构应获得会员国的授权，以便将案件提交国家审查机构或法院，获得有效的援助方案。

这些监管机构必须是独立的，并具备对大型案件的制裁能力。第三，公共采购网络需覆盖整个欧洲经济区、所有成员国和各申请加入国。成员国需提供足够的资源，保证公共采购网络能够解决跨境问题，分享遇到相关问题而采取的处理方案，提高中小企业的公共采购准入标准。此外，鼓励成员国对中小企业进行培训，并帮助认证相关资格。第四，成员国的电子采购体系必须完全符合欧盟立法性采购套案的要求和标准。2010 年前，各成员国需普及电子采购并建立完善的电子采购体系。第五，提高欧洲军事采购效率，以提高欧洲军工产业的竞争力。2004 年，欧盟应提交绿皮书，寻求达成新的协议和共识。

（6）完善营商条件

采取的行动包括：第一，欧盟部长理事会尽快发布欧盟专利条例，修订《1973 年慕尼黑条约》，令欧盟专利可以由欧洲专利局发布。同时，建立专门的共同体专利法院。第二，《加强知识产权执法法令》（打击伪造和盗版）、《计算机实施发明的专利性法令》应尽快获得部长理事会和欧洲议会的通过。第三，欧委会将提交关于知识产权管理的征求意见稿，该征求意见稿将强调能够促进知识产权跨境营销的措施。第四，推动成员国降低国家援助预算，并将援助方向调整为事关共同体整体利益的目标，如环保和科技研发。此外，努力通过已延期的并购体制改革。第五，2005 年起，所有列入名录的欧洲公司必须执行国际会计标准，准备统一的账目，但对于中小企业则不做此项要求。欧委会将发布征求意见稿，制订 2003 年及未来的优先行动计划，提高欧洲共同体法定的审计质量。这些优先行动包括：优化和强化《第八个公司法法令》，完善用于监督审计职业的欧洲协调机制，从 2005 年起在欧盟内部执行国际审计标准。第六，设定关于公司法和企业治理的短期（2003—2005 年）、中期（2006—2008 年）、长期（2009 年之后）行动计划，并尽快获得欧委会的通过。短期行动包括《第十公司法法令》和《第十四公司法法令》的提议。《公共收购法令》也需要尽快获得通过。

（7）应对人口挑战

采取的行动包括：第一，《养老基金法令》必须在各成员国严格的执行。第二，欧委会将进行进一步的咨询，并以此为基础，提议制定《职业养老金可携带法令》，以保障在成员国之间变换工作的公民的职业养老金权利不受损失。第三，对于养老基金异国税收歧视问题，欧委会将加大处理力度。第四，欧委会将与各成员国在健康服务领域加大合作力度，共同探讨统一市场对成员国健康体系的支持模式。

（8）简化法律体系和代表制度

采取的行动包括：进行广泛的咨询，以优化和简化法律体系，让更多的私有部门和民间社会参与立法，对内部市场进行"适应性测试"，在部长理事会层面建立横向工作小组以简化、优化规章制度，开发适当的指标用来对规制框架和行政负担进行量化管理。

（9）执行规则

采取的行动包括：第一，在每年春天的欧洲理事会上，各成员国需提交法令执行目标和执行计划。第二，欧委会将发布征求意见稿。欧委会还将就那些最具重要性和难以执行的措施，与成员国展开对话，商讨解决办法。第三，用法律工具，对某些措施进行强制执行。第四，欧委会与成员国、欧洲议会一起将标准转化期设定为 2 年。此外，为保障标准执行，建议各国在法令中设定制裁条款和加强行政合作的标准条款。第五，各成员国需努力减少违约行为，到 2006 年，每个成员国至少需要将内部市场违约数量减少一半。第六，为促使内部市场法律得到执行，欧委会将研究和考虑各种不同的方案。第七，在 EUROPA 网站上开辟专栏，向公民和企业介绍其保障权利的合法程序和途径。第八，为确保消费者保护立法在联盟内得到统一执行，欧委会将提议在欧洲范围内建立公共管理网络，对成员国及地方行政机构的行为和决议进行监督。

（10）提供更多更好的信息

采取的行动包括：第一，成员国应制订行动计划，向其公民和企业介绍内部市场的好处，内部市场监督委员会将以内部市场记分板的方式对其进行监督。第二，应特别重视新成员国对欧盟和内部市场信息的需求，并为新成员国建立沟通渠道。第三，应逐步将新成员国纳入欧委会与公民和企业的对话体系及公民指导服务体系中。第四，在现有协议的基础之上，欧委会将继续建立顶级的信息入口。第五，使 EUROPA 官方网站访问更加便捷，使专业访客可以从特殊内部市场入口访问网站，将内部市场政策和立法发展动态在网站上公布。第六，扩大欧洲窗口网络，保证每个成员国拥有一个以上的欧洲消费者中心。

（二）英国与欧盟经贸关系发展现状

2015 年，英国对欧盟的进出口总量达到了 3559.43 亿英镑，同比下降 2.51%；其中英国对欧盟的出口总量达到了 1379.67 亿英镑，同比下降 5.39%；英国对欧盟的进口总量为 2179.76 亿英镑，较上年同比减少 0.60%。在英国与欧盟经贸往来中，英国处于逆差的地位，贸易逆差额为 800.09 亿英镑。总体来看，2015 年英国对欧盟的贸易数量有所下降。

2016 年 1—11 月，英国对欧盟的进出口总量为 3499.64 亿英镑，较上年同比增长 6.50%，双方贸易依赖程度进一步增强。其中，英国对欧盟的出口总量达到了 1318.77 亿英镑，英国对欧盟的进口总量达到了 2180.87 亿英镑，较上年同期增长 8.50%；贸易逆差额达到了 862.10 亿英镑，较上年同期增长 17.47%，贸易逆差进一步拉大。

表 2–1　英国与欧盟的进出口贸易情况

（单位：百万英镑）

时间	英国对欧盟的出口额	英国对欧盟的进口额	进出口总量
2014 年 1 月	12339	17893	30232
2 月	11712	17754	29466
3 月	13334	19136	32470
4 月	11490	17893	29383
5 月	12428	17546	29974
6 月	12065	18277	30342
7 月	12339	19583	31922
8 月	10679	15883	26562
9 月	12470	19205	31675
10 月	13007	19611	32618
11 月	12303	18532	30835
12 月	11661	17974	29635
小计	145827	219287	365114
2015 年 1 月	10905	16897	27802
2 月	10955	17912	28867
3 月	11751	19658	31409
4 月	15470	17600	33070
5 月	11169	17111	28280
6 月	11760	19092	30852
7 月	10944	18870	29814
8 月	9867	15959	25826
9 月	11606	19125	30731
10 月	11820	19526	31346
11 月	11359	19246	30605
12 月	10361	16980	27341
小计	137967	217976	355943
2016 年 1 月	10372	16827	27199

续表

时间	英国对欧盟的出口额	英国对欧盟的进口额	进出口总量
2 月	11214	19418	30632
3 月	12006	20165	32171
4 月	12002	19145	31147
5 月	11356	18571	29927
6 月	12222	20477	32699
7 月	11904	19531	31435
8 月	11071	18802	29873
9 月	13025	21938	34963
10 月	12591	20417	33008
11 月	14114	22796	36910
小计	131877	218087	349964

资料来源：英国国家统计局。

（单位：百万英镑）

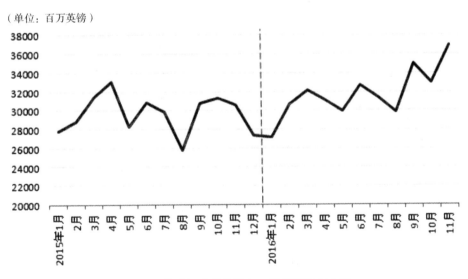

图 2-1　英国与欧盟的进出口贸易额月度走势

资料来源：英国国家统计局。

　　从图 2-2 中可以看到，在英国与欧盟的双边贸易中，英国一直处于逆差的状态。从贸易差额走势来看，英国对欧盟的贸易逆差额呈不断增长的趋势，2016 年 10 月英国对欧盟的贸易差额为 89.13 亿英镑，英国对欧盟的贸易依赖程度不断提高。

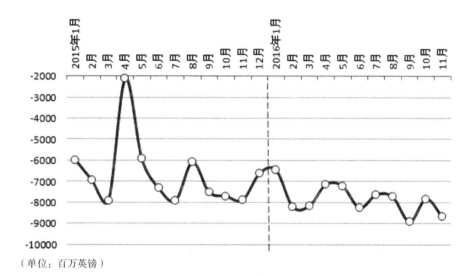

（单位：百万英镑）

图 2-2　英国对欧盟的进出口贸易差额变化走势

资料来源：英国国家统计局。

从表 2-2 中可以看到，2016 年在欧盟各主要成员国中，英国的主要出口国是德国、法国和荷兰，对其出口额分别为 301.90 亿英镑、176.32 亿英镑和 172.92 亿英镑，所占比重分别为 22.89%、13.37% 和 13.11%。

表 2-2　2016 年 1—11 月英国与欧盟主要成员国的出口贸易情况

（单位：百万英镑）

序号	国家	英国对该国的出口额	所占比重
1	德国	30190	22.89%
2	法国	17632	13.37%
3	荷兰	17292	13.11%
4	爱尔兰	15628	11.85%
5	比利时	10834	8.22%
6	意大利	8854	6.71%
合计		100430	76.15%

资料来源：英国国家统计局。

　　从表 2–3 中可以看到，2016 年在欧盟各主要成员国中，英国的主要进口国是德国、荷兰和法国，其进口额分别为 587.62 亿英镑、317.85 亿英镑和 227.25 亿英镑，所占比重分别为 26.94%、14.57% 和 10.42%。

表 2–3　2016 年 1—11 月英国与欧盟主要成员国的进口贸易情况

（单位：百万英镑）

序号	国家	英国对该国的进口额	所占比重
1	德国	58762	26.94%
2	荷兰	31785	14.57%
3	法国	22725	10.42%
4	比利时	21457	9.84%
5	意大利	15577	7.14%
6	西班牙	14894	6.83%
合计		165200	75.75%

资料来源：英国国家统计局。

二、英国与欧盟主要成员国经贸关系研究

（一）英国与德国经贸关系研究

1. 德国经济发展概况

（1）经济发展总体水平

　　长期以来，德国经济总量一直在欧盟内排行第一。2005—2016 年，除了 2009 年之外，德国国内生产总值（GDP）保持着逐年增加的趋势。根据欧盟统计局（Eurostat）的统计数据显示，2015 年，德国实现国内生产总值 3.03 万亿欧元，较上年同比增加 3.72%。2016 年，德国实现国内生产总值 3.13 万亿欧元，较上年增加 3.33%。

表 2-4　德国国内生产总值变化情况

时间	国内生产总值（亿欧元）	同比增长率（%）
2005 年	23008.60	—
2006 年	23932.50	4.02%
2007 年	25132.30	5.01%
2008 年	25617.40	1.93%
2009 年	24602.80	−3.96%
2010 年	25800.60	4.87%
2011 年	27031.20	4.77%
2012 年	27582.60	2.04%
2013 年	28262.40	2.46%
2014 年	29239.30	3.46%
2015 年	30328.20	3.72%
2016 年	31338.60	3.33%

资料来源：Eurostat。

（2）经济发展速度

从表 2-5 中了解到，2014 年第二季度（2014Q2）到 2016 年第一季度（2016Q1），德国国内生产总值同比增长中基本上较为稳定。2016 年第三季度，德国 GDP 同比增长率为 1.5%，较上季度下降 1.6 个百分点。

与欧盟经济增长速度对比来看，2014 年第二季度到 2016 年第一季度期间，德国 GDP 增速均要慢于欧盟的 GDP 增速。与英国经济增长速度对比来看，2014 年 Q2 到 2015 年 Q1，英国 GDP 增速要明显快于德国。而从 2016 年 Q2 开始，德国 GDP 增速相较于英国表现更好。

表 2-5　德国 GDP 增长速度变化情况

时间	德国 GDP 增长率（%）	欧盟 GDP 增长率（%）	英国 GDP 增长率（%）
2014Q1	2.6	1.5	1.6

时间	德国 GDP 增长率 （%）	欧盟 GDP 增长率 （%）	英国 GDP 增长率 （%）
2014Q2	0.9	1.4	3.2
2014Q3	1.2	1.7	3.9
2014Q4	1.7	1.8	3.5
2015Q1	1.3	2.3	3.6
2015Q2	1.8	2.1	1.7
2015Q3	1.8	2	1.3
2015Q4	2.1	2.4	2.2
2016Q1	1.5	1.9	2.1
2016Q2	3.1	2.1	1.6
2016Q3	1.5	1.6	0.6

资料来源：Eurostat。

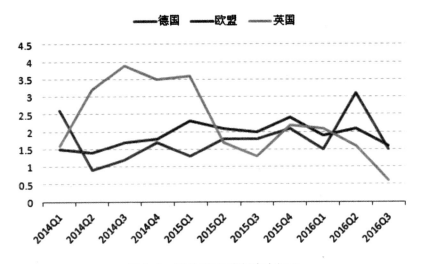

图 2-3　德国 GDP 增长率走势图

资料来源：Eurostat。

（3）失业率

从图 2-4 中可以看到，2009—2016 年间，德国失业率呈不断下降的趋势。欧盟统计局的统计数据显示，2015 年德国国内失业率为 4.6%，到 2016 年德国国内失业率降为 4.1%，较上年下降 0.5 个百分点。

与欧盟和英国对比来看，2009—2016 年间，德国国内失业率均要低于欧盟和英国，这表明德国国内就业市场表现较好。

表 2–6　德国失业率变化情况

时间	德国失业率 （%）	英国失业率 （%）	欧盟失业率 （%）
2009	7.6	7.6	9.0
2010	7.0	7.8	9.6
2011	5.8	8.1	9.7
2012	5.4	7.9	10.5
2013	5.2	7.6	10.9
2014	5.0	6.1	10.2
2015	4.6	5.3	9.4
2016	4.1	—	8.5

资料来源：Eurostat。

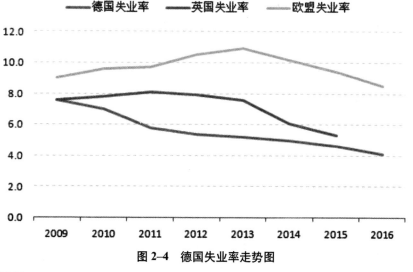

图 2–4　德国失业率走势图

资料来源：Eurostat。

（4）通货膨胀率

从图 2-5 中可以看到，2005—2016 年间，德国通货膨胀率呈波动变化的趋势，但总体上维持在 3% 以下，说明德国国内通货膨胀水平较低。根据欧盟统计局的统计数据显示，2015 年德国国内通货膨胀率为 0.1%，到 2016年德国国内通货膨胀率为 0.4%，较上年增加 0.3 个百分点。

与欧盟和英国对比来看，2005—2016 年间，德国国内通货膨胀率率总体上要低于欧盟和英国，与英国和欧盟保持着同向变化的趋势。

表 2-7　德国通货膨胀率变化情况

时间	德国通货膨胀率（%）	英国通货膨胀率（%）	欧盟通货膨胀率（%）
2005	1.9	2.1	2.3
2006	1.8	2.3	2.3
2007	2.3	2.3	2.4
2008	2.8	3.6	3.7
2009	0.2	2.2	1.0
2010	1.1	3.3	2.1
2011	2.5	4.5	3.1
2012	2.1	2.8	2.6
2013	1.6	2.6	1.5
2014	0.8	1.5	0.5
2015	0.1	0.0	0.0
2016	0.4	0.7	0.3

资料来源：Eurostat。

（5）进出口贸易

2014 年，德国的进出口总量为 20338.91 亿欧元，较上年同比增长2.80%；其中出口总量为 11237.46 亿欧元，较上年同比增长 3.28%；进口总量为 9101.45 亿欧元，较上年同比增长 2.22%；贸易顺差额为 2136.01 亿欧元。

2015 年，德国的进出口总量为 21428.00 亿欧元，较上年同比增长

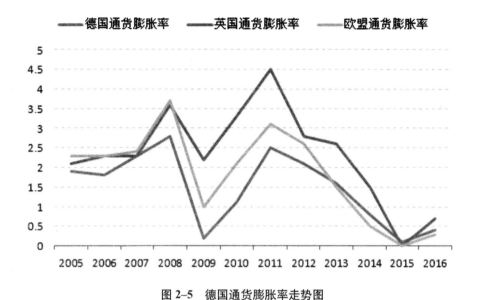

图 2-5　德国通货膨胀率走势图

资料来源：Eurostat。

5.35%；其中出口总量为 11935.55 亿欧元，较上年同比增长 6.21%；进口总量为 9492.45 亿欧元，较上年同比增长 4.30%；贸易顺差额为 2443.10 亿欧元。

表 2-8　德国进出口贸易情况

（单位：亿欧元）

时间	出口总量	进口总量	进出口总量
2000 年	5974.40	5383.11	11357.51
2001 年	6382.68	5427.74	11810.42
2002 年	6513.20	5185.32	11698.52
2003 年	6644.55	5345.34	11989.89
2004 年	7315.44	5754.48	13069.92
2005 年	7862.66	6280.87	14143.53
2006 年	8930.42	7339.94	16270.36
2007 年	9652.36	7698.87	17351.23
2008 年	9841.40	8058.42	17899.82
2009 年	8033.12	6646.15	14679.27

续表

时间	出口总量	进口总量	进出口总量
2010 年	9519.59	7970.97	17490.56
2011 年	10612.25	9025.23	19637.48
2012 年	10926.27	8994.05	19920.32
2013 年	10880.25	8903.93	19784.18
2014 年	11237.46	9101.45	20338.91
2015 年	11935.55	9492.45	21428.00

资料来源：德国联邦统计局。

从图 2–6 中可以看到，在德国的进出口贸易中，德国长期处于顺差的地位。从贸易差额的年度走势来看，德国的贸易顺差总体上保持逐年增长的趋势。2015 年，德国贸易顺差达到 2443.10 亿欧元。

（单位：亿欧元）

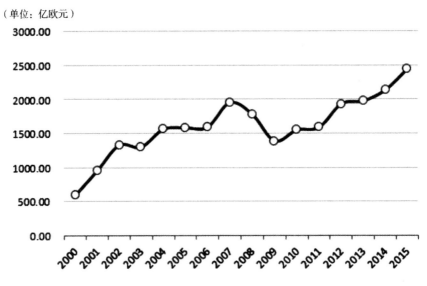

图 2–6　德国进出口贸易差额年度走势

资料来源：德国联邦统计局。

2. 英国与德国贸易现状

目前，德国已经成为英国在欧盟各成员国中的第一大贸易伙伴。2015 年，英国对德国的进出口总额为 900.68 亿英镑，较上年同比减少 0.36%；其中英国对德国的出口总额为 296.25 亿英镑，较上年同比减少 4.07%；英国对德国的进口总额为 604.43 亿英镑，较上年同比增长 1.56%；贸易逆差额为 308.18 亿英镑。2016 年 1—11 月，英国对德国的进出口总额为 889.52 亿英镑，较上年同比增长 6.40%，双方贸易依赖程度进一步增强。其中，英国对德国的出口总额为 301.90 亿英镑，较上年同比增长 9.72%；英国对德国的进口总额为 587.62 亿英镑，较上年同比增长 4.78%；贸易逆差额为 285.72 亿英镑，较上年同比增长 0.02%。

表 2-9　英国与德国的进出口贸易情况

（单位：百万英镑）

时间	英国对德国的出口额	英国对德国的进口额	进出口总量
2014 年 1 月	2522	4678	7200
2 月	2566	4875	7441
3 月	3069	5240	8309
4 月	2487	4874	7361
5 月	2638	4850	7488
6 月	2595	4869	7464
7 月	2709	5464	8173
8 月	2218	4409	6627
9 月	2555	5335	7890
10 月	2708	5075	7783
11 月	2495	5008	7503
12 月	2319	4839	7158
小计	30881	59516	90397
2015 年 1 月	2482	4727	7209
2 月	2324	5031	7355
3 月	2771	5555	8326
4 月	2610	5110	7720
5 月	2420	4651	7071
6 月	2631	5297	7928

续表

时间	英国对德国的出口额	英国对德国的进口额	进出口总量
7 月	2356	5353	7709
8 月	2184	4479	6663
9 月	2567	5306	7873
10 月	2432	5395	7827
11 月	2739	5179	7918
12 月	2109	4360	6469
小计	29625	60443	90068
2016 年 1 月	2463	4272	6735
2 月	2758	5268	8026
3 月	2712	5463	8175
4 月	2726	5209	7935
5 月	2575	5082	7657
6 月	2779	5630	8409
7 月	2648	5156	7804
8 月	2430	5196	7626
9 月	3045	6072	9117
10 月	2809	5317	8126
11 月	3245	6097	9342
小计	30190	58762	88952

资料来源：英国国家统计局。

从图 2-7 中可以看到，在英国与德国的双边贸易中，英国处于逆差的地位。从贸易差额的每月数据走势来看，英国对德国的每月贸易逆差额总体上稳定在 20 亿—30 亿英镑之间，英德两国双边贸易较为稳定。

（二）英国与荷兰经贸关系研究

1. 荷兰经济发展概况

（1）经济发展总体水平

2005—2015 年，除了 2009 年之外，荷兰国内生产总值保持着逐年增长

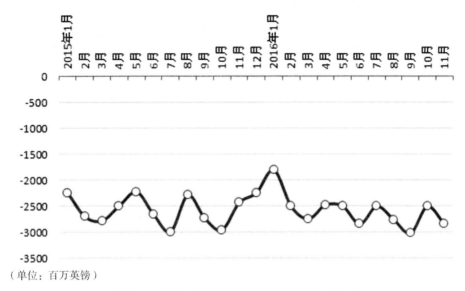

（单位：百万英镑）

图 2-7　英国对德国的进出口贸易差额变化走势

资料来源：英国国家统计局。

的趋势。根据欧盟统计局的统计数据显示，2014 年，荷兰实现国内生产总值 6630.08 亿欧元，较上年同比增长 1.57%。2016 年，荷兰实现国内生产总值 6765.31 亿欧元，较上年增加 2.04%。

表 2-10　荷兰国内生产总值变化情况

（单位：亿欧元）

时间	国内生产总值	同比增长率
2005 年	5456.09	—
2006 年	5792.12	6.16%
2007 年	6132.80	5.88%
2008 年	6391.63	4.22%
2009 年	6175.40	−3.38%
2010 年	6315.12	2.26%
2011 年	6429.29	1.81%
2012 年	6451.64	0.35%
2013 年	6527.48	1.18%

时间	国内生产总值	同比增长率
2014 年	6630.08	1.57%
2015 年	6765.31	2.04%

资料来源：Eurostat。

（2）经济发展速度

从图 2-8 中可以看到，2016 年第三季度，荷兰 GDP 同比增长率为 2.4%，较上季度上升 0.1 个百分点。与欧盟经济增长速度对比来看，荷兰 GDP 增速与欧盟的 GDP 增速变化趋势基本保持一致。与英国经济增长速度对比来看，2014 年第一季度到 2015 年第一季度，英国 GDP 增速要明显快于荷兰。而从 2016 年第二季度开始，荷兰 GDP 增速相较于英国表现更好。

表 2-11　荷兰 GDP 增长速度变化情况

时间	荷兰 GDP 增长率（%）	欧盟 GDP 增长率（%）	英国 GDP 增长率（%）
2014Q1	0.6	1.5	1.6
2014Q2	1.6	1.4	3.2
2014Q3	1.6	1.7	3.9
2014Q4	1.9	1.8	3.5
2015Q1	2.6	2.3	3.6
2015Q2	1.9	2.1	1.7
2015Q3	2.0	2.0	1.3
2015Q4	1.4	2.4	2.2
2016Q1	1.5	1.9	2.1
2016Q2	2.3	2.1	1.6
2016Q3	2.4	1.6	0.6

资料来源：Eurostat。

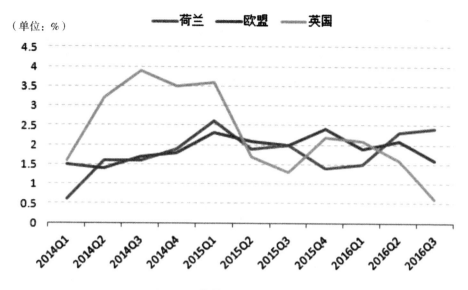

图 2-8　荷兰 GDP 增长率走势图

资料来源：Eurostat。

（3）失业率

从图 2-9 中可以看到，2014 年以来，荷兰失业率呈不断下降的趋势。根据欧盟统计局的统计数据显示，2015 年荷兰国内失业率为 6.9%，到 2016 年荷兰国内失业率降为 6.0%，较上年下降 0.9 个百分点。

与欧盟对比来看，2009—2016 年间，荷兰国内失业率均低于欧盟；与英国对比来看，2013 年之前荷兰失业率较英国更低，2013 年之后荷兰失业率开始超过英国。

表 2-12　荷兰失业率变化情况

（单位：%）

时间	荷兰失业率	英国失业率	欧盟失业率
2009	7.6	7.6	9.0
2010	7.0	7.8	9.6
2011	5.8	8.1	9.7
2012	5.4	7.9	10.5
2013	5.2	7.6	10.9

续表

时间	荷兰失业率	英国失业率	欧盟失业率
2014	5.0	6.1	10.2
2015	4.6	5.3	9.4
2016	4.1	—	8.5

资料来源：Eurostat。

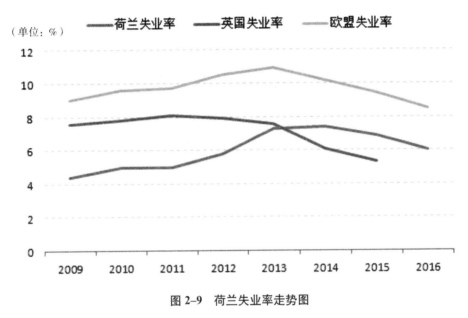

图 2-9　荷兰失业率走势图

资料来源：Eurostat。

（4）通货膨胀率

从图 2-10 中可以看到，2005—2016 年间，荷兰通货膨胀率呈波动变化的趋势，但总体上维持在 3% 以下。其中，2011—2013 年间，荷兰通货膨胀率维持在 2.5% 以上。到 2014 年开始下降到 0.5% 以下。欧盟统计局的统计数据显示，2015 年荷兰国内通货膨胀率为 0.2%，到 2016 年荷兰国内通货膨胀率为 0.1%，均处于极低的水平。

与欧盟和英国对比来看，2005—2016 年间，荷兰国内通货膨胀率率总体上要低于欧盟和英国，且同英国和欧盟保持着同向变化的趋势。

表 2-13 荷兰通货膨胀率变化情况

(单位：%)

时间	荷兰通货膨胀率	英国通货膨胀率	欧盟通货膨胀率
2005	1.5	2.1	2.3
2006	1.6	2.3	2.3
2007	1.6	2.3	2.4
2008	2.2	3.6	3.7
2009	1.0	2.2	1.0
2010	0.9	3.3	2.1
2011	2.5	4.5	3.1
2012	2.8	2.8	2.6
2013	2.6	2.6	1.5
2014	0.3	1.5	0.5
2015	0.2	0.0	0.0
2016	0.1	0.7	0.3

资料来源：Eurostat。

图 2-10 荷兰通货膨胀率走势图

资料来源：Eurostat。

（5）进出口贸易

2016年，荷兰的进出口总量为8145.24亿欧元，较上年同比增长0.50%；其中出口总量为4336.39亿欧元，较上年同比增长1.49%；进口总量为3808.85亿欧元，较上年同比减少0.61%；贸易顺差额为527.54亿欧元。

表2-14　荷兰进出口贸易情况

（单位：百万欧元）

时间	出口总量	进口总量	进出口总量
2016年1月	33005	28846	61851
2016年2月	33968	30556	64524
2016年3月	37059	31821	68880
2016年4月	35349	31188	66537
2016年5月	35113	30978	66091
2016年6月	37752	32964	70716
2016年7月	34605	30637	65242
2016年8月	34369	30549	64918
2016年9月	37502	33193	70695
2016年10月	36783	32941	69724
2016年11月	39480	34053	73533
2016年12月	38654	33160	71814
合计	433639	380885	814524

资料来源：荷兰统计局。

从图2-11中可以看到，在荷兰的进出口贸易中，荷兰长期处于顺差的地位。从贸易差额的每月数据的走势来看，荷兰的贸易顺差基本上保持稳定。

2. 英国与荷兰贸易现状

目前，荷兰已经发展成为英国在欧盟各成员国中的第二大贸易伙伴。2015年，英国对荷兰的进出口总量为471.15亿英镑，较上年同比减少10.76%；其中英国对荷兰的出口总量为175.38亿英镑，较上年同比减少19.41%；英国对荷兰的进口总量为295.77亿英镑，较上年同比减少4.69%；

（单位：百万欧元）

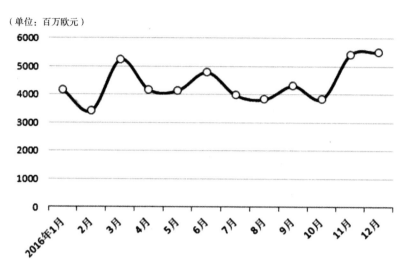

图 2-11　荷兰进出口贸易差额月度走势

资料来源：荷兰统计局。

贸易逆差额为 120.39 亿英镑，较上年进一步拉大。

2016 年 1—11 月，英国对荷兰的进出口总量为 490.77 亿英镑，较上年同比增长 13.37%，双方贸易联系进一步增强。其中，英国对荷兰的出口总量为 172.92 亿英镑，较上年同比增长 6.75%；英国对荷兰的进口总量为 317.85 亿英镑，较上年同比增长 17.33%；贸易逆差额为 144.93 亿英镑，较上年同比增长 33.07%。

表 2-15　英国与荷兰的进出口贸易情况

（单位：百万英镑）

时间	英国对荷兰的出口额	英国对荷兰的进口额	进出口总量
2014 年 1 月	1701	2694	4395
2 月	1687	2491	4178
3 月	2069	2788	4857
4 月	1563	2649	4212
5 月	1927	2357	4284
6 月	1736	2595	4331
7 月	1997	2638	4635

时间	英国对荷兰的出口额	英国对荷兰的进口额	进出口总量
8 月	1701	2323	4024
9 月	2000	2651	4651
10 月	1785	2754	4539
11 月	1799	2505	4304
12 月	1798	2588	4386
小计	21763	31033	52796
2015 年 1 月	1369	2349	3718
2 月	1642	2225	3867
3 月	1337	2724	4061
4 月	1310	2270	3580
5 月	1710	2357	4067
6 月	1546	2740	4286
7 月	1529	2503	4032
8 月	1501	2246	3747
9 月	1431	2483	3914
10 月	1518	2711	4229
11 月	1306	2482	3788
12 月	1339	2487	3826
小计	17538	29577	47115
2016 年 1 月	1343	2476	3819
2 月	1346	2888	4234
3 月	1577	2882	4459
4 月	1545	2779	4324
5 月	1337	2439	3776
6 月	1611	3005	4616
7 月	1872	2867	4739
8 月	1481	2904	4385
9 月	1621	3251	4872

续表

时间	英国对荷兰的出口额	英国对荷兰的进口额	进出口总量
10 月	1669	3074	4743
11 月	1890	3220	5110
小计	17292	31785	49077

资料来源：英国国家统计局。

　　从图 2–12 中可以看到，在英国与荷兰的双边贸易中，英国处于逆差的地位。从贸易差额的每月数据的走势来看，英国对荷兰的每月的贸易逆差额在不断扩大。

（单位：百万英镑）

图 2–12　英国对荷兰的进出口贸易差额变化走势

资料来源：英国国家统计局。

（三）英国与法国经贸关系研究

1. 法国经济发展概况

（1）经济发展总体水平

长期以来，法国经济总量一直位居欧盟前三位。2005—2015 年间，除了 2009 年之外，法国国内生产总值保持着逐年增长的趋势。根据欧盟统计局的统计数据显示，2014 年，法国实现国内生产总值 2.14 万亿欧元，较上年同比增长 1.17%。2015 年，法国实现国内生产总值 2.18 万亿欧元，较上年同比增长 1.92%。

表 2-16　法国国内生产总值变化情况

（单位：亿欧元）

时间	国内生产总值	同比增长率
2005 年	17719.78	—
2006 年	18532.67	4.59%
2007 年	19456.70	4.99%
2008 年	19958.50	2.58%
2009 年	19390.17	−2.85%
2010 年	19984.81	3.07%
2011 年	20592.84	3.04%
2012 年	20869.29	1.34%
2013 年	21152.56	1.36%
2014 年	21399.64	1.17%
2015 年	21810.64	1.92%

资料来源：Eurostat。

（2）经济发展速度

从图 2-13 中可以看到，2014 年第一季度到 2016 年第二季度，法国 GDP 同比增长率基本上较为稳定。2016 年第三季度，法国 GDP 同比增长率为 0.7%，较上季度下降 1.0 个百分点。

与欧盟经济增长速度对比来看，2014 年第一季度到 2016 年第二季度期间，法国 GDP 增速均要慢于欧盟的 GDP 增速。与英国经济增长速度对比来看，2014 年第一季度到 2016 年第一季度，英国 GDP 增速要明显快于法国。而从 2016 年第二季度开始，法国 GDP 增速相较于英国表现稍微好些。

表 2–17 法国 GDP 增长速度变化情况

（单位：%）

时间	法国 GDP 增长率	欧盟 GDP 增长率	英国 GDP 增长率
2014Q1	0.8	1.5	1.6
2014Q2	0.3	1.4	3.2
2014Q3	0.7	1.7	3.9
2014Q4	0.7	1.8	3.5
2015Q1	1.4	2.3	3.6
2015Q2	1.3	2.1	1.7
2015Q3	1.1	2.0	1.3
2015Q4	1.4	2.4	2.2
2016Q1	1.3	1.9	2.1
2016Q2	1.7	2.1	1.6
2016Q3	0.7	1.6	0.6

资料来源：Eurostat。

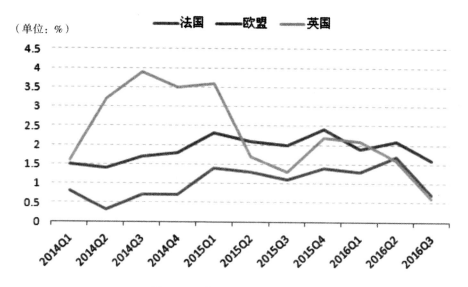

图 2–13 法国 GDP 增长率走势图

资料来源：Eurostat。

（3）失业率

从图 2–14 中可以看到，2009—2015 年间，法国失业率呈缓慢上升的趋势，到 2016 年有所下降，劳动力市场有所好转。根据欧盟统计局（Eurostat）的统计数据显示，2015 年法国国内失业率为 10.4%，到 2016 年法国国内失业率降为 9.9%，较上年下降 0.5 个百分点。

与欧盟对比来看，2009—2013 年间，法国国内失业率均要低于欧盟，2014—2016 年法国国内失业率要比欧盟平均水平更高；与英国对比来看，2009—2015 年间，法国国内失业率始终要高于英国。

表 2–18　法国失业率变化情况

（单位：%）

时间	法国失业率	英国失业率	欧盟失业率
2009	9.1	7.6	9.0
2010	9.3	7.8	9.6
2011	9.2	8.1	9.7
2012	9.8	7.9	10.5
2013	10.3	7.6	10.9
2014	10.3	6.1	10.2
2015	10.4	5.3	9.4
2016	9.9	—	8.5

资料来源：Eurostat。

（4）通货膨胀率

从图 2–15 中可以看到，2005—2016 年间，法国通货膨胀率呈波动变化的趋势，但总体上维持在 3% 以下。欧盟统计局的统计数据显示，2015 年法国国内通货膨胀率为 0.1%，到 2016 年法国国内通货膨胀率为 0.3%，均处于极低的水平。

与欧盟和英国对比来看，2005—2016 年间，法国国内通货膨胀率率总体上要低于欧盟和英国，且同英国和欧盟保持着同向变化的趋势。

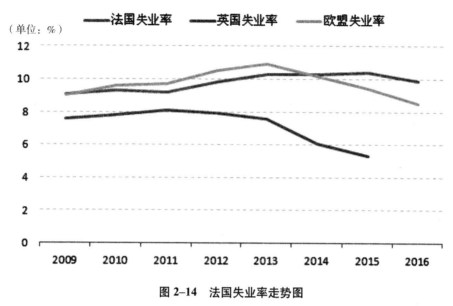

图 2-14　法国失业率走势图

资料来源：Eurostat。

表 2-19　法国通货膨胀率变化情况

（单位：%）

时间	法国通货膨胀率	英国通货膨胀率	欧盟通货膨胀率
2005	1.9	2.1	2.3
2006	1.9	2.3	2.3
2007	1.6	2.3	2.4
2008	3.2	3.6	3.7
2009	0.1	2.2	1.0
2010	1.7	3.3	2.1
2011	2.3	4.5	3.1
2012	2.2	2.8	2.6
2013	1.0	2.6	1.5
2014	0.6	1.5	0.5
2015	0.1	0.0	0.0
2016	0.3	0.7	0.3

资料来源：Eurostat。

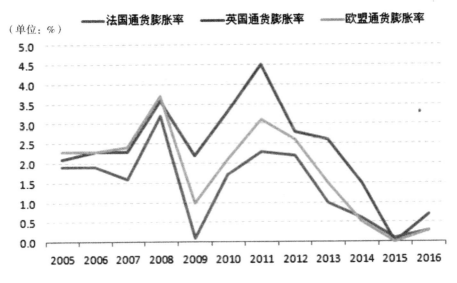

（单位：%）

图 2–15 法国通货膨胀率走势图

资料来源：Eurostat。

（5）进出口贸易

2015 年，法国的进出口总额为 13185.91 亿欧元，较上年同比增长 6.21%；其中出口总额为 6375.15 亿欧元，较上年同比增长 5.97%；进口总额为 6810.76 亿欧元，较上年同比增长 6.44%；贸易逆差额为 435.61 亿欧元。

2016 年，法国的进出口总量为 13491.77 亿欧元，较上年同比增长 2.32%；其中出口总量为 6434.30 亿欧元，较上年同比增长 0.93%；进口总量为 7057.47 亿欧元，较上年同比增长 3.62%；贸易逆差额为 623.17 亿欧元，贸易逆差进一步扩大。

表 2–20 法国进出口贸易情况

（单位：亿欧元）

时间	出口额	进口额	进出口总量
2011 年 Q1	1366.93	1491.91	2858.84
2011 年 Q2	1381.80	1477.53	2859.33
2011 年 Q3	1394.46	1482.10	2876.56

续表

时间	出口额	进口额	进出口总量
2011 年 Q4	1415.85	1473.56	2889.41
2011 年	5559.04	5925.10	11484.14
2012 年 Q1	1418.61	1489.49	2908.10
2012 年 Q2	1424.86	1494.09	2918.95
2012 年 Q3	1432.74	1497.32	2930.06
2012 年 Q4	1432.69	1494.18	2926.87
2012 年	5708.90	5975.08	11683.98
2013 年 Q1	1428.58	1494.12	2922.70
2013 年 Q2	1463.05	1523.25	2986.30
2013 年 Q3	1455.51	1534.95	2990.46
2013 年 Q4	1468.36	1553.41	3021.77
2013 年	5815.50	6105.73	11921.23
2014 年 Q1	1479.26	1568.05	3047.31
2014 年 Q2	1484.38	1578.94	3063.32
2014 年 Q3	1505.01	1611.73	3116.74
2014 年 Q4	1547.17	1639.96	3187.13
2014 年	6015.82	6398.68	12414.50
2015 年 Q1	1574.73	1675.85	3250.58
2015 年 Q2	1600.41	1680.31	3280.72
2015 年 Q3	1594.99	1705.88	3300.87
2015 年 Q4	1605.02	1748.72	3353.74
2015 年	6375.15	6810.76	13185.91
2016 年 Q1	1600.10	1759.21	3359.31
2016 年 Q2	1600.41	1732.40	3332.81
2016 年 Q3	1607.71	1775.48	3383.19
2016 年 Q4	1626.08	1790.38	3416.46
2016 年	6434.30	7057.47	13491.77

资料来源：法国统计局。

从图 2–16 中可以看到，在法国的进出口贸易中，法国长期处于逆差的地位。从贸易差额的季度走势来看，2011 年间法国的贸易顺差有减少的趋势。2012—2013 年间，法国的贸易逆差基本保持稳定。2015 年之后，法国的贸易逆差开始扩大。2016 年第四季度，法国的贸易逆差额为 164.30 亿欧元。

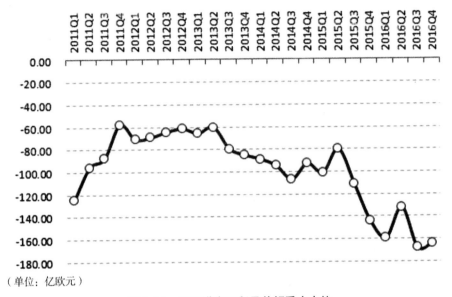

（单位：亿欧元）

图 2–16　法国进出口贸易差额季度走势

资料来源：法国统计局。

2. 英国与法国贸易现状

目前，法国已经成为英国在欧盟各成员国中的第三大贸易伙伴。2015年，英国对法国的进出口总量为 419.42 亿英镑，较上年同比减少 6.75%；其中英国对法国的出口总量为 180.06 亿英镑，较上年同比减少 10.03%；英国对法国的进口总量为 239.36 亿英镑，较上年同比减少 4.13%。在英国与法国的双边贸易中，英国处于逆差的地位，贸易逆差额为 59.30 亿英镑。

2016 年 1—11 月，英国对法国的进出口总量为 403.57 亿英镑，较上年同比增长 4.45%，双方贸易依赖程度进一步增强。其中，英国对法国的出口总量为 176.32 亿英镑，较上年同比增长 6.58%；英国对法国的进口总量为 227.25 亿英镑，较上年同比增长 2.86%；贸易逆差额为 50.93 亿英镑，较上年同比减少 8.25%。

表 2-21　英国与法国的进出口贸易情况

（单位：百万英镑）

时间	英国对法国的出口额	英国对法国的进口额	进出口总量
2014 年 1 月	1998	2010	4008
2 月	1536	2075	3611
3 月	1664	2304	3968
4 月	1484	2045	3529
5 月	1561	2096	3657
6 月	1633	2040	3673
7 月	1577	2286	3863
8 月	1551	1619	3170
9 月	1689	2215	3904
10 月	1869	2309	4178
11 月	1732	2060	3792
12 月	1720	1907	3627
小计	20014	24966	44980
2015 年 1 月	1451	1895	3346
2 月	1480	2180	3660
3 月	1609	2146	3755
4 月	1500	1940	3440
5 月	1529	1819	3348
6 月	1569	1952	3521
7 月	1410	2021	3431
8 月	1226	1614	2840
9 月	1572	2100	3672
10 月	1729	2087	3816
11 月	1468	2340	3808
12 月	1463	1842	3305
小计	18006	23936	41942
2016 年 1 月	1398	1746	3144

时间	英国对法国的出口额	英国对法国的进口额	进出口总量
2 月	1516	2287	3803
3 月	1695	2223	3918
4 月	1756	1937	3693
5 月	1512	1980	3492
6 月	1702	2268	3970
7 月	1516	1973	3489
8 月	1301	1866	3167
9 月	1702	2124	3826
10 月	1694	2038	3732
11 月	1840	2283	4123
小计	17632	22725	40357

资料来源：英国国家统计局。

从图 2-17 中可以看到，在英国与法国的双边贸易中，英国处于逆差的地位。从贸易差额走势来看，英国对法国的贸易逆差额呈波动变化的趋势，但总体上变化不大，这反映了英法两国较为稳定的双边贸易关系。

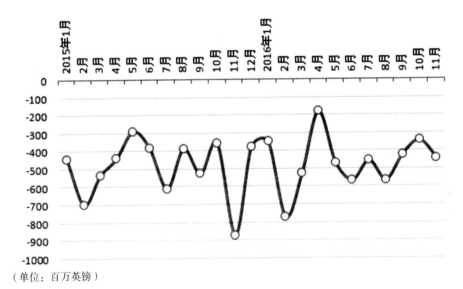

（单位：百万英镑）

图 2-17 英国对法国的进出口贸易差额变化走势

资料来源：英国国家统计局。

（四）英国与意大利经贸关系研究

1. 意大利经济发展概况

（1）经济发展总体水平

2005—2015 年，意大利国内生产总值呈波动变化的趋势。2009 年，受金融危机的影响，意大利国内生产总值为 1.57 万亿欧元，较上年同比减少 3.63%；2012—2013 年，受欧债危机的影响，意大利国内生产总值均出现负增长。根据欧盟统计局的统计数据显示，2014 年，意大利实现国内生产总值 1.62 万亿欧元，较上年同比增长 0.98%。2015 年，意大利实现国内生产总值为 1.64 万亿欧元，较上年同比增长 1.36%。

表 2–22　意大利国内生产总值变化情况

（单位：亿欧元）

时间	国内生产总值	同比增长率
2005 年	14897.26	—
2006 年	15484.73	3.94%
2007 年	16095.51	3.94%
2008 年	16321.51	1.40%
2009 年	15728.78	− 3.63%
2010 年	16045.15	2.01%
2011 年	16374.63	2.05%
2012 年	16132.65	− 1.48%
2013 年	16045.99	− 0.54%
2014 年	16203.81	0.98%
2015 年	16424.44	1.36%

资料来源：Eurostat。

（2）经济发展速度

从图 2–18 中可以看到，2014 年第一季度到 2016 年第三季度，意大利 GDP 同比增长率基本处于 1% 以下。2016 年第三季度，意大利 GDP 同比增长率为 0.6%，较上季度下降 0.5 个百分点。

表 2-23 意大利 GDP 增长速度变化情况

（单位：%）

时间	意大利 GDP 增长率	欧盟 GDP 增长率	英国 GDP 增长率
2014Q1	0.3	1.5	1.6
2014Q2	0.0	1.4	3.2
2014Q3	0.1	1.7	3.9
2014Q4	−0.1	1.8	3.5
2015Q1	0.4	2.3	3.6
2015Q2	0.9	2.1	1.7
2015Q3	0.6	2.0	1.3
2015Q4	1.0	2.4	2.2
2016Q1	0.9	1.9	2.1
2016Q2	1.1	2.1	1.6
2016Q3	0.6	1.6	0.6

资料来源：Eurostat。

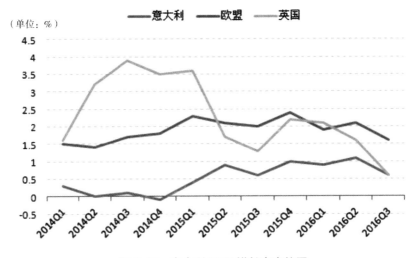

图 2-18 意大利 GDP 增长率走势图

资料来源：Eurostat。

与英国和欧盟经济增长速度对比来看，2014年第一季度到2016年第三季度期间，意大利GDP增速均要慢于欧盟和英国的GDP增速。这说明意大利经济发展速度要落后于欧盟平均水平。

（3）失业率

从图2-19中可以看到，2009—2014年间，意大利失业率呈不断上升的趋势。根据欧盟统计局的统计数据显示，2014年意大利国内失业率为12.7%，达到近些年来最高点。2015年意大利国内失业率降为11.9%，较上年下降0.8个百分点，但仍要高于欧盟平均水平。

与欧盟对比来看，2009—2011年间，意大利国内失业率要低于欧盟；2012年之后，受欧债危机的影响，意大利国内失业率开始快速上升，超过欧盟平均水平。与英国对比来看，2009—2015年间，意大利国内失业率均要明显高于英国。

表2-24 意大利失业率变化情况

（单位：%）

时间	意大利失业率	英国失业率	欧盟失业率
2009	7.7	7.6	9.0
2010	8.4	7.8	9.6
2011	8.4	8.1	9.7
2012	10.7	7.9	10.5
2013	12.1	7.6	10.9
2014	12.7	6.1	10.2
2015	11.9	5.3	9.4
2016	7.7	—	8.5

资料来源：Eurostat。

（4）通货膨胀率

从图2-20中可以看到，2005—2016年间，意大利通货膨胀率呈波动变化的趋势，除了2012年之外，通货膨胀率均维持在3%以下。根据欧盟统计局的统计数据显示，2015年意大利国内通货膨胀率为0.1%，到2016年

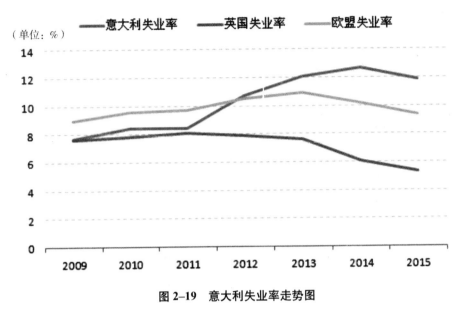

图 2–19　意大利失业率走势图

资料来源：Eurostat。

意大利国内通货膨胀率为 −0.1%，这反映出了意大利经济发展缓慢。

　　与欧盟和英国对比来看，2005—2016 年间，意大利国内通货膨胀率总体上要低于英国，基本和欧盟保持着一致的水平。

表 2–25　意大利通货膨胀率变化情况

（单位：%）

时间	意大利通货膨胀率	英国通货膨胀率	欧盟通货膨胀率
2005	2.2	2.1	2.3
2006	2.2	2.3	2.3
2007	2.0	2.3	2.4
2008	3.5	3.6	3.7
2009	0.8	2.2	1.0
2010	1.6	3.3	2.1
2011	2.9	4.5	3.1
2012	3.3	2.8	2.6
2013	1.2	2.6	1.5

续表

时间	意大利通货膨胀率	英国通货膨胀率	欧盟通货膨胀率
2014	0.2	1.5	0.5
2015	0.1	0.0	0.0
2016	−0.1	0.7	0.3

资料来源：Eurostat。

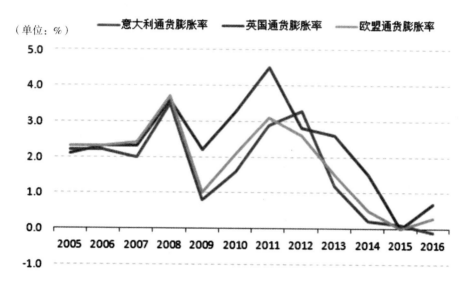

图 2-20　意大利通货膨胀率走势图

资料来源：Eurostat。

（5）进出口贸易

2015 年，意大利的进出口总额为 7827.76 亿欧元，较上年同比增长 3.57%；其中出口总额为 4122.91 亿欧元，较上年同比增长 3.36%；进口总额为 3704.85 亿欧元，较上年同比增长 3.80%；贸易顺差额为 418.06 亿欧元。

2016 年，意大利的进出口总额为 7823.37 亿欧元，较上年同比减少 0.06%；其中出口总额为 4169.51 亿欧元，较上年同比增长 1.13%；进口总额为 3653.86 亿欧元，较上年同比减少 1.38%；贸易顺差额为 515.65 亿欧元。

表 2-26   意大利进出口贸易情况

（单位：百万欧元）

时间	出口总量	进口总量	进出口总量
2014 年 1 月	30167	29978	60145
2014 年 2 月	31892	29296	61188
2014 年 3 月	34355	30562	64917
2014 年 4 月	32586	29308	61894
2014 年 5 月	34769	31192	65961
2014 年 6 月	33825	30464	64289
2014 年 7 月	38927	32185	71112
2014 年 8 月	23880	21867	45747
2014 年 9 月	34568	32669	67237
2014 年 10 月	37396	32054	69450
2014 年 11 月	33126	29704	62830
2014 年 12 月	33380	27658	61038
2014 年	398871	356937	755808
2015 年 1 月	28883	28951	57834
2015 年 2 月	32959	29601	62560
2015 年 3 月	37361	33777	71138
2015 年 4 月	35233	31925	67158
2015 年 5 月	35223	31312	66535
2015 年 6 月	36576	34141	70717
2015 年 7 月	41260	33358	74618
2015 年 8 月	23910	22359	46269
2015 年 9 月	34795	33101	67896
2015 年 10 月	36698	32113	68811
2015 年 11 月	35136	31176	66312
2015 年 12 月	34257	28671	62928
2015 年	412291	370485	782776
2016 年 1 月	27964	27930	55894
2016 年 2 月	34097	30236	64333
2016 年 3 月	37013	31781	68794

续表

时间	出口总量	进口总量	进出口总量
2016 年 4 月	34983	30472	65455
2016 年 5 月	36159	31127	67286
2016 年 6 月	36543	31882	68425
2016 年 7 月	38041	30246	68287
2016 年 8 月	27099	24605	51704
2016 年 9 月	35864	32199	68063
2016 年 10 月	35885	31592	67477
2016 年 11 月	37089	32899	69988
2016 年 12 月	36214	30417	66631
2016 年	416951	365386	782337

资料来源：意大利国家统计局。

　　从图 2-21 中可以看到，在意大利的进出口贸易中，意大利长期处于顺差的地位。从贸易差额的每月数据的走势来看，意大利的贸易顺差总体上呈波动变化的趋势。

（单位：百万欧元）

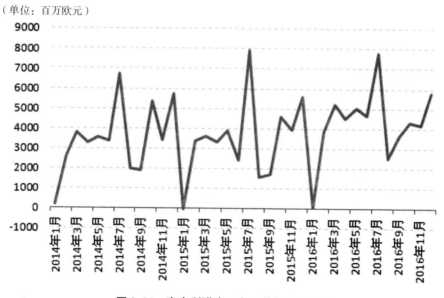

图 2-21　意大利进出口贸易差额月度走势

资料来源：意大利国家统计局。

2. 英国与意大利贸易现状

目前，意大利已经成为英国在欧盟各成员国中的主要贸易伙伴。2016
年1—11月，英国对意大利的进出口总额为244.31亿英镑。其中，英国对
意大利的出口总额为88.54亿英镑，英国对意大利的进口总额为155.77亿英
镑，贸易逆差额为67.23亿英镑。

表2-27 英国与意大利的进出口贸易情况

（单位：百万英镑）

时间	英国对意大利的出口额	英国对意大利的进口额	进出口总量
2016年1月	695	1206	1901
2月	766	1347	2113
3月	853	1407	2260
4月	807	1310	2117
5月	735	1408	2143
6月	854	1549	2403
7月	751	1441	2192
8月	755	1282	2037
9月	899	1482	2381
10月	796	1529	2325
11月	943	1616	2559
合计	8854	15577	24431

资料来源：英国国家统计局。

从图2-22中可以看到，在英国与意大利的双边贸易中，英国处于逆差
的地位。从贸易差额的每月数据的走势来看，英国对意大利的月度贸易逆差
额总体上稳定在5亿—7亿英镑，两国双边贸易较为稳定。

（五）英国与比利时经贸关系研究

1. 比利时经济发展概况

（1）经济发展总体水平

2005—2015年，除了2009年之外，比利时国内生产总值保持着逐年增

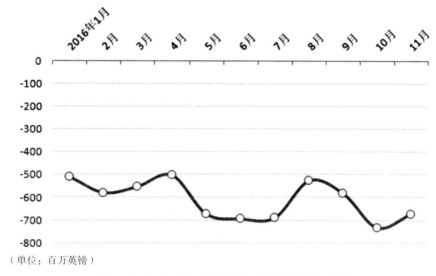

（单位：百万英镑）

图 2–22 英国对意大利的进出口贸易差额变化走势

资料来源：英国国家统计局。

长的趋势。根据欧盟统计局的统计数据显示，2014 年，比利时实现国内生产总值 4008.05 亿欧元，较上年同比增长 2.32%。2015 年，比利时实现国内生产总值 4103.51 亿欧元，较上年同比增长 2.38%。

表 2–28 比利时国内生产总值变化情况

（单位：亿欧元）

时间	国内生产总值	同比增长率
2005 年	3114.81	—
2006 年	3266.62	4.87%
2007 年	3447.13	5.53%
2008 年	3540.66	2.71%
2009 年	3487.81	−1.49%
2010 年	3651.01	4.68%
2011 年	3791.06	3.84%
2012 年	3875.00	2.21%
2013 年	3917.12	1.09%
2014 年	4008.05	2.32%
2015 年	4103.51	2.38%

资料来源：Eurostat。

（2）经济发展速度

从图 2–23 中可以看到，2014 年第一季度到 2016 年第三季度，比利时 GDP 同比增长率表现较为稳定，基本稳定在 1.5% 上下。2016 年第三季度，比利时 GDP 同比增长率为 1.3%，与上季度持平。

与欧盟经济增长速度对比来看，2014 年第三季度到 2016 年第三季度期间，比利时 GDP 增速均要慢于欧盟的 GDP 增速。与英国经济增长速度对比来看，总体上来看，英国 GDP 增速要明显快于比利时。

表 2–29　比利时 GDP 增长速度变化情况

（单位：%）

时间	比利时 GDP 增长率	欧盟 GDP 增长率	英国 GDP 增长率
2014Q1	1.7	1.5	1.6
2014Q2	1.8	1.4	3.2
2014Q3	1.7	1.7	3.9
2014Q4	1.5	1.8	3.5
2015Q1	1.3	2.3	3.6
2015Q2	1.8	2.1	1.7
2015Q3	1.3	2.0	1.3
2015Q4	1.6	2.4	2.2
2016Q1	1.2	1.9	2.1
2016Q2	1.3	2.1	1.6
2016Q3	1.3	1.6	0.6

资料来源：Eurostat。

（3）失业率

从图 2–24 中可以看到，2009—2015 年间，比利时失业率基本稳定在 8% 左右。欧盟统计局的统计数据显示，2014 年比利时国内失业率为 8.5%，到 2015 年比利时国内失业率与上年基本持平。

与欧盟对比来看，2009—2015 年间，比利时国内失业率均要低于欧盟平均水平。与英国对比来看，除了 2011 年、2012 年之外，比利时国内失业

图 2-23　比利时 GDP 增长率走势图

资料来源：Eurostat。

率均要高于英国。

表 2-30　比利时失业率变化情况

(单位：%)

时间	比利时失业率	英国失业率	欧盟失业率
2009	7.9	7.6	9.0
2010	8.3	7.8	9.6
2011	7.2	8.1	9.7
2012	7.6	7.9	10.5
2013	8.4	7.6	10.9
2014	8.5	6.1	10.2
2015	8.5	5.3	9.4

资料来源：Eurostat。

（4）通货膨胀率

从图 2-25 中可以看到，2005—2016 年间，比利时通货膨胀率呈波动变化的趋势，除了 2011 年之外，均维持在 3% 以下。根据欧盟统计局的统计

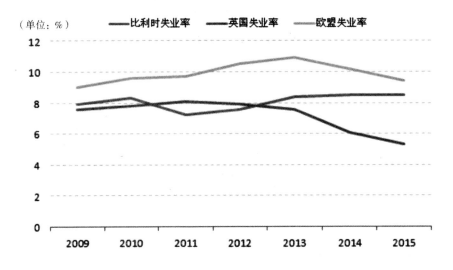

图 2-24　比利时失业率走势图

资料来源：Eurostat。

数据显示，2015 年比利时国内通货膨胀率为 0.6%，到 2016 年比利时国内通货膨胀率为 1.8%。

与欧盟和英国对比来看，2005—2016 年间，比利时国内通货膨胀率基本和英国与欧盟保持着同向变动的趋势。

表 2-31　比利时通货膨胀率变化情况

（单位：%）

时间	比利时通货膨胀率	英国通货膨胀率	欧盟通货膨胀率
2005	2.5	2.1	2.3
2006	2.3	2.3	2.3
2007	1.8	2.3	2.4
2008	4.5	3.6	3.7
2009	0.0	2.2	1.0
2010	2.3	3.3	2.1
2011	3.4	4.5	3.1
2012	2.6	2.8	2.6
2013	1.2	2.6	1.5
2014	0.5	1.5	0.5

续表

时间	比利时通货膨胀率	英国通货膨胀率	欧盟通货膨胀率
2015	0.6	0.0	0.0
2016	1.8	0.7	0.3

资料来源：Eurostat。

图 2-25　比利时通货膨胀率走势图

资料来源：Eurostat。

2. 英国与比利时贸易现状

目前，比利时已经成为英国在欧盟各成员国中的主要贸易伙伴。2015年，英国对比利时的进出口总额为 322.59 亿英镑，较上年同比减少 3.50%；其中英国对比利时的出口总额为 116.74 亿英镑，较上年同比减少 8.73%；英国对比利时的进口总额为 205.85 亿英镑，较上年同比减少 0.25%；贸易逆差额为 89.11 亿英镑，较上年同比增长 13.57%。

2016 年 1—11 月，英国对比利时的进出口总额为 322.91 亿英镑，较上年同比增长 8.37%，双方贸易关系进一步增强。其中，英国对比利时的出口总额为 108.34 亿英镑，较上年同比减少 0.17%；英国对比利时的进口总额为 214.57 亿英镑，较上年同比增长 13.26%；贸易逆差额为 106.23 亿英镑，较上年同比增长 31.26%。

表 2-32　英国与比利时的进出口贸易情况

（单位：百万英镑）

时间	英国对比利时的出口额	英国对比利时的进口额	进出口总量
2014 年 1 月	1104	1589	2693
2 月	1041	1560	2601
3 月	1185	1815	3000
4 月	1077	1614	2691
5 月	1185	1583	2768
6 月	1023	1722	2745
7 月	1105	1792	2897
8 月	844	1585	2429
9 月	1124	1947	3071
10 月	1190	1994	3184
11 月	985	1837	2822
12 月	928	1599	2527
小计	12791	20637	33428
2015 年 1 月	939	1436	2375
2 月	865	1672	2537
3 月	1034	1861	2895
4 月	970	1550	2520
5 月	1021	1618	2639
6 月	941	1888	2829
7 月	1087	1800	2887
8 月	896	1600	2496
9 月	1081	1898	2979
10 月	1080	1777	2857
11 月	938	1845	2783
12 月	822	1640	2462
小计	11674	20585	32259
2016 年 1 月	831	1673	2504
2 月	860	1877	2737

续表

时间	英国对比利时的出口额	英国对比利时的进口额	进出口总量
3 月	970	1953	2923
4 月	998	1869	2867
5 月	993	1691	2684
6 月	902	1919	2821
7 月	1070	1979	3049
8 月	930	1908	2838
9 月	1106	2259	3365
10 月	1033	2035	3068
11 月	1141	2294	3435
小计	10834	21457	32291

资料来源：英国国家统计局。

　　从图 2–26 中可以看到，在英国与比利时的双边贸易中，英国处于逆差的地位。从贸易差额的每月数据的走势来看，英国对比利时的每月贸易逆差额在不断扩大。2016 年 11 月，英国对比利时的贸易逆差扩大为 11.53 亿英镑。

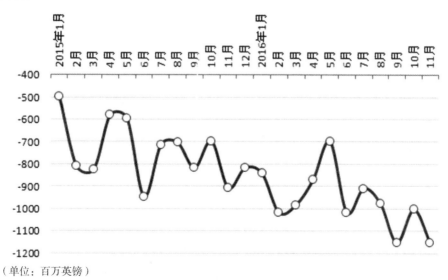

（单位：百万英镑）

图 2–26　英国对比利时的进出口贸易差额变化走势

资料来源：英国国家统计局。

第三章　英国脱欧对双方经贸关系影响分析

一、英国脱欧对英国的影响分析

（一）英国脱欧对英国就业影响分析

1. 英国劳动力市场发展现状

（1）劳动力人口

根据英国国家统计局的统计数据显示，2016 年 9—12 月英国劳动力总人数达到 3340.6 万人，较 2015 年同期增加 21.3 万人。其中，英国的就业人员为 3180.2 万人，在劳动人员总量中的占比为 95.2%，较上一年同期增多了 29.4 万人；失业人员数量为 160.4 万人，在劳动人员总量中的比重为 4.8%，较上一年年同期减少 8.1 万人。

表 3-1　英国劳动力市场

	2016 年 9—12 月	2015 年 9—12 月
就业人口（万人）	3180.2	3150.8
16—64 岁	3058.5	3029.6
65 岁及以上	121.7	121.2
失业人口（万人）	160.4	168.5
16—64 岁	158.6	166.6

续表

	2016 年 9—12 月	2015 年 9—12 月
65 岁及以上	1.7	1.9
小计	3340.6	3319.3
非就业人口（万人）	1914.7	1901.0
16—64 岁	889.4	895.7
65 岁及以上	1025.4	1005.4

资料来源：英国国家统计局。

　　如图 3-1 所示，截至 2016 年 9 月，在英国国内工作的外籍人员总数达到了 349.04 万人。其中，来自欧盟各个国家的外籍工作人员总数达到 226.09 万人，在全部外籍劳动人员中所的重高达 64.77%；而来自不是欧盟成员国的外籍工作人员总量是 122.95 万人，占据的比例为 35.23%。

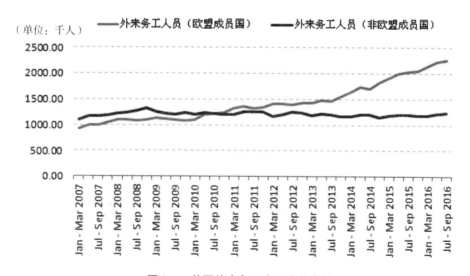

图 3-1　英国外来务工人员变化走势

资料来源：英国国家统计局。

（2）失业率情况

　　根据英国国家统计局的统计数据显示，2016 年 9—12 月英国国内的失

业率为 4.80%，其中男性失业率为 4.97%，女性失业率为 4.61%，如图 3–2
所示，英国国内失业率有所下降，就业市场表现好于预期。

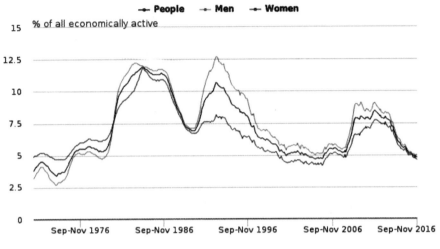

图 3–2　英国失业率变化情况

资料来源：英国国家统计局。

（3）失业福利申请情况

近些年来，伴随着失业率的下降，英国失业福利申请人数总体上呈现
逐年下降的趋势，具体如图 3–3 所示。但是，2016 年之后，英国失业福利
申请人数开始出现上升的趋势。2016 年 12 月，英国失业福利申请人数为
79.78 万人，但较 11 月份减少 1.02 万人。

（4）岗位缺口情况

如图 3–4 所示，伴随着英国经济的不断发展，英国社会对于劳动力的
需求不断增多，2011—2016 年英国社会岗位缺口总体上呈不断上升的趋势。
2016 年 10—12 月，英国社会岗位缺口为 74.8 万个。

2. 英国脱欧对英国就业的影响

（1）有利影响

英国脱离欧盟之后对英国就业市场的有利影响就是，英国政府可以不
再受欧盟在人员自由流动方面制度的束缚，从而可以控制住外来人口流入英
国，缓解英国劳动力市场的竞争压力。根据欧盟单一市场的相关规定，需要

（单位：万人）

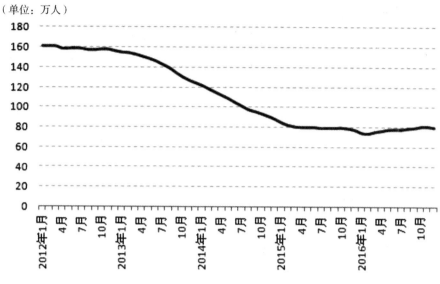

图 3-3　英国失业福利申请人数变化情况

资料来源：英国国家统计局。

（单位：千人）

图 3-4　英国社会岗位缺口

资料来源：英国国家统计局。

欧盟各个国家达成劳动人员、商品货物等的交互流通。根据这一规则，英国不能控制外来移民。根据英国国家统计局的统计数据显示，截至 2016 年 9 月底，来自欧盟成员国的外籍工作人员总数达到 226.09 万人，仍保持着不断上涨的趋势。外来人口的不断增加，将会与本土英国人展开竞争，加大英国劳动力市场的竞争压力。同时，这些外来人口还会抢占英国人的相应福利。而英国脱离欧盟之后，英国政府有权力限制外来人口涌入英国，从而可以改善劳动力市场竞争环境。从这个角度来讲，英国脱离欧盟之后，失业率将会有所改善。根据英国国家统计局的统计数据显示，2016 年 9—12 月英国国内的失业率达 4.80 个百分点，失业率有所下降，就业市场表现好于预期。

（2）不利影响

一方面，根据英国国家统计局的统计数据显示，到 2016 年 9 月底，在英国国内工作的外籍人员总人数为 349.04 万人。其中，来自欧盟成员国的外籍工作人员总数达到了 226.09 万人，在所有外籍工作人员中所占比例高达 64.77%。来自非欧盟成员国的外籍工作人员总数为 122.95 万人，所占比例为 35.23%。而在英国新增就业人口中，超过 95% 的劳动力是来自国外。从这里可发现，英国的经济发展比较依靠来源于国外的劳动力，特别是源自欧盟各成员国的自由劳动力。

另一方面，根据英国国家统计局公布的数据显示，伴随着英国经济的不断发展，英国社会对于劳动力的需求不断增多，在 2016 年 10—12 月期间，英国社会岗位缺口为 74.8 万个。由此可见，英国劳动力市场存在较大缺口，英国推动经济增长需要更多的优秀人才作为补充。

在英国脱离欧盟之前，来自欧盟各成员国的优秀人才可以自由进入英国，从而很好地填补英国就业市场的供应缺口。而英国选择脱离欧盟之后，那些来自欧盟各成员国的劳动人员自如进入英国将会受到很多阻挠，这将压缩劳动人口的总体供应规模。对于那些存在较大人才缺口的行业，企业将无法像之前那样招聘到合适且更为廉价的员工，这将增加企业的成本，削弱这些企业的竞争能力。同时，这还会放大英国就业市场的供需矛盾，不利于英国国内经济的良性成长。

与此同时，英国总体的就业情况也不容乐观。毫无疑问，英国脱离欧盟将会带来很多不确定性的因素，这将对英国的就业环境产生不利影响，从长远来看，未来英国劳动力市场失业率上涨的可能将会较大。

（二）英国脱欧对英国人民福利影响

1. 英国人民生活水平

2000—2015 年，除了 2008 年、2009 年之外，英国人均 GDP 保持着逐年增长的趋势。2014 年，英国人均 GDP 为 27749.39 英镑 / 人，较上年同比增长 2.30%。2015 年，英国人均 GDP 为 28129.69 英镑 / 人，较上年同比增长 1.37%，由此可见英国属于高收入水平国家，人民生活水平较高。

表 3-2 英国人均 GDP 变化情况

（单位：英镑 / 人）

时间	人均 GDP	同比增长率
2000 年	24080.75	3.37%
2001 年	24642.17	2.33%
2002 年	25126.31	1.96%
2003 年	25876.46	2.99%
2004 年	26380.08	1.95%
2005 年	26978.25	2.27%
2006 年	27451.00	1.75%
2007 年	27934.23	1.76%
2008 年	27541.41	− 1.41%
2009 年	26150.94	− 5.05%
2010 年	26443.65	1.12%
2011 年	26633.72	0.72%
2012 年	26796.45	0.61%
2013 年	27126.32	1.23%
2014 年	27749.39	2.30%
2015 年	28129.69	1.37%

资料来源：世界银行。

2. 英国脱欧对英国人民福利的影响

（1）有利影响

尽管英国不是《申根协定》的执行国，可也须遵守欧盟成员国的规定，需要履行欧盟成员国的权力，有权使英国在内的任何一个欧盟成员国的人员在英国工作和生活的规定，这样导致大量东欧国家的民众涌入英国。建筑行业、水电行业以及其他服务性行业充斥着海量的波兰人、捷克人。由于英国公民可享受较高的福利待遇，其普众福利医学、培训资源和生活环境都首屈一指，而欧洲移民的陆续进入很明显也稀释了人均所有的资源水准。另外，有相关数据表明，上一年有 130 万移民要求在英国避难，而在脱离欧盟后，当局就具有了制定难民政策的自主权，可以拿回其控制权，没有必要再对从欧盟国家来的移民赋予优先进入英国的权利，控制难民数量，规避由此引发的社会治安困扰及经济乱象，从而可以给英国人民带来更高的福利。

此外，脱离欧盟之后，英国可以节省下来大笔的本该缴纳给欧盟的财政预算。英国政府可以很好地利用这笔资金，投入到公共设施、医疗、教育等公共领域，用来改善本国民众的福利。

（2）不利影响

一方面，长期以来，欧盟和英国的双边进出口交易数额巨大，占到英国对外贸易总额的大概一半，欧盟是英国位居第一的贸易合作伙伴且欧盟作为世界上一支重要的经济力量，在世界政治经济板块中拥有重要的地位。根据英国国家统计局的统计数据显示，2015 年英国对欧盟的进出口总额达到了 3559.43 亿英镑，双方贸易往来十分紧密。而英国退离欧盟之后，将会增加双方的贸易壁垒，影响到双方贸易。英国没有机会分享到欧盟作为世界重要经济体内部所有的经济红利。从进口方面来看，随着关税壁垒的抬高，将会干扰到英国进口商品的价格，从而使英国国人民对国外便宜货物的购买；从出口情况来看，由于贸易壁垒的存在，将会干扰到英国国内产品出口至欧盟市场，从而不利于英国本土出口型企业的发展。另一方面，英国脱欧之后，将会打击英国劳动力市场和国外投资，英国社会工资增长速度将受到影响，而英镑的疲软将会导致通胀的上升，从而使得英国人民福利下降。

根据麻省理工学院斯隆管理学院教授 John Van Reenen 的研究显示，英国脱欧将会使得英国 GDP 下滑 2.6 亿—5.5 亿英镑，英国人民人均 GDP 将减少850—1700 英镑，英国人民生活水平将会出现相应的下滑。

另一方面，英国刚宣布脱欧，英镑暴跌 15%，创 1985 年以来新低，随即而来的通货膨胀导致物价飞涨，民众原本宁静的生活受到了打扰。除此之外，由于人员自由流动，数百万生活在欧洲国家的英国人的生活将受到影响。"英国一旦脱欧，生活在欧盟国家的 200 万英国移民的工作、退休金和包括医疗保健在内的各种福利政策将不再受到保障。"另外，脱离欧盟之后，英国公民将不能再像之前那样可以自由出入欧盟其他成员国了，这将给英国公民出国工作、旅游、求学等带来诸多不便。

（三）英国脱欧对英国金融业影响分析

1. 英国金融业发展至今的状况

英国金融行业迄今已经有 300 多年的历史。1694 年，世界上首家商业银行——英格兰银行正式诞生，由此可见英国的金融业发展历史颇为悠久。目前，英国的伦敦市是欧洲第一大经济金融中心，与美国的纽约、日本的东京等城市齐名，是当今世界最大的金融中心之一。世界上最大的外汇交易市场便在英国伦敦市，其年均外汇交易量可以达到 3 万亿英镑；英国伦敦市还是世界第一大保险中心，在伦敦的保险公司数量超过 800 家。此外，伦敦股票交易所交易规模也位居世界各大交易所前列。

英国的金融行业发展已十分成熟，在国民生产总值中所占比例较高，是支撑英国经济快速增长的核心力量，英国的金融业对于其本身经济发展的重要性不言而喻。根据（英国财政部）的相关数据表明，金融服务业在英国国民经济总量中的比重已达 7 个百分点，每年缴纳税收超过 600 亿英镑，金融服务出口在全国金融服务业出口总量比重为 20 个百分点以上。

（1）外汇交易市场

在全球各个外汇交易中心里，英国伦敦、美国纽约以及新加坡是全球三大外汇交易市场。从交易数量来看，英国的伦敦市外汇交易量在全球市场中是首屈一指的，并且其交易量所占份额要远远高于美国纽约和新加坡。根据国际清算银行的统计数据显示，2016 年 4 月，英国的外汇交易额在世界外汇交易总量中占比达到 37.1%，远远超过排在第二名的美国的 19.1%，具体如图 3–5 所示。

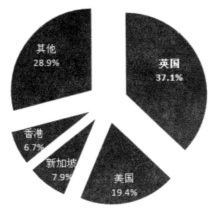

图 3–5   外汇交易地域分布情况（2016 年 4 月）

资料来源：国际清算银行。

（2）国际债券市场

从图 3–6 中可以看到，国际清算银行的统计数据显示，2010 年 6 月，在国际债券市场中，美国发行的国际债券未偿付款项最多，在全球市场中所

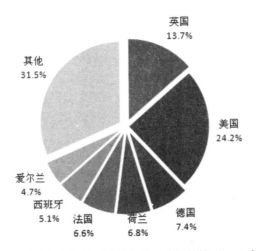

图 3–6   全球债券市场国际债券未清偿余额结构（2010 年 6 月）

资料来源：国际清算银行。

占比重为 24.2%。而英国是紧随其后，英国推出的国际债券未偿付款项在国际债券市场中的比重是 13.7%，位居世界第二位。之后，英国的债券市场保持快速发展，并于 2013 年市场占比成功超越美国，成为世界上国际债券未清偿余额最多的国家。

（3）股票市场

在股票市场，伦敦证券交易所（London Stock Exchange，LSE）交易规模位居世界前四，其市场价值仅次于纽约证券交易所（NYSE）、纳斯达克证券交易所（NASDAQ）和东京证券交易所（TSE）。伦敦证券交易所成立于 1801 年，是全球范围内成立最早的交易所之一，总部位于英国伦敦市帕特诺斯特广场。而在 2011 年，伦敦证券交易所通过重组，与多伦多证券交易所归并到一起，一跃而成为英国国内规模最大的交易所。目前，在伦敦证券交易所上市交易的企业超过三千个，是整个欧洲范围内最大的证券交易所。

2. 英国金融业受其脱欧的影响

（1）伦敦国际金融中心的地位将会出现下滑

英国脱离欧盟之后，其国内的金融服务相关的一系列产业链将会受到影响。伦敦作为世界金融中心的地位将会受到影响。一方面，英国伦敦吸引了比较多来自欧盟的金融公司，这些公司纷纷将自己的总部搬到英国伦敦，以便于开展金融业务。而英国脱离欧盟之后，之前一系列与金融行业相关的政策将可能发生改变，这些金融公司面临的政策风险上升，将会使它们把自己之前在英国的业务转到其他欧盟成员国。另一方面，英国与欧盟之间的金融联系极为紧密，英国脱离欧盟之后，英国与欧盟之间之前建立的金融交易将会受到冲击。从表 3–3 中可以清楚地看到，英国与欧盟之间金融行业相互依赖程度较高。

表 3–3　英国与欧盟之间的金融联系

类别	占比
欧盟资本市场行为在英国发生	78%
欧盟 PE 基金在英国比例	55%

类别	占比
欧盟在英国 FDI 存量中的占比	48%
欧洲养老基金资产中英国占比	42%
欧盟 IPOS 中的英国占比	37%
英国在欧洲风投中的占比	35%
欧洲对冲基金在英国比例	76%

资料来源：Wind。

（2）"单一护照"机制

20 世纪 90 年代，伴随着 1992 年的欧盟区域内大统一进程，欧盟内部相继出台了第 2 号银行业指令，投资服务业指令和第 3 号保险业指令分别就银行业、保险行业和证券行业在欧盟内部各成员国自由开设分支机构与提供金融商品服务方面施行"单一护照"（single passport）制度。在"单一护照"制度下，欧盟各个国家的金融公司被允许在设立分支机构上不再有所限制，同时还能够在欧盟各国内没有限制地提供金融服务。

英国金融行业的快速发展，主要决定因素是英国多年的不断累积，但是也受益于欧盟的单一市场。依照"单一护照"制度，英国境内的金融服务企业能够没有限制地在欧洲单一市场中向各种客户提供所需的服务。而英国脱离欧盟之后，英国将不再属于欧洲单一市场成员国，那么英国的金融公司将不能像以往那样自由地提供服务，这将对英国金融公司拓展欧洲业务带来诸多障碍，对英国金融行业带来不利影响。

（3）人才流失

在英国正式宣布将要脱离欧盟之后，不少国际知名的金融公司，例如摩根士丹利、高盛集团、摩根大通集团等金融巨鳄，纷纷表示要将业务转移到欧洲大陆去。

与此同时，法国、德国、西班牙等国家纷纷出台相应的人才吸引政策，希望更多地挖掘来自英国金融业的高端金融人才，以此来壮大发展本国的金融行业。以法国为例，法国政府当局一直致力于吸引在伦敦金融城工作的法国人回国效力。相应地，法国政府提出了税务减免、税收优惠等政策，并组织了专门的团队到伦敦进行宣讲，承诺海归人员将会享受到更多的优惠和福利。

毫无疑问，英国宣布脱欧之后，未来英国金融业发展存在诸多不确定性，这将动摇英国金融业国际人才对未来发展的信心，同时在欧洲大陆各个国家人才政策的吸引之下，部分金融业国际人才将会流失到其他国家，尤其是德国、法国等金融业发达国家，伦敦全球金融核心的位置将会受到影响，不利于其金融一系列相关行业的持续和稳定成长。

（4）资本流出

目前，英国的伦敦市是欧洲第一大经济金融中心，与美国的纽约、日本的东京等城市齐名，是当今世界最大的金融中心之一。退出欧盟之后，英国将失去诸如"单一护照"制度之类的政策优惠，且未来面临的风险进一步扩大，这将影响到资本对英国的信心。英国脱欧此举将导致大量国际资本尤其是欧盟的资本从英国流出。

（5）汇率波动

英国脱欧此举将继续使英国汇率的走向产生影响，英镑汇率下滑趋势提高。2016年6月24日，英国全民公投结果正式出炉，英镑汇率在当日随即出现大幅度下跌，下跌幅度超过10%，创下历史纪录，英镑汇率走势具体如图3-7所示。这一影响一直持续到今年年初，同时英镑汇率下行压力依然较大。汇率的波动将会增加英国金融市场的风险，同时影响到英镑在世界货币体系中的地位。

（四）英国脱欧对英国社会投资影响分析

1. 英国社会投资现状

英国是全球在投资领域最具吸引力的国家之一，根据英国国家统计局的统计数据显示，2015年英国吸引外资达到211亿英镑之多。

（1）固定资产形成额

2016年第二季度，英国实现固定资产形成额达777.18亿英镑。2016年

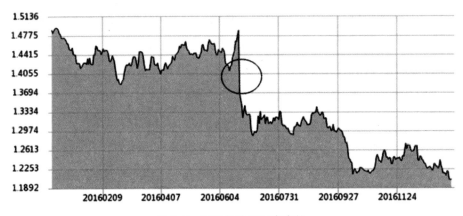

图 3–7　英镑兑美元汇率走势

资料来源：中国人民银行。

第三季度，英国实现固定资产形成额达 784.02 亿英镑，较第二季度增长了
6.84 亿英镑。从变革趋势来看，固定资产形成额整体上呈现增长的趋向。

表 3–4　英国固定资产形成额变化情况

（单位：百万英镑）

时间	固定资产形成额	较上季度增减
2010Q1	63119	1051
2010Q2	63483	364
2010Q3	66637	3154
2010Q4	67157	520
2011Q1	65669	−1488
2011Q2	64578	−1091
2011Q3	66861	2283
2011Q4	68219	1358
2012Q1	68890	671
2012Q2	67146	−1744
2012Q3	66258	−888
2012Q4	69240	2982
2013Q1	67521	−1719
2013Q2	68700	1179

续表

时间	固定资产形成额	较上季度增减
2013Q3	71070	2370
2013Q4	72933	1863
2014Q1	74953	2020
2014Q2	73762	−1191
2014Q3	74821	1059
2014Q4	75336	515
2015Q1	76447	1111
2015Q2	77394	947
2015Q3	78003	609
2015Q4	77300	−703
2016Q1	76899	−401
2016Q2	77718	819
2016Q3	78402	684

资料来源：英国国家统计局。

（单位：百万英镑）

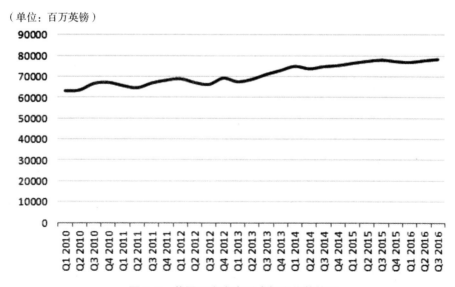

图 3-8　英国固定资本形成额变化趋势图

资料来源：英国国家统计局。

（2）企业投资情况

2016 年第二季度（2016Q2），英国企业投资额为 437.99 亿英镑，较上一季度增加了 5.37 亿英镑。2016 年第三季度（2016Q3），英国企业投资额为 439.94 亿英镑，较第二季度增加了 1.95 亿英镑。从变化趋势来看，英国企业投资额整体上保持增长的趋势。但是自从 2015 年第四季度（2015Q4）以来，英国企业投资额开始出现大幅度下滑，2015 年第四季度（2015Q4）英国企业投资较上季度下滑了 10.74 亿英镑。2016 年第二季度（2016Q2）和第三季度（2016Q3）虽然有所增长，但总的来说增长规模有限。

表 3–5　英国企业投资额变化情况

（单位：百万英镑）

时间	企业投资额	较上季度增减
2010Q1	34557	2088
2010Q2	34623	66
2010Q3	35829	1206
2010Q4	36489	660
2011Q1	35604	− 885
2011Q2	36346	742
2011Q3	37429	1083
2011Q4	38209	780
2012Q1	39517	1308
2012Q2	39134	− 383
2012Q3	38879	− 255
2012Q4	40715	1836
2013Q1	39729	− 986
2013Q2	39683	− 46
2013Q3	41084	1401
2013Q4	41830	746
2014Q1	40412	− 1418
2014Q2	42832	2420

续表

时间	企业投资额	较上季度增减
2014Q3	42294	−538
2014Q4	43089	795
2015Q1	44234	1145
2015Q2	44119	−115
2015Q3	44977	858
2015Q4	43903	−1074
2016Q1	43262	−641
2016Q2	43799	537
2016Q3	43994	195

资料来源：英国国家统计局。

（单位：百万英镑）

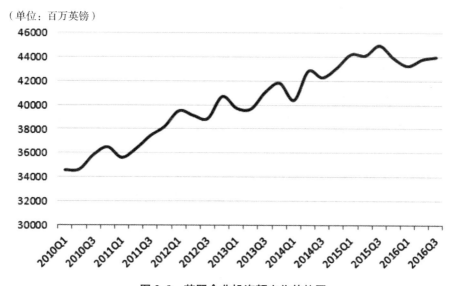

图 3–9　英国企业投资额变化趋势图

资料来源：英国国家统计局。

2. 英国脱欧对英国社会投资的影响

（1）投资风险加大

2016 年 6 月，英国官方宣布脱离欧盟之后，英国汇率显现大幅度快速下跌。2016 年 6 月 24 日上午，英镑兑美元汇率下滑幅度超过 10%，最低跌至 1.3459，创 1985 年 9 月以来历史最低。目前来看，英镑下行压力依然较大，汇率波动风险依然较高，这将会抬升英国社会投资风险。

（2）本土投资将变得更为谨慎

英国脱欧之后，英国发达的金融市场需要面对更多的不确定性因素，贷款机构将会调高利率来应对更高的风险，本土投资成本和投资风险都将会增高，投资者将会变得更为谨慎。根据金融服务公司德勤（Deloitte）的调查结果，在 132 位公司首席财务官中，一半以上高管表示将可能减少其资本支出计划。根据经济分析和预测机构 Focus Economics 的预测，2017 年英国国内的投资将从 4% 下降至 −2.6%。

（3）外来投资减少

由于包括中国在内的许多海外投资者之前选择在英国进行投资，是看中了英国的欧盟成员国身份，借助英国打开欧盟的大市场。而英国宣布脱离欧盟，将动摇许多跨国公司在英国的投资信心，使得他们重新考虑将投资转移出英国。

目前，英国国内的外来直接投资资金主要来自欧盟，其占比接近一半。在英国脱欧之后，由于英国国内社会投资分析将会增大，源于其他欧盟国家的投资将会有所减少。

英国是欧盟中最大的外国直接投资的受益者，脱欧可能降低英国作为欧洲吸引投资的门户地位，也会减少欧盟其他国家到英国投资，对吸引公司总部可能会变得更加困难。2013 年英国 FDI 有 46% 来自欧盟，与 2009 年的 53% 比下降了 7 个百分点。当然，英国很多优势不会因为脱欧而消失，比如语言、营商环境、发达资本市场等，但即使这样，英国仍需努力吸收外来投资，因为欧盟的其他地方（如爱尔兰），也可能变得更有吸引力。英国脱离欧盟不但会对外国直接投资产生影响，还会影响英国境内企业的投资意愿。非欧盟企业在欧盟的总部有一半在英国，数量是德国、法国、瑞士和荷兰的总和还多，这些企业总部的税收优惠会因为英国脱欧而得不到保护，为了挽留这些总部企业，英国必须与第三方举行会谈，这将需要花费大量的时间。许多欧洲大公司在英国有大规模投资，其后勤保障可能会因为脱欧而受影响，这些欧洲公司的布局调整成本是巨大的，英国必须以降低关税和改善商业环境来挽留这些大公司。欧盟在英国的 FDI 来自若干个国家，主要包括法国、德国、西班牙、爱尔兰，在能源、批发零售、运输和制造业领域的比重特别高；英国在吸引外国直接投资和营商环境方面一直很成功，一旦离开欧盟，对其他国家来说，既是风险又是机会。风险来自如何应对英国脱欧后欧盟成员国竞争力下降；机会来自如何吸引在英国成立跨国公司的总部，这取决于各国的商业环境。英国脱欧后定会想尽办法恢复其吸引外国直接投资的竞争力，比如降低社会制度、税收，这对欧盟来说是一个巨大挑战。因为英国可能会像爱尔兰那样，大幅度放松限制，其结果必然会扭曲投资项目的选择，吸引离开欧盟其他国家的投资；当然，也可能使欧盟其他国家政府变得更自由，并采取相应措施改善投资环境。

（五）英国脱欧对英国整体经济走势影响

1. 英国经济发展现状

（1）经济发展总体水平

2000—2016 年，除了 2008 年、2009 年之外，英国国民生产总值保持着逐年增加的趋势。2016 年，英国国民生产总值为 1.87 万亿英镑，较 2015 年同比增加 2.04%。

表 3-6　英国国民生产总值变化情况

（单位：百万英镑）

时间	国内生产总值	同比增长率
2000 年	1418176	3.74%
2001 年	1456837	2.73%
2002 年	1491761	2.40%
2003 年	1543468	3.47%
2004 年	1582486	2.53%

续表

时间	国内生产总值	同比增长率
2005 年	1629519	2.97%
2006 年	1670306	2.50%
2007 年	1712996	2.56%
2008 年	1702252	− 0.63%
2009 年	1628583	− 4.33%
2010 年	1659772	1.92%
2011 年	1684820	1.51%
2012 年	1706942	1.31%
2013 年	1739563	1.91%
2014 年	1792976	3.07%
2015 年	1832318	2.19%
2016 年	1869688	2.04%

资料来源：英国国家统计局。

（2）经济发展速度

从图 3-10 中可以看到，自 2015 年以来，英国内部经济增长速度开始下降，2015 年第四季度 GDP 增长率下降为 1.7 个百分点。2016 年，英国经济发展开始出现复苏，2016 年第四季度国民生产总值增长率回升至 2.2%，国民生产总值增长速度超过预期。

（3）物价水平

根据英国国家统计局的统计资料的显示，自 2016 年以来，英国国内 CPI 开始出现增长的趋势。2016 年第二季度（2016Q2），英国国内 CPI 为 0.4%；到第三季度（Q3），CPI 上升为 0.7%；2016 年第四季度（2016Q4），英国国内 CPI 达到 1.2%。

（单位：%）

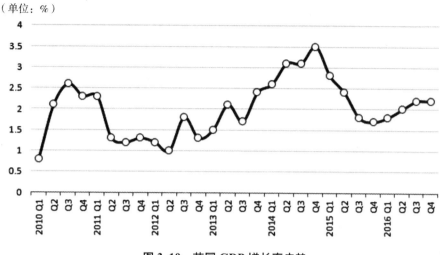

图3-10　英国GDP增长率走势

资料来源：英国国家统计局。

（单位：%）

图3-11　英国CPI变化趋势

资料来源：英国国家统计局。

2. 英国脱欧对整体经济走势的影响

英国脱离欧盟之后，对英国国家整体经济走势的有利影响主要有：

（1）不用再向欧盟缴纳相应的财政预算

根据英国国家统计局（Office of National Statistics，简称ONS）的数据

资料显示，英国每年向欧盟缴纳超过 70 亿英镑的财政预算。在欧盟的预算中，英国交付的比例约为 12.5%，仅次于德国和法国，排在第三位。英国脱离欧盟之后，不再向欧盟缴纳高达 70 多亿英镑的财政预算费用，这将极大地减轻英国政府的财政压力。英国政府可以运用这些资金来扩大投资和补贴英国巨大的公共服务支出，同时可以刺激英国国内的经济发展。

另外，英国如果正式脱离欧盟，可以不用考虑援助欧洲经济。英国可不必承担向在英国的欧盟留学生提供助学贷款，转而利用这笔资金改善本国教育条件。

（2）摆脱欧盟的法规对英国经济发展的限制

有专家估计英国的法规的执行效率比欧盟法规的执行效率高出数倍（大概 2.5 倍）制定的法规以及欧盟监管过程被认为是不透明、苛刻的，尤其是对中小企业而言。英国脱离欧盟以后，可以领导其国内经济脱离欧盟相关法规的掣肘，使英国的中小型公司能够开拓更广阔的发展空间，创造更多工作机会。欧盟对商品统一的监管和限制使得英国国内某些商品的物价居高不下，部分商品被禁止出售，给居民日常生活的便利造成了很大的困扰，脱欧之后这一系列问题便可以迎刃而解。

（3）减轻欧洲主权债务危机的负面影响

欧债危机始于 2009 年，首个爆发地点在希腊，此后从希腊不断向外扩展到欧洲其他国家，其发展历程主要分为三个阶段：

第一个阶段是希腊债务危机。2009 年 10 月，希腊政府宣布其财政赤字在 GDP 中的占比超过 12%，随后希腊便爆发了主权债务危机，欧债危机由此爆发。欧债危机爆发之后，开始逐步拓展到欧洲其他国家。

第二个阶段是爱尔兰债务危机。与希腊类似，2010 年 9 月，爱尔兰政府宣布 2010 年度爱尔兰财政赤字在 GDP 中的占比将达到 32%。随后 11 月份，爱尔兰爆发了债务危机。

第三个阶段为多个欧元区国家相继爆发债务危机。具体表现为，2011 年 3 月，葡萄牙爆发了债务危机；2011 年 8 月，意大利和西班牙也爆发了债务危机。欧元区债务危机形势越来越严峻。

债务危机的爆发给欧元区各国造成了非常严重的经济困境，大部分欧元区国家经济增速出现下滑，失业率和通货膨胀率大幅度上升。

欧洲主权债务问题的爆发并不都是出于偶然，其主要原因表现为：第一，主权债务问题爆发的国家施行了非理性的福利方针。这些债务危机频发国大都实施的是超高福利方针，财政包袱较大。其中，希腊共和国是实行超高福利方针的突出代表，例如其政府工作人员能够享受到每年 14 个月的工作薪资福利，希腊共和国还实行普众医保等等。然而，这些高福利国家，其国内经济发展速度却较为缓慢，这就导致这些国家的财政面临巨大的压力。

第二，"高消费 + 贸易逆差"发展方式的弊病。在高福利政策下，这些债务问题频发国民众工资水平都较高，从而有利于推动本国的消费市场的快速发展。同时，这些债务危机国贸易逆差现象较为普遍，在这样一种情况下，这些国家国内储蓄都较少，因而便开始发行外债融资，从而导致债务危机国对外债务数额都较为庞大。

第三，由于实施行动者的不一样，财政方针与货币方针之间仍有分歧。在欧盟体制中，制定货币方针的权力掌握在欧洲中央银行中，而制定财政政策的权力掌握在各成员国政府手中。是以，在处理债务风暴时，由于并不掌握制定货币方针的权力，这些债务危机国唯有依靠政府财政力量来复元国家经济发展，这便使得这些国家财政亏损快速增长。

受上述结构性的内部因素影响，欧洲主权债务危机自发生之后，一直延续至今。目前，南欧国家依然未走出欧债危机的阴影，欧盟整体经济发展也受其所拖累。2009 年希腊爆发欧债危机以来，希腊的失业率快速上升，2012 年上升为 24.5%，之后 2013—2015 年希腊的失业率一直在 24% 以上。同样，在 2011 年西班牙的失业率上升为 21.4%，随后几年其失业率一直在 20% 以上，到 2016 年失业率才有所下降，为 19.6%。

表 3–7　部分南欧国家失业率汇总

年份	欧盟	希腊	西班牙	葡萄牙
2009	9.0%	9.6%	17.9%	10.7%

年份	欧盟	希腊	西班牙	葡萄牙
2010	9.6%	12.7%	19.9%	12.0%
2011	9.7%	17.9%	21.4%	12.9%
2012	10.5%	24.5%	24.8%	15.8%
2013	10.9%	27.5%	26.1%	16.4%
2014	10.2%	26.5%	24.5%	14.1%
2015	9.4%	24.9%	22.1%	12.6%
2016	8.5%	—	19.6%	11.2%

资料来源：Eurostat。

英国脱离欧盟之后，便能够减少对欧盟困境的相关救助，减轻欧洲主权债务危机对英国的不良影响，从而有利于英国国内发展。此外，在欧洲主权债务危机发生后，欧盟内部开始逐步寻求实现政治一体化，这正是英国政府所反对的。

英国脱欧之后，对英国整体经济发展的不利影响主要有：

(1) GDP 将会出现缩水

欧盟一直是英国的最大贸易伙伴，英国与欧盟的贸易额接近英国贸易额总数的一半，英国对欧盟的贸易依存度较高。英国脱欧之后，将增加英国与欧盟的经贸成本，包括进出口税收、贸易壁垒等，英国与欧盟之间的经贸关系将会受到影响。在关税壁垒和贸易限制等因素的制约下，英国的对外贸易将会出现缩减。与此同时，由于未来英国退欧存在诸多不确定性风险，这将导致英国国内投资规模开始减少，外商投资规模将会出现下滑。

据金融经济分析机构 Focus Economics 预测，脱离欧盟之后英国的经济增长速度出现下降，预计 2017 年的经济增长将从 2.1 个百分点下滑至 0.3 个百分点。从中长期来看，脱欧之后英国的 GDP 总量也将出现缩水。同时，IMF 通过相关预测分析也指出，英国脱离欧盟之后经济发展速度有可能出现下滑。IMF 预计，英国脱离欧盟之后，2017 年的经济增速将下降到 1.4 个百分点，其国内的失业率将可能超过 6 个百分点。

（2）物价水平将会抬升

英国宣布脱欧之后，英镑汇率出现大幅度下滑，这使得英国国内物价水平抬升，通货膨胀压力将会进一步增大。具体表现在 2016 年第三季度（2016Q3）和第四季度（2016Q4），英国国内 CPI 不断增长，2016 年第四季度（2016Q4）已经增长为 1.2%。

（3）贸易受到影响

长期以来，欧盟与英国的双边贸易数量巨大，欧盟与英国的贸易量占英国对外贸易总数的一半左右，欧盟是英国第一大贸易合作伙伴。根据英国国家统计局的统计数据显示，2015 年英国对欧盟的进出口总额达到了 3559.43 亿英镑，双方贸易往来十分密切。英国脱离欧盟之后，将会增加双方的贸易壁垒，影响到双方贸易。面对欧盟的贸易壁垒，英国对欧盟的出口会大幅度萎缩，这将直接影响英国的经济增长。而在进口方面，由于进口关税与出口关税一样大幅度增加，会导致进口货物的价格上涨，影响人民的生活。英国脱离欧盟之后，其将不再属于欧盟单一市场。未来，英国能否再进入这一单一市场，还得看英国与欧盟双方之间的贸易谈判的结果。

（4）货币政策将受到影响

此前，英国经济数据表现企稳，英格兰银行可能是美联储之后第二个加息的央行，并且预测 2007 年英国将进入加息周期。脱欧公投之后，或英国经济 2016 年下半年将放缓，经济增速下调 1 个百分点到 0.5% 至 1% 的区间之内。在经济放缓的背景下，预计英国的货币政策随之调整，加息已基本无望，英国央行或将考虑通过降息和量化宽松来支持经济增长。预计 8 月份之后英格兰银行将以降息来应对经济放缓。

二、英国脱欧对欧盟的影响分析

（一）英国脱欧对欧盟就业影响分析

1. 欧盟劳动力市场发展现状

从图 3-12 中可以看到，自 2016 年以来，欧盟和欧元区失业率均呈下降的趋势，欧盟和欧元区就业市场持续改善。根据欧盟统计局（Eurostat）的统计数据显示，2016 年 12 月，欧盟 28 国和欧元区失业率分别下降为 8.2%和 9.6%。这体现了欧盟在关于完善劳动力市场的政策开始见效，欧盟及其成员国就业市场开始出现好转。

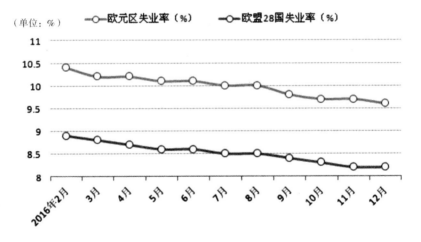

图 3-12　欧盟和欧元区失业率变化趋势图

资料来源：Eurostat。

同时，在欧盟 28 个成员国中，失业率存在较大差距。根据欧盟统计局的统计数据显示，2016 年 10 月，希腊的失业人口占劳动人口的比率为 23.0个百分点，在欧盟成员国中最高；其次是西班牙，失业人口占劳动人口的比率达到 18.9%；另外，还有塞浦路斯、意大利、克罗地亚和葡萄牙等国失业人口占劳动人口的比率都超过 10%。失业率最低的是捷克，失业率为 3.7%；其次为德国，失业率为 4.0%，具体如表 3-8 所示。

表 3-8　欧盟成员国失业率（2016 年 10 月）

序号	国家	失业率（%）
1	希腊	23.0
2	西班牙	18.9
3	塞浦路斯	13.8
4	意大利	11.8
5	克罗地亚	11.5
6	葡萄牙	10.6
7	法国	9.7
8	拉脱维亚	9.6
9	斯洛伐克	9.2
10	芬兰	8.7
11	比利时	7.6
12	立陶宛	7.6
13	斯洛文尼亚	7.6
14	爱尔兰	7.5
15	保加利亚	7.2
16	爱沙尼亚	7.2
17	瑞典	6.9
18	丹麦	6.5
19	卢森堡	6.3
20	波兰	6.1
21	奥地利	5.8
22	罗马尼亚	5.8
23	荷兰	5.6
24	马耳他	4.8
25	英国	4.8

续表

序号	国家	失业率（%）
26	匈牙利	4.6
27	德国	4.0
28	捷克共和国	3.7

资料来源：Eurostat。

2. 英国脱欧对欧盟就业的影响

短期内，在英国宣布正式脱欧以后，并不会对欧盟工作市场产生较大不利影响。2016 年，随着欧盟经济的不断复苏，欧盟失业率保持逐月下降的趋势。2016 年 12 月，欧盟地区失业人口占劳动人口的比率为 8.2%，较 2016 年 1 月下降了 0.7 个百分点。

从中长期发展角度分析，英国是欧盟内仅次于德国的第二大经济体，在欧盟国内生产总值中的比重约为 17.6%。英国脱离欧盟将会削弱其本身整合经济实力，损害到欧元区发展复苏，从而对欧盟就业形势产生不利的影响。此外，英国脱离欧盟之后，其他欧盟国家的自由劳动力进入英国境内将受到限制。

（二）英国脱欧对欧盟人民福利影响

1. 欧盟人均生活水平

2005—2015 年，除了 2009 年之外，欧盟人均国内生产总值保持着逐年增长的趋势。2014 年，欧盟人均 GDP 为 27617 欧元 / 人，较上年同比增长 2.89%。2015 年，欧盟人均 GDP 为 28929 欧元 / 人，较上年同比增长 4.75%，由此可见欧盟地区人民生活水平较高。

表 3-9　欧盟人均 GDP 变化情况

（单位：欧元 / 人）

时间	人均 GDP	同比增长率
2005 年	23434	—

续表

时间	人均GDP	同比增长率
2006 年	24687	5.35%
2007 年	26055	5.54%
2008 年	26094	0.15%
2009 年	24492	−6.14%
2010 年	25473	4.01%
2011 年	26230	2.97%
2012 年	26681	1.72%
2013 年	26840	0.60%
2014 年	27617	2.89%
2015 年	28929	4.75%

资料来源：Eurostat。

2. 英国脱欧对欧盟人民居民福利的影响

英国脱离欧盟之后，其国内的"疑欧"主义情绪将会蔓延到其他欧盟国家。这将会产生一个不好的"示范效应"，引发欧盟其他成员国对欧盟的不满，降低欧盟其他成员国公民的对欧盟信赖感和生活的幸福感。同时，英国脱离欧盟之后，在英国生活工作的其他欧盟国家的人民将会受到影响，包括医疗保健在内的各种福利政策将不再有所保障。

（三）英国脱欧对欧盟金融业影响分析

1. 欧盟金融业发展现状

（1）金融市场一体化

欧洲金融市场一体化始于 1973 年。然则，当时欧共体各成员国的金融市场都是各自为政，并没有很好地联合起来，企业和消费者很难享受到跨境金融服务。当时的欧洲共同市场使用不同的货币，金融监管也被分割开来。接着，欧元的问世，使欧洲金融市场在一体化轨道中的推进奠定了良好的基础。

1998 年 11 月，维也纳议会提议要推动欧盟金融市场一体化行动的会议。同时出炉的还有金融服务行动计划（financial service action plan）。1999 年 5 月，欧盟正式公布了金融服务行动计划。金融服务行动计划的目的主要是为了解决因货币和监管分割而给金融市场一体化带来的不便。金融服务行动计划是欧洲金融市场一体化的标志性事件。欧盟委员会于 1999 年启动金融服务一体化进程，在 2000 年的里斯本会议上欧盟成员国领导人制定了在 2005 年全面落实金融服务行动计划的目标，其中证券和风险资本的一体化应当在 2003 年底完成。

金融服务行动计划提出金融服务一体化的目的是：实现资金融通；在市场中的资金投入到金融经济主体和服务中介；在没有监管和制约的情况下在跨境服务前提下可以提供金融服务；构建牢固的综合资金财富管理框架，相关管理人员把资金投入到生产力中；创造妥当的换汇及清理结算法制氛围。

金融服务行动计划提议的市场一体化宗旨是：配置关键的资讯给使用者和安全保障，努力推动金融市场的整合；完善和纠正消费者的组成的非协调性，由此为使用者的跨国交易扫清绊脚石；在金融市场构建高效的错误改正体系；创造有利于远程技术和分销渠道的法律环境，鼓励发明和创造高效的贸易支付系统，以避免小额跨境交易造成的过高费用。

在金融监管层面，金融服务行动计划提出的金融监管统一化意图是：弥补欧盟在谨慎管控方面的资金融通国际化和相关服务的一切漏洞；建立严格的准则，改善金融内部框架的推进，金融市场的国际化对金融管控框架维持稳健状态；使欧盟制定高规格的国际管控专责施展关键功效。

目前，欧盟地区金融市场一体化逐渐深入发展。在欧盟范围内，以往的种种对资本流动的限制性政策已经逐步被弱化。在 20 世纪 90 年代，随着欧盟内部经济一体化的不断推进，欧盟相继出台了关于银行业、保险行业和证券行业的相关政策，开始在银行业、保险行业和证券行业这三大行业实行"单一护照"制度。在"单一护照"制度下，欧盟成员国内的金融公司被允许不受限制地开设分支机构，同时还可以在欧盟各国内不受限制地提供金融服务。

（2）金融监管一体化

在金融监管方面，欧盟地区的监管主要分为宏观监管和微观监管两个方面。

在综合管治层面，欧盟成立了欧盟系统风险委员会（ESRB）。ESRB需要对金融系统中欧盟运行进行综合审慎监管，对金融稳定性可能带来的风险的所产生的影响给予警告，以及向国家金融监管机构和决策者处理问题提供帮助。这个组织具备单一的无法律地位的行业监管组织的特点，并依赖于欧洲央行（ECB）。指导委员会构成如下：七位欧洲中央银行成员，三名主席，一名欧洲委员会代表以及一名经济、财政委员会主席。它的董事会由欧盟的二十七个国家的中央银行行长构成。ESRB的管控范围十分宽泛，包含银行的具体财务情况，金融市场也许会发生的系统性风险等。

在微观监管层面，欧盟成立了欧洲金融监管体系（ESFS）。欧洲的金融监管体系建立在微观层面，是欧洲系统风险委员会共同实现金融监管的目标，即保持金融体系的稳定性和保护金融消费者的权益。它由三个部分组成：一个是指导委员会（负责三管控组织与关键部门还有管控组织之间的沟通和信息沟通）；第二是欧盟管控政府（制定和保证监管规定之间的统一度）；第三，组成国的财务监督（负责每天相关的管控）。来自欧盟银行监管委员会、欧盟证券监管委员会与欧盟保险和养老金委员会的三个组织被取代。新欧盟监管机构的特征是法律实体，在特殊状况下，能够规避各自的金融管控组织监管一些金融组织。

欧洲金融管控体系的责任有以下几个方面：一是保证欧盟各个国家管控所使用的法规章程等的一体化，尤其是一些特定领域技术标尺上的一致；二是在订立一体化规定的条件下保证各自金融监督和管理条文的实施；三是使各国逐步营造一体化的金融管控氛围，实施统一的管控方案，特别是当问题产生时，各成员国可以对危机行使一致的措施；四是采集综合谨慎讯息管控，这有助于规避体系性风险；第五是在不触及成员国财富利益的情况下，处理各国在金融管控上的分歧。

2. 英国脱欧对欧盟金融业的影响

(1) 引发欧元汇率上下浮动，影响到欧盟货币市场的稳健发展

英国脱离欧盟将会使欧盟投资者的信心产生蒙上阴影，这将会进一步加大欧元下行的压力，欧元汇价将会出现滑落。欧元汇率的大幅度下降将会影响到欧洲中央银行当前的货币政策，同时会给欧盟货币市场的稳定造成极大地威胁。

(2) 将会削弱欧盟金融行业综合实力

目前，英国的伦敦是欧洲第一大经济金融中心，与美国的纽约、日本的东京等城市齐名，是当今世界最大的金融中心之一。全球规模最大的外汇交易市场就在英国伦敦市，英国伦敦市还是全球第一大保险核心，伦敦股票交易所交易规模也位居全球各大交易所前列。英国脱欧之后，欧盟金融行业综合竞争实力将会出现大幅度下滑。

(3) 欧盟金融市场的潜在风险增加

从短期来看，英国正式脱欧的结果公布之后，引发了欧洲金融市场的波动。诸如，欧元汇率出现了大幅度波动，股票市场股价也一度下行，欧洲金融市场的潜在风险凸显。从长期来看，英国脱离欧盟至少需要耗费两年以上的时间，这个时间持续将较长，因此存在较多的不确定性因素，这将会引起市场的波动，欧洲金融市场的潜在风险将会增加。

此外，英国在退出欧盟之后，双方将选择何种经贸合作方式，还是未知之数。可供英国考虑的模式主要有瑞士模式、挪威模式、土耳其模式、加拿大模式等。这种不确定性将会影响到英国与欧盟之间的相关合约，欧洲金融市场的潜在风险也会增加

(4) 将冲击复苏中的欧盟银行业

第一，将会冲击到欧洲银行业。在国际金融危机和欧债所引发的问题中，欧洲银行业数次面临危难。欧洲银行联合会作为世界第一个跨境银行官方同盟，经过两年多的谈判，终于达成了法律，进入了具体实施阶段。欧洲中央银行具有统一的监管作用，将从欧盟开始的银行管控规定逐步向欧洲银行部门。早前的时间里，英国总是反对欧盟银行业同盟，且不愿意承担相应

的义务。英国脱离欧盟将会使得那些反对欧洲金融一体化的势力抬头，不利于欧盟银行业联盟的顺利推进。更为严重的是，英国脱离欧盟之后，将动摇其他欧洲国家的信心，从而使得部分国家也效仿英国脱离欧盟，从而冲击到欧洲银行业联盟。

第二，英国脱离欧盟，将会引起市场的波动，欧洲金融市场的潜在风险将会增加，资金出现外流的现象，由此促使欧洲银行业资金数量有可能出现减少，甚至促使银行业危机的出现。以意大利为例，意大利银行业不良贷款已经超过 3500 亿欧元，其规模十分惊人。在英国脱欧的阴影下，意大利金融业将受到较大冲击。

（四）英国脱欧对欧盟社会投资影响分析

1. 欧盟社会投资发展现状

2015 年，欧盟对外投资（FDI）净额总量达到 8.21 万亿欧元，较 2014 年的 7.34 万亿欧元增加了 12%。其中，荷兰对外投资净额为 22089.8 亿欧元，所占比例为 26.89%，在欧盟各成员国中位居第一位；卢森堡位居其后，对外投资净额达到 19145.6 亿欧元；德国对外投资净额为 7381.9 亿欧元，在欧盟各成员国中位居第三位。而英国对外投资净额为 6138.8 亿欧元，所占比例为 7.47%。

表 3-10　欧盟及其主要成员国对外投资（FDI）净额（2015 年）

（单位：亿欧元）

国家（地区）	对外投资净额	占比
欧盟	82144.4	100.00%
荷兰	22089.8	26.89%
卢森堡	19145.6	23.31%
德国	7381.9	8.99%
法国	6372.3	7.76%
爱尔兰	6170.0	7.51%
英国	6138.8	7.47%

续表

国家（地区）	对外投资净额	占比
比利时	3416.0	4.16%
意大利	2810.4	3.42%
瑞典	2071.2	2.52%
西班牙	1773.5	2.16%

资料来源：Eurostat。

2. 英国脱欧对欧盟社会投资的影响

在英国脱离欧盟以前，欧盟涉外资金投入中，有15%都投向英国，英国和欧盟之间的社会投资联系较为紧密。英国脱离欧盟之后，将会带来诸多政策和法规上的不确定性，影响之前正常稳定的投资环境，从而给欧盟社会投资带来不利影响。而英国的对外直接投资的20%则投向欧盟，在投资方面英国对欧盟更为依赖，因此英国脱欧之后，在对外投资方面，相比较于欧盟，英国所受的负面冲击效应将会更大。

（五）英国脱欧对欧盟整体经济走势影响

1. 欧盟经济发展现状

（1）经济总量情况

从表3-11的统计数据显示，2005—2015年，除2009年外，欧盟的国内生产总值保持着逐年增长的趋势。2008年以来，在美国次贷危机的影响下，欧盟经济增长速度开始下滑，2008年国内生产总值增速（名义GDP增速）仅为0.55%。到2009年，国内生产总值更是出现负值，GDP增速（名义GDP增速）为－5.80%。随后欧盟采取了一系列经济刺激措施，欧盟经济开始逐步好转。2014年，欧盟实现国内生产总值14.00万亿欧元，较上年同比增加3.26%。2015年，欧盟实现国内生产总值14.71万亿欧元，较上年同比增加5.07%。

表 3-11 欧盟国内生产总值变化情况

(单位:百万欧元)

时间	国内生产总值	同比增长率
2005 年	11590377.7	—
2006 年	12255317.2	5.74%
2007 年	12983310	5.94%
2008 年	13054560.5	0.55%
2009 年	12297013.4	−5.80%
2010 年	12817343.1	4.23%
2011 年	13192520.4	2.93%
2012 年	13448619.5	1.94%
2013 年	13558617.4	0.82%
2014 年	14001004.1	3.26%
2015 年	14710625.9	5.07%

资料来源:Eurostat。

从表 3-12 的统计数据显示,在综合经济实力方面,德国、英国和法国为欧盟三大经济体。根据欧盟统计局的统计数据显示,2015 年德国实现国内生产总值为 3.03 万亿欧元,在欧盟 GDP 总量中占比达到 20.62%,为欧盟第一大经济体;英国实现国内生产总值为 2.58 万亿欧元,在欧盟 GDP 总量中占比达到 17.54%,为欧盟第二大经济体。

表 3-12 欧盟主要成员国国内生产总值(2015 年)

(单位:百万欧元)

序号	国家	国内生产总值	占比
1	德国	3032820	20.62%
2	英国	2580065	17.54%
3	法国	2181064	14.83%
4	意大利	1642444	11.17%
5	西班牙	1075639	7.31%
6	荷兰	676531	4.60%

续表

序号	国家	国内生产总值	占比
7	瑞典	447009.5	3.04%
8	波兰	429794.2	2.92%
9	比利时	410351	2.79%
10	奥地利	339896	2.31%
合计		12815613	87.12%

资料来源：Eurostat。

（2）经济增长情况

2016 年以来，欧盟经济增速开始下滑。2016 年第一季度，欧盟国内生产总值实际增长率为 1.9%，较 2015 年第四季度下降 0.5 个百分点。2016 年第三季度，欧盟国内生产总值实际增长率为 1.6%，国内生产总值增速又回归到 2014 年一季度的水平。

（单位：%）

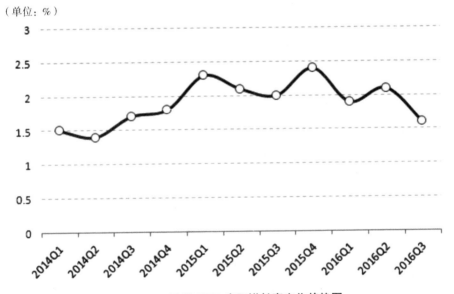

图 3-13　欧盟 GDP 实际增长率变化趋势图

资料来源：Eurostat。

（3）物价水平

根据欧盟统计局的统计数据显示，在经历了 2011 年、2012 年、2013 年、2014 年通货膨胀率下滑之后，2016 年以来，欧盟通货膨胀率为 0.3%，物价水平开始回升。

（单位：%）

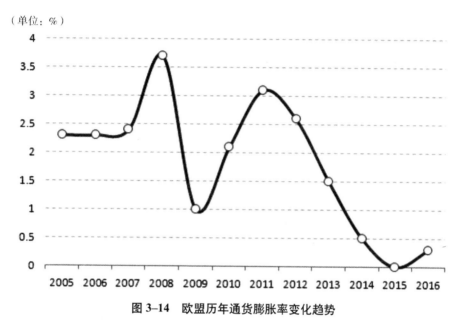

图 3-14　欧盟历年通货膨胀率变化趋势

资料来源：Eurostat。

2. 英国脱欧对欧盟整体经济走势的影响

（1）削弱欧盟经济实力

自 1993 年欧盟正式成立起，欧盟在经济规模（GDP 总量）上成为超越美国的全球第一大经济体。根据世界银行的统计数据显示，1993 年欧盟 GDP 总量占全球的 30.31%，超过美国的 26.68%。1995 年，奥地利、芬兰和瑞典三个国家也加入了欧盟，欧盟经济规模进一步扩大，占全球 GDP 总量的 31.15%。然而，2000 年前后，欧盟在全球经济中的比重却一度跌至 26.53%，欧盟 GDP 总量也下降居于美国之下。2000—2004 年，欧盟在全球经济中的占比以每年超过 1% 的速度重新进入上升通道，2004 年欧盟在全球经济中的比重达到了创纪录的 31.51%，之后其占比虽略有下降，但至全球金融危机爆发的 2008 年仍保持在 30% 以上，是全球经济中名副其实的重要一极。受全球金融危机的冲击，欧盟自 2008 年起在全球经济中的占比迅速缩水，到 2014 年，欧盟 GDP 总量占全球的 23.62%。而到 2015 年，欧盟 GDP 总量降低到美国之下，占全球 GDP 总量的 22%，降至历史最低点。

事实上，1999—2002 年（受欧元诞生影响）以及 2015 年（受乌克兰危机、希腊债务危机、难民危机影响）之外，欧盟 GDP 总量一直位居美国之上，为当今世界第一大经济体。

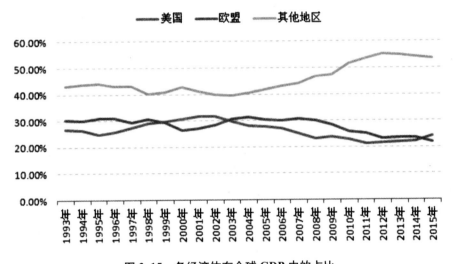

图 3–15 各经济体在全球 GDP 中的占比

资料来源：世界银行。

欧盟成立之初，英国经济规模位居全球第 5 位，是欧盟内仅次于德国和法国的第三大经济体，并且自 1998 年起直到全球金融危机前英国已跃升为欧盟内的第二大经济体。受 2008 年全球金融危机的影响，英国 GDP 总量出现下滑，占欧盟 GDP 总量的 15.05%，这一比例低于同时期法国的 15.29%。2008—2013 年，英国回落至欧盟内第三大经济体，位居法国之后。2014 年，随着英国国内经济的不断复苏，英国 GDP 总量再次超越法国，成为欧盟内位居第二位的经济体。

2005 年，英国占欧盟 GDP 总量的 17.41%。2007 年，罗马尼亚和保加利亚成为欧盟的成员国，英国在欧盟 GDP 总量中的占比下降为 17.23%。2008 年，在全球金融危机的影响下，英国在欧盟 GDP 总量中的占比降至 15.05%；2009 年，英国经济进一步恶化，在欧盟 GDP 总量中的占比降至 13.87%，创下历史最低纪录。随后在英国政府相应的经济刺激政策的推动下，英国国内经济开始实现逐步复苏，2014 年英国在欧盟 GDP 中的占比已达 16.15%。2015 年，英国在欧盟 GDP 中的占比进一步上升，达到 17.54%。

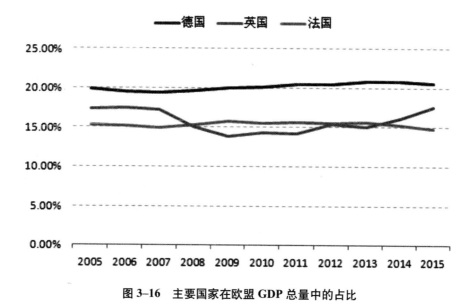

图 3-16　主要国家在欧盟 GDP 总量中的占比

资料来源：Eurostat。

从综合上述数据资料来看，英国在欧盟中霸领着重要地位，是欧盟内仅次于德国的第二大经济体，占欧盟 GDP 的 17.54%。英国脱欧之后将会大幅削弱欧盟综合经济实力，欧盟经济规模将会减少至 17% 以上。失去英国的欧盟，从经济规模上将退居全球第二，并显著低于第一大经济体的美国。

（2）影响欧盟整体经济增长速度

在欧盟各大成员国中，英国属于经济增长表现较好的国家之一。1994—2015年，英国GDP年平均增速为2.21%，而欧盟其他国家的GDP平均增速同期仅为1.72%，比英国低0.49个百分点。1994—2015年间，英国经济增长率明显高于欧盟其他国家的经济增长率，如图3-17所示。由于英国在欧盟经济总量中的所占比重较大，因而其成为欧盟经济增长的主要贡献的来源之一。

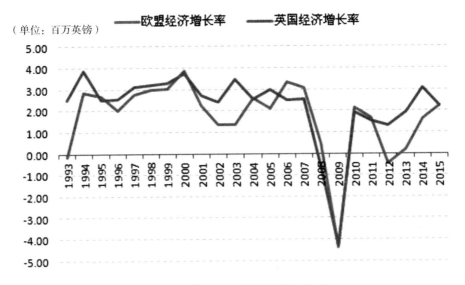

图3-17 英国与欧盟经济增长率对比

资料来源：世界银行。

在欧盟只有12个成员国的1994年，英国对欧盟经济增长占的比重为22.2%，虽然低于增长排名第一的德国（27.1%），但显著高于增长率排名第三的法国（16.2%）和排名第四的意大利（11.5%）。当欧盟扩大至15个成员国后，英国对欧盟经济增长的依然名列前三位，并且在1996年、2001年、2002年和2003年成为欧盟经济增长的火车头。其中，2003年英国的表现最为抢眼，当年欧盟第一大经济体德国陷入负增长，英国却实现了4.3%的年增长率，为欧盟经济增长了58.7%。2004年欧盟再次扩容至25个成员国，英国的经济增长优于其他欧盟国家，2004年和2006年增长率位居第二，2005年增长率（23.2%）位居第一。2007年欧盟新增两个新成员保加利亚和罗马尼亚，英国虽然仍保持了经济增长率第二位，但其对欧盟经济增长降至14%，与增长率排名第一的德国（21.6%）相差一定的距离。2008年，美国发生了次贷危机，作为重灾区的欧盟经济遭受重创。2008年包括英国和意大利在内的9个成员国陷入负增长。2009年负增长的欧盟国家增至26个。2010年欧盟大部分成员国摆脱困境，欧盟实现了2.1%的经济增长，其中德国的增长率为37.8%，法国的增长率为14.8%，英国的增长率为12.3%，意大利的增长率为10.5%。然而随着欧洲债务危机的蔓延，欧盟经济再次遭受重创。危机发源地的葡萄牙、意大利、希腊和西班牙纷纷陷入新一轮困境，葡萄牙和西班牙2011—2013年连续三年负增长，意大利2012—2014年连续三年经济增速为负，希腊2009—2013年连续5年经济增速为负。在此背景下，2010—2014年年均增长1.8%的英国成为欧盟经济增长领军。2013年在11个欧盟成员国陷入负增长的情况下，英国以1.7%的经济增长率为欧盟摆脱负增长立下汗马功劳，对欧盟经济增长率达到123.6%。2014年英国以32.6%的增长率再次成为欧盟经济增长的领头羊。作为欧盟经济增长快速的国家，英国脱欧必然导致欧盟整体增长速度的下降。

（3）影响欧洲经济一体化进程

欧盟在推动欧洲经济一体化不断发展的过程中发挥了至关重要的作用，欧盟的形成是多方面因素作用的结果。第一，从历史因素来看，在罗马帝国时期，欧洲部分地区实现了局部统一，这就为欧洲统一思想奠定了基础。第二，从环境因素来看，欧洲地区总体来说地势平坦，欧洲各国总体面积不大，且互为邻国，这就加强了欧洲各国之间的政治经济联系。第三，从社会因素来看，1945年第二次世界大战结束之后，欧洲各国均遭受了重创，生产力遭受严重破坏，百废待兴，同时人民流离失所，社会治安极为混乱。在这样一种背景之下，西欧爆发了欧洲联合的运动。各国人民一致认为，欧洲绝不能像一战和二战时期那样失去了团结的力量，只有欧洲各国团结在一起，才能够快速恢复欧洲经济。第四，从政治因素来看，第二次世界大战结束后，世界上出现了美国、苏联这两个超级大国，这两个阵营之间展开了斗争，夹在美国与苏联之间的欧洲各国感受到了巨大的压力。一方面，欧洲人不愿意成为美国的附庸，也需要对付来自东方苏维埃的压力，因此这时的欧洲各国纷纷呼吁团结起来，组成一个联盟。1965 年 4 月 8 日，《布鲁塞尔条约》签订，这个条文规定将欧洲煤钢共同体、欧洲原子能共同体和欧洲经济共同体合并到一起，组建欧洲共同体，这意味着欧共体正式成立。随后，在欧共体成员国的一致努力下，1993 年 11 月 1 日，《马斯特里赫特条约》正式生效，由此欧盟正式成立。目前，除英国外，欧盟已经发展成为共有 27个成员国的联盟，如表 3-13 所示。加入欧盟中的成员国，有经济发达的国家，也有经济相对较落后的国家，区域内不同成员国经济发展水平存在较大差距。

表 3-13　欧盟成员国

加入时间	成员国
1952 年	法国、德国、比利时、荷兰、卢森堡
1973 年	丹麦、爱尔兰、英国
1981 年	希腊
1986 年	西班牙、葡萄牙
1995 年	奥地利、芬兰、瑞典
2004 年	捷克、爱沙尼亚、塞浦路斯、拉脱维亚、立陶宛、匈牙利、马耳他、波兰、斯洛文尼亚、斯洛伐克
2007 年	保加利亚、罗马尼亚
2013 年	克罗地亚

欧盟的经济一体化发展过程分为多个阶段，主要包括单一市场、货币联盟等阶段。1968 年 7 月，关税同盟开始推行。1986 年 2 月，包括英国在内的欧共体各成员国政府首脑签署了《单一欧洲法案》，明确提出了要在 1992 年 12 月 31 日前建成内部市场，实现商品、资本、劳务、人员自由流动的统一市场（Single Market）。这就是著名的欧洲 1992 计划（EC-92）。1993 年 1 月 1 日，欧盟单一市场正式在当时的欧盟 12 个成员国启动。1999

年1月1日，欧洲的单一货币——欧元正式问世。首批加入欧元区的国家为德国、法国、意大利、荷兰、比利时、卢森堡、爱尔兰、奥地利、芬兰、西班牙、葡萄牙，英国等国家并未加入欧元区。随后希腊、斯洛文尼亚、马耳他、塞浦路斯等国先后加入欧元区，欧元区覆盖的范围进一步扩大。目前，欧元区覆盖了欧洲19个国家，区内人口数量超过3亿人。欧元的诞生进一步推进了欧洲经济一体化的深入发展，为真正的欧盟的建立铺平了道路。

当今时代，经济朝着统一化的方向发展已经成为一种必然趋势。英国脱离欧盟的举动，将不利于欧洲经济朝着一体化方向发展，同时还可能动摇其他欧盟成员国对欧洲经济一体化的信心。虽然，在加入欧盟的成员国中，有经济发达的国家，也有经济相对较落后的国家，区域内不同成员国经济发展水平存在较大差距，成员国之间开始出现分歧，但是欧盟经济仍在不断地朝着一体化的方向快速发展。目前，英国脱离欧盟的举动，是一种逆经济一体化的行为，将诱发其他欧盟国家对欧盟制度的不满，从而产生不利的负面示范效应，危害欧洲经济一体化进程。

三、英国脱欧对双方经贸关系的影响

（一）英国脱欧对欧盟进出口贸易的影响分析

表3-14反映了2008年至2015年间英国的对外贸易情况，从总量上看，英国的贸易在金融危机后保持了温和增长的态势，但2014年受国际大宗商品价格下降的影响，其贸易呈现萎缩态势，近两年均出现了不同程度的降低。英国同欧盟与非欧盟间的贸易各占英国贸易的半壁江山。2015年，英国与欧盟之间的贸易量为3520.32亿英镑，占贸易总量的49.18%；英国与非欧盟国家之间的贸易量为3638.02亿英镑，占贸易总量的50.82%。

金融危机后英国同非欧盟国家间的贸易逐渐超过了欧盟内部贸易，一方面说明债务危机后欧盟经济复苏状况不尽如人意，另一方面说明内外部经济不利的情况对英国的冲击导致其贸易政策发生了转变。英国脱欧之后，英国与欧盟之间的经贸关系将重塑，而英国与欧盟之间的贸易关系极为紧密，接近英国贸易总量的一半，英国脱欧将会影响到英国与欧盟经贸关系的稳定性，影响到英国的进出口。

表 3–14　英国与欧盟和非欧盟之间的贸易总量

（单位：百万英镑）

年份	欧盟	非欧盟	贸易总量
2008 年	319926	292417	612343
2009 年	286283	274419	560702
2010 年	326657	325730	652387
2011 年	359892	380499	740391
2012 年	356900	388175	745075
2013 年	367524	404004	771528
2014 年	368026	363112	731138
2015 年	352032	363802	715834

资料来源：HM Revenue &Customs。

1. 欧盟进出口贸易发展情况

（1）出口情况

根据欧盟统计局的数据显示，2004 年欧盟实现出口总量为 9451.85 亿欧元，占世界出口总量的 18.9%。自 2004 年开始，欧盟出口总量在世界出口总量中的占比呈下降的趋势，尤其是 2012 年欧盟出口总量在世界出口总量中的占比下降为 15.5%。2013 年，欧盟在世界出口总量中的占比有所回升。2014 年，欧盟实现出口总量为 17030.19 亿欧元，在世界出口总量中的占比为 15.9%，仅次于中国的 16.5%，为世界主要货物出口地。

表 3-15　欧盟出口情况（不包括欧盟成员国间的出口）

（单位：百万欧元）

时间	欧盟出口总量	在世界出口总量中的占比
2004 年	945185	18.9%
2005 年	1049473	18.0%
2006 年	1152485	17.1%
2007 年	1234482	17.3%
2008 年	1309147	16.6%
2009 年	1093961	17.1%
2010 年	1353196	16.0%
2011 年	1554180	15.9%
2012 年	1684261	15.5%
2013 年	1736648	16.3%
2014 年	1703019	15.9%
2015 年	1790652	/

资料来源：Eurostat。

（2）进口情况

根据欧盟统计局的数据显示，2004 年欧盟实现进口总量为 10273.92 亿欧元，占世界进口总量的 19.3%。自 2007 年开始，欧盟出口总量占世界出口总量的比重呈下降的趋势，2014 年欧盟实现进口总量为 16918.80 亿欧元，占世界进口总量的 15.5%，仅次于美国的 16.6%。

表 3-16　欧盟进口情况（不包括欧盟成员国间的进口）

（单位：百万欧元）

时间	欧盟进口总量	在世界进口总量中的占比
2004 年	1027392	19.3%
2005 年	1183933	19.2%
2006 年	1368254	19.4%
2007 年	1450340	19.5%
2008 年	1585231	19.3%

续表

时间	欧盟进口总量	在世界进口总量中的占比
2009 年	1235636	18.5%
2010 年	1529387	17.5%
2011 年	1726698	17.2%
2012 年	1795070	16.1%
2013 年	1687325	15.5%
2014 年	1691880	15.5%
2015 年	1726483	/

资料来源：Eurostat。

2. 英国脱欧对欧盟进出口贸易的影响

欧盟成立之初，英国出口在欧盟成员国中位居第三位，并且英国将出口增长持续到 2003 年。随着欧盟成员国规模不断地扩张，英国出口所占比重有所下降，但至 2015 年英国出口仍占欧盟的 8% 以上。2015 年，英国出口量在欧盟成员国中位居第 4 位，占比为 8.53%，具体如图 3-18 所示。

以 2015 年的数据计算显示，英国脱欧将使欧盟出口下降 8.53%，欧盟在世界出口中所占比重将会有所下降，但仍会位居世界第二位。

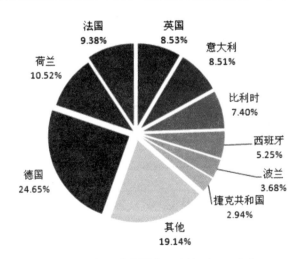

图 3-18　欧盟主要成员国出口占比（2015 年）

资料来源：Eurostat。

英国进口在欧盟成员国中始终位居前三位，并且绝大多数超过法国，是欧盟成员国中重要的进口大国。欧盟成立之初，英国自欧盟成员国进口仅占英国进口总量的 40.8%，1999 年达到了 53.1%。2000 年后，英国自欧盟进口在英国进口总量中的占比的 50% 左右，波动幅度约在正负 3% 以内。2014 年英国自欧盟进口在英国进口总量达到金融危机以来的最高的 52.3%。

2015 年，英国进口量在欧盟成员国中位居第 2 位，占比为 11.99%，仅次于德国，具体如图 3-19 所示。以 2015 年的数据显示，英国脱欧将使欧盟进口总量下降 12 个百分点，欧盟在世界进口中所占比重将会有所下降。

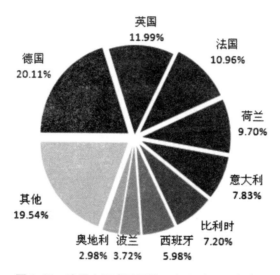

图 3-19　欧盟主要成员国进口占比（2015 年）

资料来源：Eurostat。

3. 英国脱欧对欧盟各成员国贸易的影响

在欧盟对外经贸往来中，欧盟成员国之间的经贸往来占据了较大的份额。以 2014 年为例，欧盟对外经贸往来中有超过 60% 是在欧盟各大成员国之间进行的。

从出口方面看，斯洛伐克、捷克和卢森堡对欧盟成员国出口占其出口总量的比重均在 80% 以上，其中斯洛伐克占比更高达 84%。匈牙利、荷兰、波兰、爱沙尼亚、克罗地亚、比利时和葡萄牙等七国出口也高度依赖欧盟，对欧盟出口占各自出口总量的比重均在 70% 以上。奥地利、拉脱维亚、斯洛文尼亚、罗马尼亚、丹麦和西班牙等六国对欧盟出口占各自出口的比重也均高于欧盟国家的平均水平。相比之下，英国是对欧盟出口市场依存度较低的欧盟国家，其对欧盟出口占比在 28 个欧盟国家中排在倒数第 3 位，仅高于塞浦路斯和马耳他。

从各成员国对英国出口的情况来看，爱尔兰对英国出口占其对欧盟出口的 28%，是对英国进口依赖度最高的国家。位居第二位的是塞浦路斯，其对英国出口占对欧盟出口的 23.3%。对英国出口总量占其对欧盟出口总量 10% 以上的还有德国、丹麦、瑞典、法国、比利时、荷兰、西班牙、意大利和马耳他等 9 个国家。芬兰、葡萄牙、波兰、希腊、拉脱维亚、立陶宛、罗马尼亚、捷克和斯洛伐克等 9 个国家对英国出口占各自对欧盟出口的 5%—10%，其余欧盟国家出口对英国的依赖程度均在 5% 以下。

在进口方面，爱沙尼亚是欧盟成员国中对自欧盟进口总量占比最高的国家，其自欧盟进口量占其进口总量的 81.7%。紧随其后的是卢森堡（79.8）、拉脱维亚（79.3）、捷克（76.9）、奥地利（76.8）、斯洛伐克（75.9）、罗马尼亚（75.3）、葡萄牙（74.8）、克罗地亚（70.7）、塞浦路斯（70.4）和匈牙利（70.2）。除荷兰和希腊两国占比低于英国外，其余 14 个国家占比均高于英国。

从各成员国对英国进口的方面，爱尔兰对英国进口占其对欧盟进口的 56.6%，对英国市场有较高的依赖度。排在爱尔兰后面的是荷兰，其自英国进口数量占其自欧盟进口数量的 13.4%。位居第 3 的是马耳他，占比为 12%，塞浦路斯居第 4 位，占比为 10.4%。芬兰、葡萄牙、波兰、爱沙尼亚、捷克、拉脱维亚、罗马尼亚、保加利亚、匈牙利、奥地利、斯洛文尼亚、克罗地亚、斯洛伐克、卢森堡等 14 国对国进口占各自对欧盟进口的不到 5%，其余成员国各自的占比在 5%—10% 之间。

综上所述，受英国脱欧影响较大的欧盟成员国主要是爱尔兰，28% 的出口占比和 56.6% 的进口占比将使爱尔兰对外贸易受到英国脱欧的严重冲击。紧随其后的是塞浦路斯，近 1/4 的对欧盟出口和超过一成的对欧盟进口将受到英国脱欧的影响。而卢森堡、奥地利及东欧的大部分欧盟成员国的对外贸易则受英国脱欧影响较小。虽然德国、法国、西班牙、荷兰、丹麦、意大利等出口对英国有一定的依赖性，但因其对英国出口占对欧盟出口的比重均在 10% 左右，而英国进口占欧盟进口的比重除荷兰（13.4%）略高外均低于 10%，所以受英国脱欧的影响并不是很大。

（二）英国脱欧对双方经贸的影响分析

英国脱欧公投后，欧盟与英国的关系将发生新的变化。英国让渡给欧盟的国内政策制定权将重新回到英国手中。但这一过程将涉及复杂的利益重构，需要通过艰难的谈判来确定双方的新型关系。

英国脱欧后面临如下新挑战：英国和欧盟其他国家之间的关系如何发展？英国是否能继续与欧盟国家保持紧密的关系，如何从原来的关税同盟关系向其他模式调整？英国与欧盟现有的其他 FTA 伙伴国的关系如何维持？英国是否有动力重新与这些国家进行谈判？在谈判中如何依据英国的利益重新对 FTA 条款进行考量？英国与欧盟潜在的 FTA 伙伴国的关系如何开拓？英国具有独立的贸易谈判权后会采取何种区域贸易谈判策略？英国与欧盟如何实现互利共赢？英国由欧盟的从属国变成竞争伙伴，战略上来看，其他国家是否会考虑优先和欧盟构建紧密经贸合作关系？在贸易政策制定权方面，英国如何维护与欧盟在全球经济中的利益？英国未来发展可以借鉴和考虑的模式包括：挪威模式、土耳其模式、瑞士模式、加拿大模式、世界贸易组织模式等，具体内容将会在第四章中进行详解。

第四章　英国脱欧后双方经贸合作模式分析

一、瑞士模式分析

（一）瑞士模式内容分析

1. 历史沿革

第二次世界大战后，瑞士外交政策的一个主要是自由贸易的经济倡导者，但在政治上却严格中立。瑞士与世界其他国家签署了数十项自由贸易协定，但无意参与具有重大影响的国际组织。瑞士的欧洲政策很好地诠释了该特点。长期以来，瑞士在欧洲一体化上的态度非常复杂。一方面，欧洲作为瑞士的主要进出口市场，无障碍或不受歧视地进入欧洲市场是瑞士坚持的战略目标。随着欧洲一体化的磁性效应不断增强，欧盟的利益诱惑逐渐加大；另一方面，鉴于欧盟（欧共体）的政治意义及其超国家特性，瑞士一直存在的疑虑甚至严重排斥的心态，使其在融入欧洲一体化进程的进展缓慢。正是这种矛盾立场，导致瑞士政府在对欧政策上长期徘徊和观望，不能真正迈出加入欧盟的关键一步。

二战时，中立的瑞士得不到美苏的应有的尊重和支持，再加上战后它对于并没有用一种开放的心态对待加入联合国和布雷顿森林体系等国际机制，这直接导致瑞士在某种程度上陷入了外交孤立的境地。另一方面，由于瑞士国内没有重要的煤炭和钢铁工业，在法国等国大力推动舒曼计划以及煤钢共同体时候，瑞士毫无兴趣。因此瑞士在对欧洲一体化的态度上，最开始就持不确定态度，并且对这一发展态势保持沉默。20世纪50年代后期这一情况有所变化。1957年欧洲经济共同体《罗马条约》签订之后，西欧各国分裂为赞成和抵制一体化的两派，抵制一体化的流派希望建立一个自由贸易区而不是超国家实体。站在瑞士的角度来看，其面临的主要的问题是在这种背景下，如何为自己的国家出口行业赢得更好地进入欧洲市场的机会。在英国等国家和欧洲经济合作组织内的欧共体成员就建立一个泛欧性的自由贸易区的谈判失败以后，瑞士做出了自己的选择，积极加入由英国组织成立的欧洲自由贸易联盟（EFTA），瑞士的日内瓦最终也成为欧洲自由贸易联合会的总部所在地。1960年，瑞士联邦委员会发布一份报告，明确表示反对加入欧共体。报告声称，一旦加入欧共体，瑞士不仅需要舍弃贸易上的政策自主权，同时还将损害瑞士的核心政治价值，如中立、联邦主义和直接民主，最终也会导致瑞士在农业方面的政策发生根本性的改变。

然后，时间总是会给出最正确的选择。随着时间的推移，欧共体经济发展开始提速，另一方面，欧洲自由贸易联盟的发展则陷入相对低迷的状态，这两种截然不同的发展趋势很好地验证了欧洲一体化未来的发展前景。1961年，在英国和丹麦申请加入欧洲共同体的推动下，瑞士开始积极调整相关政策从而避免遭受经济歧视，但这一转变在英国入盟申请两次被戴高乐否决后陷入停滞。1969年受改政方案被否影响，戴高乐辞职，戴高乐下台的同年12月，欧共体在海牙会议中决定吸引国家入盟或与其建立特定关系。尽管瑞士仍然拒绝加入欧共体，但是却接受了欧洲自由贸易联盟会成员国与欧洲共同体之间的自由贸易协定。这个协定为瑞士的出口工业提供了更好的进入欧洲市场的通道却无须触动国内政治经济体制。在瑞士国内，除了以詹姆斯·施瓦岑巴赫为首的右翼反对派，其他人都普遍表示支持。1972年，瑞士对是否通过该自由贸易协定进行了公投，公投结果为：支持加入自由协定的为72.5%，大幅度超越反对加入自由贸易协定的27.5%。瑞士正式通过这一双边自由贸易协定。从那时起，瑞士找到了一种加入欧洲一体化的实用主义的方法，既可以享受到经济利益，又不必承担任何政治责任。直到20

世纪 80 年代，瑞士与欧洲国家双边贸易协定的范围不断扩大，但仍无意寻求超越"半成员制"地位。

从《罗马条约》到单一欧洲法令的签订，也就是在 20 世纪 50 年代中期至 80 年代初，欧洲一体化的发展迎来了一个高峰。随着欧洲一体化大市场的形成，欧洲自由贸易联盟国家需要重新考虑其与欧共体之间的关系。1989 年，欧盟委员会主席雅克·德洛尔正式提出了建立欧洲自由经济区的设想，目的在于推动欧共体国家和欧洲自由贸易联盟国家建立更加紧密以及建立结构化的伙伴关系。瑞士政府开始对德洛尔的提案表现积极，因为此提议具备较大的经济利益且政治风险相对较小，十分符合瑞士一直坚持的实用主义路线。在瑞士少数人民党和绿党反对的情况下，参议院以多数票通过了该提案。然而瑞士政府始料未及的是：首先，欧洲自由经济区谈判是欧盟自由贸易联盟（EFTA）国家和欧洲共同体国家之间的一种多边谈判，国家必须作为一个整体谈判方出现，这和以往瑞士偏好的就个别部门进行有选择的双边谈判并不相同。同时，欧洲共同体也不会给予瑞士特殊的待遇；其次，欧洲经济区（EEA）协定没有给予瑞士等欧洲经济区国家未来在欧共体中共同决策的权利。因此，加入欧洲经济区被瑞士国内当作一次重大的外交失败。1991 年 9 月，瑞士政府开始积极采取新政策，转而谋求成为欧共体的成员。联邦委员会内部举行投票，最终以 4∶3 的结果通过了该决议。1992 年 5 月，瑞士、奥地利和瑞典一并提交了加入欧盟的申请。政府希望避开国内民众的阻碍先开始谈判。但显然，民众在加入欧洲共同体这件事上缺乏心理准备。在瑞士通过欧洲经济区协定的过程中，由于不少瑞士人把加入欧洲经济区当作加入欧洲共同体的前奏或与之完全混淆，导致在 1992 年 12 月 6 日的全民公投中对瑞士加入欧洲经济区的提案未被通过。公投的结果为 50.3%∶49.7%，反对加入欧洲经济区的人数超过 50%，瑞典 21 个省中由于 50.3% 的居民的反对否决了瑞士加入欧洲经济区。1992 年的公投总投票率高达 78.3%，是 1947 年以来瑞士国内参与率最高的一次。同时，在国内右翼势力大规模的抵制下，最终导致这次政策转向未获成功。

1992 年全民公决的结果完全终结了瑞士政府加入欧洲经济区的申请。

欧共体甚至欧洲经济区的成员资格都已成为瑞士人无法接受的选择。然而欧洲自由贸易联盟等其他国家纷纷通过加入欧洲经济区从而进入欧洲市场，瑞士将要面临的贸易歧视风险也大大提高。1993 年，联邦委员会报告声称，瑞士的安全和繁荣离不开国际和欧洲双方面的充分合作。此后，瑞士联邦委员会开始实施对欧双边战略，致力于在部门性的双边协议上和欧盟达成共识。这成为瑞士加入欧盟和维持现状之外的第三个选项，虽然双边战略在经济上不是长久之计，也难为瑞士增加欧盟内的政治发言权，但它是瑞士政府现实条件下维护自身利益的必要选择。瑞士和欧盟之间的双边谈判开展了两轮。首轮双边谈判开始于 1994 年 12 月，整个谈判耗费了 4 年时间，谈判的过程异常艰难。双方无法在道路交通和人员自由流动两个问题上达成共识。1999 年签署的《双边协议 I》涵盖七个不同的领域：一个一体化的协议（航空协议）、一个合作性协议（科学合作协议）以及五个契约方相互保证自由准入的协议（公共采购市场、农业、消除贸易的技术壁垒、陆上交通、人员自由流动），该协议正式生效于 2002 年。这一协议的签订使瑞士经历了较长的过渡期。例如，人员自由流动试点于 2006 年，直到 2013 年之后限制才完全放开。欧盟坚持打包各个领域的协议并附加了一个"断头条款"，这一"断头条款"主要表现为：各个领域的协议同时生效，如果其中一个领域的协议未能得到落实或被取消另一缔约方有权停止其他协议的措施。《双边协议 I》最终得到了 67.2% 的瑞士民众的支持。第二轮谈判的最终结果为，瑞典和欧盟于 2004 年签订《双边协议 II》。它涵盖了存款税、反欺诈、"申根都柏林协议"、农产品加工、统计、养老金、环境、媒体、青年教育和职业培训等九项双边协议。《双边协议 II》的最大亮点之一是瑞士加入了《申根都柏林协议》，而其他一些欧盟成员国尚未加入，但学术界仍然认为这是瑞士欧洲长期战略的一个简单延续：利用欧洲一体化但尽可能地减少其对国内和经济利益的影响。

上述 16 个由欧盟和瑞典签署的核心协议和 100 多个次级条款构成了瑞士与欧洲关系的基础，整体来看，这种瑞欧双边框架结构缺乏统一性和连贯性。双方的关系基于一套具体的部门特定协议，没有核心协调系统。这也是各方之间为减少承诺和最大限度利益而进行谈判的结果。其中，仅有航空协定和《申根协定》属于欧盟"条约一体化"范畴，其他协定更像传统国际条约。因此，瑞士与欧洲的关系被称为"部门双边主义"或"增强版双边主义"，具有明确的实用主义的特点。显然，对于瑞士来说，双边协议是为了弥补它不加入欧洲经济区和欧盟可能导致的经济损失，而不是它为未来加入欧盟做准备。瑞士的欧洲政策是"进入而不融入欧洲"，它可以与欧盟保持密切的关系，但也不能成为欧盟的一部分。

2. 主要内容

(1) 中立政策

截止到 2014 年，瑞士人口约 823.55 万人，总面积 41284 平方公里，从地理上看，瑞士位于欧洲腹地、心脏，与法国、德国、奥地利和意大利四个欧洲国家接壤。从进出口的角度来看，欧盟是瑞士进出口贸易中最重要的合作伙伴。到目前为止，瑞士年出口量约 45% 出口到欧盟国家，而在进口方面，瑞士进口额的 60% 均来自欧盟。从这个角度来看，瑞士和欧盟贸易往来已成为瑞士生存和发展的关键。

在 1815 年的维也纳欧洲会议上，瑞士被正式确立为永久中立，这使得作为永久中立国的瑞士可以免受外来势力的入侵，尤其是两次世界大战的破坏。但是，它还规定瑞士政府不得签署任何违反其中立性的多边国际协定。近年来，随着欧盟的统一和发展，其影响力不仅仅体现在一个经济实体的扩张，更重要的是朝着更加具有明显的政治立场和政治方向的区域组织方向发展。瑞士如果想要生存，就必须依靠欧盟发展经济，必须想办法在不同地区利用双边协议摆脱困境。为此，瑞士政府通过五年的不懈努力，终于在人员的自由流通，通过瑞士境内的国际运输、航空运输、农产品、科研、政府采购和贸易壁垒等 7 个经济贸易领域达成共识，签署了《双边协议 I》，并于 2002 年 6 月 1 日开始执行协议的第一阶段，第二阶段其他九项协议，也已于 2004 年 5 月形成草案。

瑞士能在政治上实施永久中立政策的原因主要与瑞士高度发达的经济有关。瑞士的政治政策与经济发展存在密切的联系。一方面，瑞士永久中立政策的实施为其国内主导产业的发展创造了坚实的发展环境。另一方面，瑞士国内产业的发展水平不断提高，竞争力不断提高，国内环境十分稳定，这在一定程度上促进了永久中立政策的巩固。例如，以保险、银行以及其他金融业为例，金融业对政治极度敏感，其发展对政治的稳定性要求非常苛刻。作为永久中立政策的国家，瑞士坚持在国际上尤其是战争的争端上保持严格的中立性，避免卷入国际争端，使得瑞士处于其他各国的纷争之外，国内环境的稳定大大提高了瑞士的信誉和金融业发展的可能，由于瑞士在国际市场的稳定性不可替代，瑞士吸引了全球各地的大量资金和人才，为瑞士金融业整体蓬勃发展做出了巨大贡献。作为世界上最大的离岸金融中心，瑞士的主要优势有三个方面：一是拥有更严格的安全机制，二是拥有世界领先的资产管理业务，三是拥有全球一流的高素质管理人才。

从资产规模上来看，瑞士银行业迄今管理的资产规模超过 3 万亿瑞士法郎，其中有一半以上的资产来自瑞士以外的国家。

从市场份额上来看，如果将银行业这个"大蛋糕"进行分割，瑞士银行业的份额可以占 35%，超过伦敦、纽约和法兰克福的市场份额。瑞士被认为是金融业国际资产管理的领导者。

从经济角度来看，瑞士银行业对瑞士国内生产总值的增长率超过 10%，从从业人士的角度来看，瑞士银行业从业人员占社会工作者的 35% 以上，银行业已经成为瑞士最重要的分支之一。

（2）自由贸易协定

瑞士服务贸易的外交关系基于以下两个重要支柱：1）在多边层面；2）瑞士的地区和双边贸易协定。这反映了国际经济关系的总体结构。

在多边一级方面，瑞士加入了世界贸易组织，并通过世界贸易组织与其他国家缔结了国际贸易协定。世界贸易组织（WTO）是世界上最大的贸易和经济组织，哈萨克斯坦于 2015 年 7 月成为世界贸易组织的成员，世贸组织目前已有 162 个成员单位。此外，世界尚未加入的其他国家和区域也正在积极申请加入。

在地区和双边贸易协定方面。实施欧洲一体化政策是瑞士地区贸易协

定的主要目的，瑞士实施的欧洲一体化政策是基于双边贸易协定，协议双方
分别是瑞士和欧洲自由贸易联盟（欧贸联）。根据瑞士贸易协定，瑞士可以
通过欧洲自由贸易联盟和其他欧洲国家之间的贸易协定继续扩大瑞典区域贸
易协定的范围。欧洲自由贸易联盟和欧盟的双边关系协定已经形成了欧洲自
由贸易区，其贸易量占全球贸易总额的 40% 以上。此外，欧洲自由贸易联
盟积极拓展与欧盟以外的其他国家的外贸关系，其中亚洲占 35.9%；美洲达
到 41.7%；其他地区占 22.4%。欧洲自由贸易联盟和美洲之间的贸易和贸易
一体化主要体现在：与墨西哥签署自由贸易协定并已生效；与加拿大和拉丁
美洲国家的合作已经开始。与此同时，在此基础上，瑞士对亚洲和非洲等国
家的自由贸易协定也陆续开始讨论。

　　近几年来，瑞士加快与欧盟以外国家的双边贸易谈判的进展，并与许
多国家签署了自由贸易协定。所有这些自由贸易协定的主要目的是为瑞士寻
求比瑞士服务贸易总协定（GATS）更为有利的条款。瑞士成为首个与日本
签署双边自由贸易协定的欧洲国家；2013 年瑞士完成了与中国的自由贸易
协议；未来瑞士还将继续与世界其他国家，如南方共同市场国家和其他潜在
合作伙伴积极对话，以促进未来的自由贸易谈判。

（二）瑞士模式可行性分析

（1）瑞士模式对瑞士的经济影响

　　从 2013 年瑞士市场发展来看，除了欧盟国家以外，其他与瑞士成为自
由贸易合作的伙伴，在贸易量上占到了瑞士 22.7% 的年出口总额。这个数
据相当于瑞士将其 51% 的货物通过与其他国家自由贸易协议出口到除欧盟
市场以外的全球市场，在此基础上，瑞士出口商进入了修改版本的瑞士出口
市场，该市场超过 2 亿消费者，市场的国内生产总值超过 2.2 万亿瑞士法郎。
在 1988 年至 2008 年的 20 年间，瑞士国际贸易市场（包括瑞士进出口市场）
的市场规模每年的增长率保持在 5.7%。瑞士这种模式的具体表现在，瑞士
对欧盟、拉丁美洲、亚太等许多区域的自由贸易协议逐渐生效后，瑞士和
其自由贸易伙伴，总体贸易量增长超过前四年，平均每年的增长率到 10%。

从另一个角度来看，瑞士自由贸易协议使瑞士节省了很多关税，直接给瑞士消费者和制造商带来了可观的收益，也为社会发展带来了回报。

（2）瑞士模式可行性分析

在瑞士模式中，英国虽然不是欧洲经济区（EEA）的成员，但是可以通过与欧盟的双边协议，允许英国进入特定领域的市场，从而使其能够进入欧洲的统一市场，例如，布鲁塞尔的樱桃采摘产业可能受到制约。没有关税壁垒的限制，但仍需缴纳预算分摊额，能对出口公司设置单边规则。英国将是这些所涵盖行业的规则的追随者，但是需要对自由贸易协定进行单独谈判。因此英国有可能选择瑞士模式，但这种模式可能不会对欧盟产生吸引力。

（三）应用瑞士模式的国家

与瑞士类似，实施中立政策的国家还有奥地利、瑞典、芬兰、爱尔兰、哥斯达黎加和土库曼斯坦。然而，在欧洲一体化的不断发展的背景下，这些国家逐渐转入与瑞士不同的其他路径。1973 年，爱尔兰加入欧洲共同体，1995 年，奥地利、瑞典和芬兰加入欧盟。

1. 奥地利

奥地利是一个非常小的国家，该国人口只有 700 多万，面积只有 8 万多平方公里，在地理位置上处于欧洲的心脏。从历史发展的角度看，奥地利是欧洲东西方向和南北方向的交通要枢，政治、经济、战争等战略地位极为重要。第二次世界大战之后，东西方关系紧张，美国和苏联的争夺愈发激烈，奥地利为了恢复和捍卫自己的主权独立，从而在外交决策上做出了奉行中立政策的决定。

1955 年，奥地利确定了自己的永久性中立。当时的社会背景主要是：二战结束之后，苏联、美国、英国以及法国四个二战战胜国占领了奥地利的首都维也纳。奥地利当时的联合政府是由几个主要政党联合组成的，从成立的那一刻起，奥地利一直致力于与四大国缔结合约，结束外国对于奥地利的占领，恢复奥地利的主权以及独立，但是由于二战后世界范围内战略资源的分配难度，苏联和美、英、法的谈判长时间处于僵持阶段。这一局面直到赫鲁晓夫上台之后，才出现了转机。为了结束几大国家占领奥地利的局面，重新获得本国的主权独立以及领土完整，奥地利发表声明，将永久性地实行中立。

由于苏联和美国领导的四个国家认同了奥地利的声明。1955 年 5 月 15 日，奥地利和苏联、美国领导的四个国家签署了《关于恢复独立和民主的奥地利的国家条约》，同年 7 月条约开始生效。1955 年 10 月 26 日，奥地利正式在国民议会通过了关于奥地利国家的永久中立的宪法，并宣布其内部和外部永久中立。这一法律的核心内容有：

1）为了永久捍卫自己的独立和领土主权，奥地利宣布永久中立。奥地利将竭尽所能地使用一切手段来保持和捍卫政治中立；

2）为了确保实现这些目标，奥地利将永远不会加入任何军事联盟，并永远不会允许外国在其领土上建立军事基地。

在冷战时期，奥地利国家非常重视本国与欧洲地区的联系。在地理位置方面，奥地利是与原来华沙公约组织的成员国直接领土接壤的西方国家，因此，在冷战时期，奥地利一直坚持同时与东西欧睦邻友好的政策。在同时与东西欧友好的情况下，西欧的经济一体化成立之后，奥地利随即就参与了西欧的经济一体化。1961 年，奥地利就已经提出了与欧共体联系的申请，但是直到 1972 年，经过长达十年的谈判之后，奥地利与欧共体之间的自由贸易协定才得以签订。在与西欧签订自由贸易协定的同时，奥地利还一直保持着与东欧各个国家的友好关系，同时对外宣布，具有不同经济和社会制度的国家也必须尽最大的能力实现合作。

冷战结束后，随着国际环境的变化，奥地利开始改变其永久中立的政策，多年来，奥地利政府开始积极寻求机会，融入到欧洲经济体。欧洲地区在冷战时期的主要结构表现为东西方对峙，在冷战结束以后，这一结构体系宣告解散，从政治以及外交等各方面来看，奥地利在国际上的话语权越来越小，同一时间，欧洲共同体在政治、经济方面的飞速发展让欧共体即将成为未来整个欧洲地区的主导力量，欧共体发挥的作用，不管是在欧洲还是世界范围内，都会越来越大。奥地利国家开始意识到，只有通过欧洲共同体，才能真正解决冷战后的奥地利所面临的安全问题，同时解决自身经济发展的问题，之后借助欧洲共同体的力量，才能保障本国的诸多利益不受侵犯，在此基础上，奥地利国家开始努力加入欧共体。

1989 年 7 月 17 日，当时的奥地利外交部长莫克向欧共体理事会主席提交了一份加入欧洲共同体的申请。奥地利在该次申请中提出了三点条款：① 加入欧共体之后，奥地利将继续保持奥的永久性中立地位；② 根据奥地利加入欧共体的条约，奥地利在成为欧共体正式成员之后，要能继续履行从奥地利本国的永久性中立地位派生出来的多项义务；③ 奥地利希望能够继续本国的永久中立政策，为欧洲乃至世界的和平和安全作出独特的贡献。然而，欧共体理事会不同意奥地利在加入欧共体的时所附加中立条款。

这次申请加入欧共体遭到拒绝使得奥地利意识到一个问题，冷战结束后，国际形势变幻莫测，奥地利的永久中立地位与目前整个欧洲格局的发展格格不入，并且一定程度上会成为未来经济、政治等多方面发展的阻碍。这在奥地利国内爆发了大讨论，关于奥地利是不是要继续坚持永久中立政策的讨论。1992 年，当时上台执政的社会民主党，这个党在 1991 年 6 月之前的前身为社会党，其在国内发表声明，提出一个全新概念：奥地利的独立不单是通过永久中立政策实现的，还需要通过其他的方面来保障这一政策，这方面就是同其他友好国家的团结互助和声援来实现的。在当时的社会环境下，奥地利需要用团结和声援两方面内容来补充国内的永久中立政策，并同时按照联合国的决议在国家范围内参与合作，这一概念与永久中立政策是一致的。尽管提出了这一概念，但是奥地利同时承认一点，越是在国际方面参与合作，其本身所谓的永久中立存在的意义就越小。在奥地利坚持原则加入欧盟的问题上，双方的谈判持续了很长时间，终于在 1993 年，双方设计了一个折中的办法：在坚持奥地利中立核心内容的前提下奥地利加入欧盟，这一核心内容就是：不加入军事同盟、禁止外国驻军和外国军事基地。这一合约达成后，奥就这一决议进行公投，公投结果显示，赞成方以多于反对方6.6% 的票数领先，奥地利在 1995 年 1 月 1 日正式加入欧盟，成为会员国。

2. 瑞典

(1) 中立阶段

瑞典位于纳维亚半岛，这一地区距离欧洲主大陆国家之间的战争和各种冲突较远：瑞典东面是芬兰，芬兰以外是传统强国俄罗斯；瑞典的西北地区在历史上长期受到相对弱小的挪威的控制，并长期占主导地位。在瑞典的东南和西南部主要是海峡，被波尔多湾、波罗的海和卡特加特海峡所分开，从而和欧洲大陆隔海相望。这种传统的意义上得天独厚的地理位置，意味着瑞典几乎不可能受到外部力量的影响和控制，对于该国的外交，瑞典有足够的独立性和自主性。值得一提的是，瑞典历史上一直拥有相对强大的军事力量，使其在历史长河中处于北欧地区的霸主地位，能够让对手屈服，诸多因素让瑞典赢得了大陆国家足够的尊重。另一方面，从国内来看，瑞典是"共识政治"的典范，在外交上坚守"不结盟"和"永久中立"的政策在其国内得到了广泛的支持。

除了战略和外交，从经济发展来看，瑞典和其他北欧国家奉行同样的政策，即促进自由贸易，在这种政策下，国家往往更倾向于通过政府间的合作达成一致的外交和安全政策，而非通过超国家一体化的方式来实现这一目标。在英国提出在欧洲建立欧洲自由贸易联盟（EFTA）后，瑞典正在酝酿建立一个规模相对有限的"斯堪的纳维亚关税同盟"。几经权衡之下，瑞典放弃了这一计划，并决定加入英国提议的"欧洲自由贸易联盟"。通过对比可以很明显地看出来，在当时欧洲共同体对外部越来越封闭的情况下，覆盖范围更加广阔的欧洲自由贸易联盟在各方面更加符合瑞典当时的国情发展，更加符合瑞典的传统贸易政策，这一政策就是在广泛的范围内，实现较少贸易合作壁垒的框架结构。在这一背景下，1960 年，斯堪的纳维亚三国以及英国、奥地利、葡萄牙、瑞士七个国家共同缔结了欧洲自由贸易联盟这一合约。

1961 年，英国、爱尔兰、丹麦以及挪威等国家申请加入欧洲共同体，在这样的背景下，瑞典政府面对的是自己国内的工业、农业等产品可以自由地进出欧洲共同体的大市场诱惑，此时，瑞典政府再一次重申了瑞典国家将继续保持中立主义的立场，瑞典同时指出，如果瑞典加入了欧共体，将会对瑞典奉行的中立主义政策产生极大的消极影响，进而削弱其在外交方面的影响力，削弱瑞典国家和政府在国际上的公信力，综上所述，瑞典为了维护其自身不结盟的长期政策，毅然拒绝为了获取巨大的经济利益而加入欧共体。同时，瑞典国内为了弥补在欧共体这一政策上的损失，在同一时间内，瑞典、挪威、芬兰等三国一起与欧共体签订了有关工业品自由贸易的双边协定，这一协定主要在两个方面保护瑞典：一是可以让瑞典在欧共体逐渐壮大的同时保持与欧共体的稳定贸易；二是可以保护瑞典免于欧共体在政治、经济等领域的决策限制。

（2）加入欧盟阶段

1990 年，苏、美冷战结束，跟其他保持中立的国家一样，冷战的结束使得瑞典也开始再次考量自身在全新的欧洲乃至世界中所处的位置。冷战结束同年，瑞典遭遇一次经济大衰退，并且瑞典国内的一系列社会问题开始爆发。根据当时的记录，经济危机爆发第二年，瑞典通胀率上升到 10%，失业率大幅上升到 3%—4%。1990 年 10 月，为应对这一经济危机，瑞典政府宣布，第二年将减少 150 亿克朗预算，同时削减社会健康津贴和精简政府部门。在社会问题的频频出现和经济危机的压迫下，国内国外都开始质疑瑞典的发展模式，这一模式究竟是对是错。

在此背景下还有一点值得注意的是，当时的瑞典社会福利标准远高于欧盟国家的整体水平，如果瑞典加入欧盟，开始一体化进程，与欧盟其他国家采取相同的社会政策，就意味着瑞典可以极为合理并合法地减少政府的财政公共支出，减少社会福利的再分配，将福利分配的一部分担子交给社会分配，瑞典可以由福利国家向福利社会转变。另一方面来看，尽管欧洲经济区协定规定对欧洲自由贸易联盟国家放开单一的市场，让欧洲自由贸易联盟国家的产品可以更加自由地进到欧洲经济区的国家，但是对以瑞典为首的一部分大程度依赖共同市场的国家来说，它们还是不可以参与到横向和纵向更加深化的一体化的规则制定。从这个角度来看，瑞典只有成为欧盟的成员国家，才能够在欧洲的整体发展中维护自身利益，这是无奈也是一个必需的选择。在多方面因素的综合影响下，瑞典做出决定，向欧共体迈出步伐。

1991 年，瑞典政府提交加入欧共体的申请。三年后，也就是 1994 年，瑞典国家内部对加入欧盟进行全民公投，并且公投结果为赞成加入欧共体。1995 年，瑞典成为欧盟成员国。

3. 爱尔兰

从现实发展的角度来看，爱尔兰是一个高等收入国家，一个高等收入的资本主义国家，爱尔兰保持政治永久中立，爱尔兰是欧盟成员国、经济合作与发展组织成员国、世界贸易组织成员国、联合国成员国。在历史发展过程中，爱尔兰主要是一个以农牧为主的国家，素称"欧洲庄园"。从 20 世纪 80 年代开始，在大经济环境背景和发展之下，软件、生物工程等高科技产业的扩张极大地拉动了爱尔兰的国民经济的发展。同时，稳定的国内政策以及优美的环境，经济的良性发展等构建了爱尔兰良好的投资环境，较大地吸引了外资的入驻，通过自身的变革成功实现了将爱尔兰由农牧发展经济向知识驱动经济的大跨越。爱尔兰在实现了经济驱动的转型之后，从 1995 年迎来了自身经济的超高速发展，一度跃升为经合组织中经济增长速度最快的国家，被称为"欧洲小虎"。同时，爱尔兰的服务业非常发达。值得一提的是，不同于其他国家，爱尔兰自从成立以来，对外政策就始终奉行中立的政策。

1922 年，爱尔兰的自由邦成立，此后，爱尔兰对外政策就始终坚守一个目标：在追求本国独立统一的基础之上，积极寻求国际认同。在爱尔兰从建立到追求独立再到迈向世界的这个过程中，爱尔兰始终把永久中立的政策摆在最重要的位置。1939 年 9 月德国闪击波兰，二战爆发，爱尔兰随即宣布外交政治中立的政策，这一政策也让爱尔兰成为英联邦中唯一没有参与二战的国家。

早在 20 世纪 40 年代末，爱尔兰就已经逐渐向欧洲靠拢。在当时的国际形势下，英国与爱尔兰具有独特的经济联系，英国若没有加入欧共体，爱尔兰的加入也是妄谈。这一情况一直延续到 1961 年，1961 年英国对欧共体提出了申请，同年，爱尔兰向欧共体递交了申请。由于法国否决了英国的申请，爱尔兰也被挡在了欧共体的大门之外。

爱尔兰申请加入欧共体主要出于两方面的考虑：第一，经济考虑。欧共体能够为爱尔兰提供更广阔的市场，从而推动爱尔兰的出口；此外，欧共体在地区经济政策的各项财政支持，能够有效地帮助爱尔兰增强经济实力，借以缩短与西欧其他先进国家的差距。第二，借助欧共体这个平台扩大对外交往，摆脱严重依赖英国的状况，进一步增强爱尔兰本国经济的独立性。

在多方博弈之下，1973 年，爱尔兰最终加入欧共体。加入欧共体直接影响了爱尔兰的经济外交以及社会外交，对爱尔兰产生了极为重要的影响。爱尔兰经济对外依赖程度很高，但其对外贸易过去几年几乎完全针对英国市场。加入欧盟后，由于欧盟地区经济政策的扶持和援助，爱尔兰商品可以毫无障碍地进入欧洲市场，其对外经济关系更为平衡和多元化。随着入盟进程的不断加深，爱尔兰的最主要贸易伙伴完全成为欧盟的诸多成员国：根据 2004 年的数据显示，除英国之外，爱尔兰与欧盟国家的贸易总额达到了490.69 亿欧元，占爱尔兰地区外贸总额的 36.62%。总之，以欧盟成员国身份可以使爱尔兰得以受到欧盟地区经济政策的影响，促进了爱尔兰一系列领域的快速进步，包括农业、工业和服务业的发展。尤其是共同农业政策提高了爱尔兰的农业生产率，为其农产品提供了新的市场，来自共同农业政策的农业补贴和价格支持也使农民获益匪浅。

（四）瑞士模式政策调整

欧洲自由贸易联盟（European Free Trade Association，EFTA）别称为小自由贸易区、七国集团、七国联盟等，七国主要指的是英国、瑞典、挪威、瑞士、奥地利、丹麦和葡萄牙。为了进一步抵御欧洲经济共同体，以英国等为代表的七个国家在 1960 年 1 月 4 日签订了《建立欧洲自由贸易公约》，同年 5 月 3 日，这一公约宣告成立，欧洲自由贸易联盟正式建立，同时联盟将瑞士日内瓦设为总部。在七国区域内，所有成员国可以实现工业品的自由贸易，另外在七国之间扩大农产品贸易；一定程度上保障所有成员国的贸易在公平竞争的状态下进行；发展、扩大贸易规模，并且逐步取消七国贸易壁垒。这是"欧洲自由贸易联盟"的宗旨。同时联盟规定其主要任务是：逐步消除成员国之间工业品关税和其他贸易壁垒，实现"自由贸易"；在七国联盟之外，各国可以对其他国家的工业品继续制定保持不同的关税率；扩大农产品的贸易；不谋求任何形式的欧洲政治一体化。由于欧洲自由贸易联盟的实力不及欧共体，英国于1972年底退出了"欧洲自由贸易联盟"，加入了欧共体，其余成员国也纷纷与欧共体国家签署建立自由贸易区的协定。

英国脱欧之后，瑞士与欧盟之间签署的双边协议将不再适用于英国与瑞士。英国与瑞士曾经同属欧洲自由贸易联盟成员国，且英国曾经参与组建了欧洲自由贸易联盟，因此脱欧之后英国有可能重新加入到欧洲自由贸易联盟，瑞士需要与英国签署新的自由贸易协定。由于长期以来瑞士都保持中立政策，因此英国脱欧之后，英国与瑞士双方的贸易关系总体变化不大。

二、挪威模式分析

（一）挪威模式内容分析

1. 欧洲经济区简介

欧洲经济区（European Economic Area, EEA）成立于1994年1月1日，欧洲经济区是由欧共体12个国家加上欧洲自由贸易联盟7个国家中的奥地利、芬兰、冰岛、挪威和瑞典5个国家一起组成的，欧洲经济区是依照《欧洲经济区域协定》而成立的区域性经济联合体。从大环境的影响方面来说，欧洲经济区的出现改变了欧共体和七国联盟错综复杂的关系，另一方面，对西欧地区的联合以及世界经济的发展产生了极为重要的影响。

《欧洲经济区域协定》的核心内容主要有：

1）自 1994 年 1 月 1 日起，欧洲经济区各个成员国之间实行商品、人员、资本和劳务的自由流通，成员国互相联合起来形成一个从北冰洋到地中海，地域涵盖 17 国，人口超过 3.7 亿的迄今世界最大的自由贸易区。在经济区内，各个国家之间取消贸易关税和配额，劳动者可以完全自由选择就业国家和地区，银行业、保险业、通信服务业等均可以跨国运行。

2）欧洲经济区的运行基于欧共体统一大市场的法律体系，其成员国需要在 1 年的时间内，将欧共体有关自由贸易、竞争政策、企业法规、技术标准、社会政策以及环境和消费者保护等方面和 1500 余项法律转变为本国法律，并付诸执行。但在某些暂不具备条件的领域，可在一定过渡期内享有所谓"例外权"。

3）两大集团暂时各自保留现行的农业政策，但逐步开放彼此间农产品市场。

4）联盟国家同意每年拿出 24 亿美元作为"协调发展基金"，以贷款和赠款的形式提供给西班牙、葡萄牙、希腊、爱尔兰等欠发达成员国，主要用来援助这些国家的经济发展和社会稳定，不断缩小经济区各个成员国之间的经济差异。

5）欧共体和欧洲贸易联合体（简称欧贸体），即所有成员国共同组成联合部长理事会、司法院，这将作为欧洲经济体的最高决策机构、仲裁机构。

表 4-1　《欧洲经济区域协定》主要内容

类别	主要内容
商品	完全取消关税；禁止数量上的限制；以采用欧洲经济区作为产地为目的，改进原产地的规定；防止欧洲经济区各国之间以国家对商业的垄断作为购买和推销商品的条件，实行各种反歧视的做法；在一定条件下，欧洲经济区内部采取使用反倾销措施；取消商品贸易上的技术障碍；建立公共采购的共同市场；简化对已加工农产品贸易的各项手续。

类别	主要内容
人员	欧洲经济区将为工人和个体劳动者提供新的就业机会。在报酬等其他工作条件方面，将不会以国籍为理由给予不公平的待遇。欧洲经济区的公民将可自由流动。在该区任何地方可谋职和就职。在社会保障方面，在各国不同制度协调一致的原则下将使所有工人（不管他们原来属于欧洲经济区哪个国家）都可享有无差别和连续不断的社会保障。该协定明确承认设置机构的自由。这就意味着，欧洲经济区内任何国家的国民都有权开设公司、代办处、分支机构等，并作为个体劳动者在欧洲经济区的任何地方进行各种业务活动。在整个欧洲经济区内授予的学位和证书均有效，并鼓励学生们到他们本国以外的地方去学习、接受训练和进行研究工作。
服务	该协定保证在无差别对待的基础上自由提供各种服务，因为签约国均已保证要像对待其本国公民的那样对待欧洲经济区所有各国的人民。特别是关于金融服务业，"单一许可证"原则将适用于整个欧洲经济区的信贷机构，"本国控制"原则使本国对国内信贷机构的各项业务活动进行监督负责（它们在欧洲经济区内任何地方进行的活动）。
资本	该协定对资本转移、跨境投资和贷款等规定了一套全面的、消除歧视的框架。它不仅规定取消直接影响资本转移的外汇管制，还规定取消其他间接障碍。本国的资本流动规则将同样适用于外国居民和侨民。至于渔业部门的投资和设施，将允许挪威和冰岛保留其国内现行立法。
竞争	在欧洲经济区内建立平等的竞争条件是优先考虑的目标。这将通过欧共体现行规定的协定内容和通过实行有效的监督制度来实现；其中欧洲自由贸易联盟的国家将建立与欧共体机构相同的机构。实际上，这就是说建立欧洲自由贸易联盟监督机构，负责监督该联盟国家实行欧洲经济区规定的情况，而欧洲自由贸易联盟法院将负责司法管理。为防止公司之间签订反竞争协议、通过有影响力的企业和国家的帮助整治滥用统治地位搞乱市场经营，欧共体已制定了严格的竞争规则，同时还制定监督法规，这会减少欧共体内部竞争的大规模的并吞。欧洲自由贸易联盟国家实行类似的规则，再辅以适当的监督和有力的机制，将有助于在欧洲经济区内保证"同样的竞赛场地"。

欧洲经济区建立的主要根据是四大自由，即货物可在欧洲经济区自由流动、人员可在欧洲经济区自由流动、服务可在欧洲经济区自由流动、资金可在欧洲经济区自由流动，即四大自由，同时这也是欧盟积极倡导的。欧洲经济区成立之后，在遵守欧盟地区法律的情况下，欧洲经济区的各成员国能够顺利实现与欧盟各成员国之间的自由贸易。除贸易方面，从决策影响来看：在欧盟的决策过程中，受欧洲经济区各成员的影响较小，同时欧洲

经济区的各成员国不需要额外承担欧盟运行过程中的相关开支，除了对欧洲联盟而产生的开支。同时，值得注意的是欧洲经济体和欧盟的相对差异化，在欧洲经济区中的一部分成员是非欧盟成员，为了欧洲地区发展的一体化进程加深，这部分成员同意在欧洲经济区制定与欧盟相似的法律，法律主要包括五个方面，分别是：社会政策、环境、审计、公司法、消费者保障。另外，欧洲经济区中的三个成员，在欧洲的议会、委员会、欧盟等机构中均无代表。

在确定欧洲经济区的成立的背景下，为了对欧洲经济区各成员国实行有效的管理，各成员国协议建立了若干个机构，主要包括：

1）欧洲经济区理事会，由各成员国的部长组成，负责制订经济区政治指导原则、监督联合委员会的工作，一年至少召集两次。

2）欧洲经济区联合委员会，负责经济区的日常工作，由欧共体的代表和五个欧贸联国家各一名代表组成。联合委员会的重要工作是通过采纳欧共体有关新法规以确保经济区的同质性，联合委员会的所有决策都通过欧共体和欧贸联国家的共识而达成。

3）欧洲经济区咨询委员会，该会由 60 名代表组成，该咨询委员会主要负责向联合委员会提交报告和意见书。

4）欧洲经济区议员委员会，由欧贸联议会和欧洲议会各 3 名代表组成，可以向联合委员会提出建议和意见书。欧洲经济区的执法监督是基于一种"两极结构"，即欧共体和欧贸联各自负责对本组织成员国的监督管理。为此，欧贸联设置了两个新机构：欧贸联监督局和欧贸联法院；建立了一个新的委员会：欧贸联常务委员会；同时赋予欧贸联秘书处有关的新职能。

5）欧贸联监督局，负责确保欧贸联国家履行欧洲经济区协议的义务，其职能类似于欧共体执委会，尤其是在竞争、政府援助和公共采纳等领域。监督局有权对侵犯欧洲经济区协议的行为进行调查，并进行相应的处罚。监督局由 5 个欧贸联国家各一名代表组成独立的委员会，设在布鲁塞尔，拥有约 100 名雇员。

6）欧贸联法院，负责处理监督程序中的有关案例以及对监督局决策的申诉，也可就欧贸联国家间的纠纷进行仲裁。法院由五个欧贸联国家各派一名法官组成，此机构设在日内瓦。

7）欧贸联常务委员会，是欧贸联国家就有关经济区问题在联合委员会会议前进行合作协商的论坛，由五个欧贸联国家各派一名代表组成。决策由共识达成，仅在几个有限的领域内可以采用多数表决制。同时，为制衡需要，在常务委员会下同时分设另外五个分委员会。

8）欧贸联秘书处，为欧洲经济区理事会、联合委员会、欧贸联常务委员会提供服务，主要是涉及新法规的制订。

2. 挪威模式（EEA）

挪威模式即欧洲经济区模式（EEA 模式）。在挪威的历史发展进程中，挪威曾分别被丹麦和瑞典等国统治，在非自主的情况下被迫组建所谓的"卡尔玛联盟"和"瑞典—挪威联盟"，受历史发展影响，挪威的普通民众对于"联盟"的整体印象较差。另一方面，挪威地区具有丰富的油气资源以及渔业资源，这一得天独厚的优势让挪威不愿意与其他北海的欧盟国家共享。在多方因素的影响之下，挪威尽管在 1972 年和 1994 年递交过加入欧盟公投的申请，但是都没有通过。入欧盟进程严重受阻，经济发展乏力，在这一背景下，挪威、瑞典、芬兰、冰岛以及奥地利四个国家联合起来共同与欧盟的12 个成员国达成协议，协议声明，16 国将共同组建欧洲经济区。

欧盟与挪威等四国共同签署的这一份协议直接改变了欧贸联和欧共体错综复杂的关系，直接促进了欧洲经济体以及各成员国经济的飞速发展，现在回头看来，正是这一组织的成立，形成了如今不论是经济、政治、军事等各方面都实力雄厚的欧洲统一市场。欧洲经济区共 30 名成员国，在发展过程中，瑞典、奥地利和芬兰等纷纷脱离欧贸联，加入了欧盟。到现在为止，欧贸联的成员国还有四个，其中只有瑞士以与欧盟的贸易双边协议而加入了欧洲单一市场，另外的三个成员国都已经成为《欧洲经济区协定》（European Economic Area Agreement）的合约国，都成为欧洲经济区的成员。回头来看，《欧洲经济区协定》是挪威签订过的规模最大、涉及面最广的国际性协议，对挪威的发展具有举足轻重的地位。

通过上面的介绍我们得知，欧洲经济区发展的基石是四大自由，分别是服务、人员、资本和货物的自由，为了欧洲区的一体化更加深化，连欧洲经济区的法律制定都是参照欧盟法律而制定的，在除贸易和法律之外，欧洲经济区对于成员国之间社会范畴的一部分事物也有一定的规定，欧洲经济区内的活动主要是由欧洲自由贸易联盟监察委员会（EFTA Surveillance Authority）及欧洲自由贸易联盟法院（EFTA Court）管理。

从某种程度上来说，欧洲经济体的成员国其实相当于欧盟成员国的身份，在挪威正式加入欧洲经济区之后，自然而然地，挪威获得了与其他诸多欧盟成员国无差异化的地位和权益。在无差异化的地位和权益背后，我们可以看到的是，挪威在这一框架之内，享受了其他成员国不具备的单一市场待遇。遵从欧盟体系下的四大自由，对挪威同样适用，在此基础上，挪威实现了保证农业、渔业、司法以及内务等方面不受欧盟的影响。通过经济以及社会的发展，从进出口数据表现来看，挪威出口的八成都在欧盟，同时进口方面吸收欧盟的进口也占到全国的六成。挪威民众从一开始担心的渔业以及油气资源分享的问题也得到了解决，在共同协议中，挪威海域不受欧盟"共同渔业政策"规定的各种限制和影响，挪威可以在本国地区专享一部分海域的渔业资源，同时还可以国内设定渔业捞捕的配置额度。

从义务上看，挪威与其他欧盟成员国一样，也需要履行相应的义务，并且要严格遵守欧盟制定的各项法律。从这个角度来看，欧洲经济体以及欧盟已经不局限于实现经济上的一体化了，对于欧盟和欧洲经济体这样一个大的集合体来说，想要实现真正的一体化发展，达成局部和整体的综合发展，各成员国就必须遵循一定的章法，同样，从挪威的角度来看，为了自身利益的最大化以及欧盟地区整体的经济发展，挪威也必须接受相应的欧盟法律法规以及社会各方面政策。在这一背景下，挪威已经渐渐脱离了与欧贸联时期一样的单纯的经济领域合作，已经实现了在法律、社会等多项领域的突破，挪威也慢慢开始接受了欧盟的多种内部标准和要求。

（二）挪威模式可行性分析

从某种程度上来说，挪威是个"神奇"的国家，这个处于北欧地区的小国家从来没有加入欧盟，但是却能够享受到欧盟这一联合体的绝大部分福利。同时，在英国脱欧之前，英国国内"脱欧派"一直将挪威这一国家作为英国脱欧之后发展的理想蓝本。在挪威的独特模式下，挪威为非欧盟成员国，但是却可以加入欧洲经济区。加入欧洲经济区之后，挪威可以继续享受欧盟单一市场待遇，可以实现人员、货物、服务和资本的自由流动，这对挪威的经济发展来说无疑将会起到巨大的推动作用。同时，挪威作为非欧盟成员国也无须分摊欧盟相关的开支。

但是，加入欧洲经济区意味着挪威没有实行独立贸易协定的特权，必须采用欧盟标准和法律法规，在法律制定中没有发言权。而且照样分摊预算，对欧盟的预算做出了实质性贡献，也承担开放边境和接纳移民的责任，并允许劳工跨境自由流通，然而，这些仍存在的要求其实正是导致英国脱欧的部分原因。因此，挪威模式并没有从实质上解决英国与欧盟之间的核心政治问题。总体来看，挪威模式并不适合英国。

（三）采用挪威模式的国家

从组织构成来看，欧洲经济区主要由两部分，一部分包括整个欧盟地区；另一部分是欧贸联四成员国中的三个（瑞士除外）。从这个角度来看，挪威模式应用的其他国家分别是列支敦士登和冰岛。

1. 列支敦士登

列支敦士登从地理位置上来看，位于欧洲中部，并且在瑞士和奥地利之间，世界上只有两个双重内陆国，列支敦士登是其中一个。列支敦士登国土面积为160.5平方公里，整个国家只有西面三分之一的面积处于河谷，其他地区都属于山地地区。国家总人口为3万多人，列支敦士登奉行政治上永久中立、依附瑞士、根据本国利益积极参与国际活动三大外交政策。1995年，列支敦士登加入欧洲经济区。

2. 冰岛

冰岛是一个岛国，位于北大西洋，具体处在大西洋、北冰洋交汇地界。是北欧地区五个国家之一。冰岛国家的国土面积为 10.3 万平方千米，到 2016 年人口约为 33 万人，在整个欧洲地区来说，是人口密度最小的一个国家。冰岛由于紧邻海洋，因此冰岛的海洋经济支撑起了冰岛的整个经济发展水平。从进出口情况来看，整个冰岛出口总量的 60% 都来源于渔业，冰岛渔业的总产值占国家 GDP 的比例超过了 8%，冰岛渔业的大部分产品都用来出口。1992 年，冰岛顺利进入欧洲经济区。

（四）挪威模式政策调整

在欧洲经济区内，挪威享受欧盟单一市场待遇，同样享受欧盟的四大自由流动，即人员自由流动、货物自由流动、服务自由流动和资本自由流动。英国脱欧之后，原先通过欧盟建立的单一市场贸易机制将不再适用于英国与挪威，两国间人员、货物、服务和资本的自由流动将受到影响。在与欧盟的矛盾纠葛中，英国一直非常重视其自身的主权，因此英国脱欧之后将不会采取挪威模式，这就意味着挪威对英国的贸易政策需要作出相应的调整，双方极大可能需要签署新的双边贸易协定。

三、土耳其模式分析

（一）土耳其模式内容分析

1. 历史沿革

（1）冷战时期

到现在为止，土耳其已经是欧盟的一员，根据历史发展的角度来看，土耳其和欧盟的渊源最早可以追溯到 1963 年，1963 年土耳其与欧共体（EEC）就曾签订过联合协定。双方在签订的协定中规定：欧共体给予土耳其联盟国的地位，并且为土耳其在未来能够加入共同体打开了大门，并且在未加入欧共体之前，从 1980 年开始可以在欧共体成员国内自由迁徙。在欧共体和土耳其签订协议的五年内，双方协议取消贸易关税壁垒。区别于其他国家的联系方式，土耳其与欧盟的联系是以法律形式确定的。1987 年，土耳其正式申请加入欧盟，但是这一申请遭到欧盟给的拒绝，拒绝的理由为：土耳其的整体经济发展较为落后，而且土耳其民主发展不健全，根本无法对公民的有效政治权利进行保障，另一方面，土耳其的失业率居高不下，大量失业人员会直接冲击欧共体的市场，社会稳定方面，社会发展遗留的与希腊的塞浦路斯民族的各种争端还没有解决等。

（2）冷战之后

1993 年 11 月，《马斯特里赫特条约》生效，从官方角度，欧盟正式代替了欧共休。在欧盟成立的最初时间里，欧盟主要是向东进行扩充，欧盟开始加快推进整个欧洲地区的和平和统一。早期时候，欧盟的整个战略眼光放在东欧等国家，这一趋势被发生在欧洲的新的安全问题所阻碍，安全问题爆发最严重的地区主要是与宗教以及民族主义相关的地区，宗教纷争以及民族主义矛盾引发的局部冲突和地区危机不断爆发，严重影响欧盟地区的经济发展。欧盟逐渐开始意识到，欧盟想要实现经济、政治等各方面长远的发展，维持整个欧洲以及欧洲周边地区的稳定具有至关重要的作用，欧洲想要实现长久的发展，就必须肩负起不仅欧洲，还有欧洲附近的更广阔地域范围内的地缘安全问题。在这个大背景之下，土耳其的作用显现出来，土耳其对于整个欧盟的安全维持整体战略具有极为关键的作用。

在土耳其和欧盟在政治、经济以及安全利益等各方面有统一利益诉求的背景下，欧盟与土耳其正式达成双边协议，双方在 1996 年签订了关税同盟协议。这一协议成功将土耳其与欧盟的利益紧密联系在一起，这一层紧密关系仅次于当时的冰岛、挪威和瑞士三个国家。欧盟很好地帮助土耳其渡过经济难关以及帮助土耳其解决社会问题，同样地，欧盟地区的企业也成功获得了土耳其 6500 多万人的广阔的市场。土耳其和欧盟的关税同盟奠定了在此之后时间内土耳其顺利加入欧盟的基础。

土耳其已经与欧盟签订关税同盟，何时加入欧盟只是时间问题和安全问题，在安全问题得到处理的情况下，时间问题也就不再是问题，仅在土耳其与欧盟签订关税同盟的三年时间内，土耳其与希腊的安全问题就开始逐渐放缓，两国关系开始回暖，同时在欧盟范围内，对于土耳其进入欧盟，希腊也不再继续投反对票。1999年12月，欧盟在赫尔辛基峰会上给予了土耳其可以加入欧盟的候选资格，此后，土耳其和欧盟之间的各方关系宣布全面缓和。只要土耳其达到欧盟实现加入欧盟的国家指标，土耳其就可以直接宣布加入欧盟。这一决定相当于给了土耳其一条通向前方的康庄大道，只要土耳其可以顺利走到这条路的起点，欧盟就能带着他一路走下去，在这一环境下，土耳其开始进行国内的一系列改革，包括政治、经济、社会等多方面，主要的领域还包括了军民关系、社会文化权利、社会司法体系、经济环境以及极为关键的塞浦路斯问题。

2. 主要内容

土耳其模式又可称为关税同盟模式。关税同盟主要是指：两个或者两个以上的国家签署相关协议，两国共同建立一个统一的关境，在这个统一确定的关境之内，两个签署协议的国家彼此之间可以减少削减关税或者直接取消关税，在关境以外的国家和地区的商品进口方面，协议双方实行同样的税率以及实行同样的外贸政策，关税同盟这一概念最早源于欧洲地区，是欧洲经济一体化最主要的表现形式之一。

关税同盟（Customs Union）最主要的作用是让关税同盟的各成员国之间消除相关关税或者其他的政策之类的各种壁垒。同时，关税同盟不仅对成员国有影响，还对订立同盟的非成员国有较大的影响力，它可以调节贸易政策从而起到对非成员国贸易的调节，比如制定共同关税率。从本质上来说，关税同盟是国家与国家之间就双方或多方的关税问题所订立的双边或者多边协议。关税同盟协议最主要也是最本质的内容就是降低甚至消除合约各方国家外贸交易的关税，相当于从整体上取消同盟各成员国之间的关境的限制，完全实现所有成员国之间的商品货物等自由流通，在物品流通上将各成员国打造成一个整体。在尚未完全实现零关境的情况前，协调各个合约国家之间的相互关税税率，针对非成员国的情况，欧洲同盟制定适用于所有同盟国的统一关税，同时建立所有成员国共同的对外关境，在外贸上强化所有同盟内成员国的竞争能力。为了这一目标的实现，协议往往还会提及各地区对相互间贸易有限制作用的配额情况。

尽管关税同盟的定义是统一的，不同国家之间建立关税同盟的形势差异也不是很大，但是从同盟的角度来说，目的就有较大的差异，主要分为两个方面：分别是发展中国家之间相互结盟和发达国家之间相互结盟，这二者的性质差异体现在目的上，发展中国家的关税同盟从根本上是防御性的，为了保护本国的贸易；而发达国家的关税同盟是具有侵略性的，最终目的是为了盟约内的各个成员国在全球范围的贸易战争中处于相对有利的位置上。

关税同盟的主要特征是消除成员国之间的贸易壁垒和一致的对外关税。简言之，关税同盟的成员除了同意消除对方的贸易壁垒外，还在同盟的领导下采取一致的外国关税和贸易政策。GATT 对关税同盟有明确规定，如果关税同盟没有直接建立，需要各个成员国之间相互磨合最终才能完成的情况下，各个成员国在限定的 10 年内完成关税同盟。

（二）土耳其模式可行性分析

土耳其模式下，英国将不用分摊欧盟预算，也有了加强控制移民的特权，但是需要采用许多欧盟现有的产品市场准则，借以消除内部关税壁垒，然而关税联盟所能覆盖的行业却不完整。此外，英国还将被要求实行欧盟外部关税，不能对第三方产生影响或者实行有担保的准入。因此，土耳其模式是对欧盟的一种妥协，这对于英国政府来说显得更为糟糕。

（三）采用土耳其模式的国家

土耳其模式的典型应用国家主要有三个，分别是马其顿、阿尔巴尼亚和塞尔维亚。

1. 马其顿

马其顿共和国是一个内陆国，位于东南欧的巴尔干半岛南部，东临保加利亚，北临塞尔维亚，西临阿尔巴尼亚，南临希腊。马其顿是一个多民族的发展中国家。马其顿共和国于 1993 年独立，独立之后，马其顿国家在经济、政治、文化、社会管理等都慢慢走上了自由自主发展的道路，国家的发展各方面都取得了较为显著的发展成果。

在加入欧盟之前，马其顿国家的对外政策方面，国家的最优先目标就是加入欧盟，尽全力发展跟欧盟成员国的关系。1997 年 4 月，马其顿共和国和欧盟双方正式签订了经贸合作协定。三年后的同月，马其顿共和国和欧盟签订了《稳定和联系条约》，在巴尔干国家中，马其顿共和国是第一个签订该条约的国家。随着时间的推移，在 2005 年的 12 月 17 日，欧盟正式给予马其顿候选国的地位。

2. 阿尔巴尼亚

从地理位置来看，阿尔巴尼亚地处欧洲东南部，同时位于巴尔干半岛西南。阿尔巴尼亚和意大利隔海相望，中间为亚得里亚海和奥特朗托海峡。从南面来看，阿尔巴尼亚与希腊相邻，东面紧邻着马其顿共和国，阿尔巴尼亚的东北地区是塞尔维亚，北部地区跟黑山共和国相连。从人口和经济方面来看，人口数量超过 300 万人，人均 GDP 超过了 4000 美元。

一直以来，阿尔巴尼亚共和国非常希望加入欧盟。2009 年 4 月 28 日，阿尔巴尼亚总理贝里沙正式提交了阿尔巴尼亚加入欧盟的申请；2014 年 6 月，阿尔巴尼亚成为欧盟候选国。

3. 塞尔维亚

塞尔维亚是一个内陆国，国家位于欧洲的东南部。整个国家包含科索沃在内的国土面积约为 88361 平方公里，整个国家人口数量在 2014 年就超过了 710 万。从地理位置来看，塞尔维亚接触的国家主要包括黑山、波斯尼亚、黑塞哥维那、克罗地亚、匈牙利、罗马尼亚、保加利亚、马其顿共和国以及阿尔巴尼亚等地区。从国家的经济发展方向来看，塞尔维亚的经济发展是以服务业为主的，根据过往数据显示，塞尔维亚服务业的产值占整个国家产值的 60% 以上。

2009 年 12 月，塞尔维亚对欧盟提出申请，申请加入欧盟为成员国。在

2009 年之前的较长时间内，塞尔维亚始终在申请加入欧盟，而欧盟方面也为塞尔维亚创造了入盟的条件，在诸多条件中，至关重要的一点就是塞尔维亚国家必须在政治上承认科索沃地区的独立地位，并且实现与该地区的关系正常化。塞尔维亚与欧盟对此并没有达成一致，不愿意对科索沃地区做出妥协，双方在具有不可调节的矛盾时，塞尔维亚加入欧盟的前景变得不再明朗。这一情况直到 2014 年 3 月才有所改观，同年，塞尔维亚照例申请欧盟候选国资格，欧盟同意了这一申请，至此，塞尔维亚正式成为欧盟的候选成员国。

（四）土耳其模式政策调整

在土耳其模式下，土耳其与欧盟达成了关税同盟协议，土耳其与欧盟双方在货物贸易方面消除了贸易壁垒，实现了商品的自由流通。而英国脱欧之后，这一协议将不再适用于英国与欧盟，双方将会对贸易政策作出相应的调整，其贸易关系存在较大的不确定性。

四、加拿大模式分析

（一）加拿大模式内容分析

1. 综合性经济贸易协议（CETA）

综合性经济贸易协议（Comprehensive Economic and Trade Agreement，CETA）具有特定性，特指加拿大与欧盟之间的自由贸易协定，综合性经济贸易协议是加拿大在北美自由贸易协定（NAFTA）之后签订的本国最大的双边自由贸易协定。2013 年 10 月，时任加拿大总理哈珀和当时的欧盟主席巴罗佐签订了初步协议。对于加拿大而言，该协议的签订取消了加拿大与其他欧盟国从食品到汽车各方面几乎所有的关税。加拿大国家从此将参与到整个欧盟地区 28 个成员国之间的经济活动中，协议的签订将加拿大与欧盟连在了同一战线上，强化了协议双方的贸易流通，双方在投资、服务等方面的往来也更加密切。协定内容还包括：欧盟、加拿大双方消除彼此的绝大多数商品及服务关税，只要商品的质量、安全认证等问题得到了双方其中一方的全面认可，该商品就可进入双方流通市场，这一措施的实施为加拿大产品制造商减少成本带来了极大的利好。

然而，出乎意料的是这一协议受到了不少欧洲民众的反对。从欧洲民众的自身角度来看，欧盟与加拿大的贸易协定伤害了他们的民主，在一定程度上通过伤害普通公民的利益从而维护大企业的利益，于是在 2015 年 10 月 6 日，整个欧洲超过三百万的民众签名请愿，民众们请愿欧盟废除自贸协定。这一声势浩大的请愿活动具体情况表现为：截至 2015 年 10 月 6 日的统计数据显示，来自欧盟 24 个成员国的 3118566 个公民进行了签字，仅德国地区的签字人数就超过了 150 万人。反对势力存在的主要原因是：加拿大和欧盟区签订协定，威胁了所在地区的公众服务业、农业；另一方面，在此协定之下，对大型企业的保护过多，大型企业的获利水平高于正常水平。

2017 年 2 月，欧洲议会就欧盟与加拿大的全面经贸协定（CETA）举行投票，投票结果为 408 比 254，通过决议。这一投票的通过表示八年谈判之后，该协定的大部分内容要开始实施。从正常程序运作的角度，CETA 的诸多规定最早从 2017 年 3 月 1 日起开始生效，之后该协定将由欧盟的所有成员国进行统一表决，该协定的协议内容是否生效要等待欧盟议会的批准，中间将有数年以上的时间。

2. 自由贸易区（FTA）

（1）自由贸易区简介

自由贸易区（Free Trade Area，FTA）主要是指多个（两个或两个以上）国家或经济体之间，多方签订自由贸易协定，通过该协定逐步地全部或部分取消关税和其他贸易的限制，实现区域内全部或大部分商品与服务自由流通的一种经济合作形式。早期的自贸区一般地理上相邻，而目前的自贸区已打破了地理界限。

值得注意的是，自贸区减少、消除多方贸易障碍、扩大市场的协定只针对贸易区的各成员方彼此之间；协定不涉及成员方对非成员方的贸易政策和相关贸易安排，各成员方仍具有对非成员方贸易政策的自主权，有权对非成员方设定各自的关税以及其他贸易限制措施。该自贸区的参与成员不限定形式，既可以是一个完整的独立主权国家，同时也可以是包括多方成员在内的区域性一体化组织，主要代表就包括欧贸联、欧盟等。

从自贸区形式的发展来看，主要有三个阶段：

第一个阶段为早期发展阶段。这一阶段从 1228 年开始，萌芽时期是从法国开始，法国在马赛港内部划定了一块特定区域，即最初的自由贸易区，在这一区域内，外国的货物进口和出口都不征收关税，这一特殊政策正是自贸区的萌芽。到 1547 年，自贸区的正式形式出现，来自意大利，当时的窝那港是世界上正式意义上的第一个自由贸易区。到 17 世纪之后，我们现代理解意义上的自贸区开始出现，当时，航海业发达的国家可以在国家经济贸易中占据绝对的优势，这一类国家为了扩大自身对外贸易的优势，将本国一些具有港口的沿海城市设定为自由港，又或者在本国贸易发展的基础上设定自由贸易区，这一时期的主要代表有汉堡、敦刻尔克、哥本哈根等。到 19 世纪末 20 世纪初的时候，这一形式得到了进一步的发展，当时的世界处于殖民时期，众多的帝国分别在殖民地和半殖民地都建立起了自贸区、自由港，这一时期的主要代表有直布罗陀、丹吉尔、吉布提、新加坡、香港和澳门。

第二个阶段为缓慢发展阶段。在这个阶段内，部分国家和地区在原本自贸区的基础上扩展了自由港的形态，他们在港口以及附近的管制区划定了"自由区"，在这一区域内可以免税自由进出。之所以说这一时期是缓慢发展的阶段，主要是由于从 20 世纪第一个自由港的诞生一直到 400 多年之后的 1975 年，在联合国《自由贸易区和港口腹地发展》统计数据的显示中，世界上只有 79 个自贸区。

第三个阶段为快速发展阶段。1975 年之后，自贸区进入高速发展阶段，这一阶段的发展主要有三大特点和趋势：

① 商业性质自由港、工业性质出口加工区开始逐渐融合起来。

②自贸区全面发展，在整个世界范围内，不论是本身自贸区的数量还是自贸区包括的国家、地区数量都呈现出飞速发展的特性。

③在科技革命的大环境之下，自贸区性质过渡到技术密集型。

根据德勤（Deloitte）发布的《自由贸易区研究》显示：发展到2007年，自贸区数量突破2700个，容纳6300万以上的就业人口。

自由贸易区这一合作形式发展到如今，发展趋势已经完全区别于传统时期，主要表现在三个方面，一是功能更加多元化和综合化，二是经济作用的不断强化，三是综合服务能力的提升。

①功能的多元和综合化

贸易区功能多元和综合化的发展主要是以国际经济环境变幻莫测以及各区域贸易区竞争不断加剧的大环境为前提的。单纯地为了贸易或者为了出口加工性能的贸易区都不能满足世界范围内经济交流的要求，因此，二者的融合就在情理之中了，二者的融合让自贸区的功能得到了"1＋1＞2"的拓展，融合之后的贸易区在金融、证券、物流、商品展出、货物仓储等多方面均产生了重要的影响。不同的产业在自贸区的调和之下产生共生的关系，彼此依赖和促进，在促进各行业发展的同时，增强了贸易区本身的经济作用以及贸易区抵御风险的综合能力。

②经济作用的不断强化

第一个影响中，自贸区功能的多元和综合化直接促进了自贸区经营的多样和综合化，这一情况下，自贸区除了本身的影响，对周边地区甚至是自贸区所处整片区域的影响力不断增强，起到了带动和辐射腹地经济的作用。

③综合服务能力提高

在世贸组织的不断推动下，各国的贸易壁垒已经随着经济的发展开始逐渐降低，世界范围内的各个自贸区还想要依靠传统的优惠政策来进行竞争的可能性变得越来越小，在这一情况下自贸区开始通过加强服务区本身的服务能力来提高贸易区本身的竞争能力，在这一基础上，自贸区开始加强包括公共设施等在内的硬件设施建设，同时在硬件的基础上强化政府部门的职能。

（2）北美自由贸易区

北美自由贸易区（North American Free Trade Area，NAFTA）由美国、加拿大和墨西哥三国组成。贸易区的起始阶段在 1992 年，当年的 8 月 12 日，美国、加拿大、墨西哥就《北美自由贸易协定》的意见达成一致，同年的 12 月 17 日，美国、加拿大以及墨西哥三国领导人分别同意并签署了该协议。1994 年 1 月 1 日，该协议生效，北美自由贸易区正式成立。协议规定，包括美国、加拿大、墨西哥在内的各成员国必须在 15 年的时间里逐步取消所有的贸易关税以及各种各样的非关税壁垒，该协议旨在建立世界上最大的自由贸易区之一，面积达 2130.7 万平方公里，覆盖人口高达 3.6 亿，生产总值达 6.7 万亿美元。

北美自由贸易区这一概念的构想早在 20 世纪 80 年代中期的时候就已经出现了萌芽，各国开始酝酿，此概念的正式提出是在 1990 年，由时任美国总统布什提出，同时作为协议对方的加拿大和墨西哥均响应这一提倡。1991 年，三国就这一协定的构想开始具体的谈判，最早期的时间内，这一协议在三个成员国国内都有不小的争议。三个国家的担忧分别是：

墨西哥：本土企业相对于加拿大和美国来说，处于完全的劣势，从竞争来说，差距较大，这一协议可能在某种程度上直接冲击到墨西哥的产品市场。

加拿大：本国处于一个相对中间的地位，从技术角度来看，远不如美国；从劳动力成本来说，其高于墨西哥，而在本国擅长的农业方面，本国的农产品与相比在墨西哥和美国也毫无优势。

美国：美国的反对派主要针对的问题是环境的问题以及工人的就业问题。

在三国国内巨大的争议下，三国经过多边谈判，互相妥协之后，就各国所担忧的问题签订了一系列协议，最终三国成功签订了《北美自由贸易协定》。

北美自由贸易协定的核心内容主要有：

① 分步逐渐取消各成员国之间流通的 9000 多项商品的关税和其他各类

贸易阻碍。具体步骤为：协定生效之后，将近 50% 商品要立即开始享受免税的待遇，5 年的时间内，15% 左右的商品关税要彻底取消，剩余的其他所有产品必须在 6—15 年的时间内逐步取消。

② 三国对外统一设置一定的障碍，目的主要是为了防止亚洲、欧洲等其他地区的产品利用北美自由贸易协定的漏洞，通过墨西哥市场进入美国，从而利用贸易协定逃避美国本土的对外关税。

③ 在北美自由贸易协定区域内，墨西哥市场开放。墨西哥必须允许美国以及加拿大的各项业务在墨西哥投资建厂以及正常营业，这类业务主要包括汽车、电脑、电讯工业、银行、保险、证券等的服务业。

④ 协议对知识产权的保护更进一步强化，几乎要多于当时的所有双边及多边协定。

⑤ 在环境保护、健康标准和安全标准等方面，三国统一按照更加严格的标准执行。

同时，该协定还规定，部分产品享受有一定的条件的减免关税，比如：汽车方面，零部件必须有 62.5% 在北美地区生产并且组装；纺织方面，产品的纺纱、织布以及裁制等三个程序，必须在北美地区完成；电子产品方面，主机板原产地必须是北美地区。

（二）加拿大模式可行性分析

在加拿大模式下，英国能够实现独立与欧盟签订自由贸易协议，因此，英国与欧盟的关系本身就是由一个自由贸易协定维系的，不会存在关税壁垒，这将有利于英国与欧盟之间经贸关系的发展。与此同时，英国作为独立于欧盟之外的主权国家，不再需要向欧盟缴纳欧盟预算分摊额，这就可以减轻英国的财政负担。另外，在加拿大模式下，英国可以很好地控制移民，从而充分应对当前困扰欧盟的移民问题。因此，总的来看，加拿大模式有利于英国脱欧之后英欧双方经贸关系的发展。

（三）采用加拿大模式的国家

加拿大模式的典型应用国家主要为美国和中国。

1. 美国

1985 年，美国与以色列签署首个自由贸易协定，经过了 30 多年的发展，美国的自贸区建设得到了非常长久的发展，而目前与美国签订自贸协定的国家超过了 20 个，纵观整个美国自贸区的发展历史，从被忽略到被追捧，共分为三个阶段：

（1）被动起步阶段（1985—2000 年）

在此期间，GATT/WTO 下的多边贸易体制仍然是美国实现国家战略诉求的最佳平台，在美国掌控范围的这一背景之下，美国对自由贸易区的途径就显得不太令人关注，而是在本国基础上继续加大力度促进多边贸易体制的发展。在此期间达成的自贸区主要是应对欧洲一体化的竞争性的反应，属于被动建设阶段，如美国与加拿大、墨西哥达成北美自由贸易区，主要是为了稳固美国在北美地区的势力范围，与欧洲一体化相抗衡。此外，为了满足国家安全与外交战略的诉求，与以色列、约旦也达成了双边自贸区；同时与以色列的自贸协定主要是为了加固与传统盟友之间的关系同时遏制伊朗以及伊拉克的发展；之后，美国与约旦的签署自贸协定主要是为了将美国在阿拉伯国家中的形象进行修复和改善。总的来说，在此阶段美国坚持全球多边谈判为主，通过 GATT/WTO 推动自由化进程，满足国家战略诉求，而区域与双边贸易谈判还只是作为多边谈判的辅助手段，并未受到重视。

（2）加速建设阶段（2001—2008 年）

这个阶段由于 WTO 自身体制性缺陷日益凸显，发展中国家势力日渐壮大，导致美国对 WTO 的控制力每况愈下，尤其是多哈回合谈判受挫之后，多边贸易体制发展举步维艰，难以满足美国的战略利益需求，与此同时欧盟内部及对外的经济一体化趋势空前加强，东亚、拉美等地区的一体化进程也不断提速，这种发展趋势严重更影响了当时美国主导的国家贸易体制。在这种经济环境和世界大经济战略下，小布什上台后提出了"竞争性自由化战略"，将自由贸易区的建设提升到国家战略的层面，转变以往对自由贸易区的冷淡的态度，采取以双边和区域贸易谈判为主，多边谈判为辅的综合策略，从而推进美国国际贸易自由化。在"竞争性自由化战略"的指导下，在"贸易促进授权"的便利条件下，小布什政府着眼于全球，加速推进自由贸易区建设，提出"美国—中东自由贸易区"等多项对区域内自由贸易区建设的构想。同时，美国与多米尼加、哥斯达黎加等六个中南美洲国家达成了"美国—多米尼加—中美洲自由贸易区"，与新加坡、智利、巴拿马、韩国等10 个国家完成了自由贸易协定。尽管签订了诸多贸易协定，但是在总统小布什的任职期间，还有一部分协定没有正式生效。

（3）全面主导阶段（2009 年至今）

这个阶段始于金融危机之后，世界政治经济格局由于金融危机的爆发发生了较大的变化，美国在全球的领导地位受到冲击与挑战，而此刻多边贸易体制仍不见起色，不能有效地维护美国的国家利益，在经济与政治重压之下，美国不得不另辟新径，掀起新一轮自贸区攻势，而且美国在推进自贸区建设的过程中也确实尝到了甜头，通过自贸区美国能够灵活、快速、有效地满足国家利益诉求。在这一形式之下，美国选择了对 WTO 进行冷处理，并且另一方面大力推出"21 世纪新一代自由贸易协定"，这主要包括两大协议，一是跨太平洋伙伴协议（TPP），另外一个则是跨大西洋贸易与投资伙伴关系协定（TTIP），通过这两大协议重新开启了世界范围内的自由贸易区的建设和发展。在这一基础上同时赋予了自贸区更艰巨的任务——制定国际经贸新规则，欲通过自由贸易区的路径扮演和巩固全球领导者的角色和地位，开启了全面引领和主导全球自贸区建设的新时代。如果 TPP 和 TTIP 能够如愿达成，那么由发达国家制定的经贸标准将很有可能在美国、欧盟等大国主导下在全球范围内推广，这不仅有可能使大部分发展中国家处于国际经济体系的边缘位置，美国之前所极力倡导的世界贸易组织也将面临被架空的危险。

2. 中国

从 20 世纪 90 年代以来，中国在国内改革的大潮之下，开始推行对外改革开放，在经济领域的对外方面，一是加入WTO，二是尽力积极开展中国条件下的双边以及多边经济对话，加强中国范围内的区域经贸合作。2002年，《中国—东盟全面经济合作框架协议》的签订正式开始了中国自贸区发展的第一步。并且为中国自贸区发展奠定了良好基础，即中国—东盟构架。2005年11月，中国与智利签订自贸协议。2006年11月，中国与巴基斯坦签订自贸协议。

（1）中国—东盟自由贸易区

2002年11月，中国和东盟正式签署了《中国—东盟全面经济合作框架协议》。协议双方将在10年的时间内完成中国—东盟自由贸易区的建立。2003年，协议双方就整个框架下"早期收获"计划决议，中国和东盟六个国家，主要为泰国、马来西亚、印度尼西亚、新加坡、文莱和菲律宾，将对HS（编码协调制度）中第一章到第八章的大数农产品实行零关税。2004年11月，中国、东盟双方签订《中国—东盟全面经济合作框架协议货物贸易协议》，该协议于2005年7月20日正式实施，代表中国和东盟自由贸易区的关税削减计划全面施行。该协议规定，以前版本的协议中，即"早期计划"中未包含在计划之内的产品，整体可分为正常和敏感两类产品，开始实行削减关税政策直至最终取消关税。与此同时，中国和东盟签订了《中国—东盟全面经济合作框架协议争端解决机制协议》。2006年12月，中国和东盟又签署了《〈中国—东盟全面经济合作框架协议〉第二次修订议定书》和《〈货物贸易协议〉修订议定书》。主要侧重于解决《中国—东盟全面经济合作框架协议》和《中国—东盟全面经济合作框架协议货物贸易协议》中的遗留问题。

（2）中国—智利自由贸易区

2001年，智利提出与中国建立自由贸易区的倡议。2004年，中方和智利开始双边谈判。2005年11月18日，双方在谈判的基础上签署了《中华人民共和国政府和智利共和国政府自由贸易协定》，协议于2006年10月1日正式生效。协定中对双方的规定主要包括：自协定生效之日，智利74%税目进口关税要在协议生效的同时下降到零，同时中国地区63%税目关税要在 2 年时间内逐步降为零。在立即生效的税目关税之外，其他税目关税要在协定生效之日起计算的 5 年到 10 年内降到零。在此外产品上，可以保持原本的关税不受协定制约，双方都可以保持 3% 的产品。简单来说，从协定正式生效之后的十年时间里，协定双方的至少 97% 税目关税要降为零。

另外，在统一规定之外，双方可以协商对原协定做出调整，在关税的降速方面，如果双方已经协商一致，可以对部分商品实施降速。该协议除了在贸易自由等方面的规定外。双方还将不断加强在经济合作、中小型企业、文化、教育、科技、环保、劳动和社会保障、知识产权、投资促进、采矿业以及工业等领域和市场的合作。

（3）中国—巴基斯坦自由贸易区

中国和巴基斯坦的贸易不平衡问题较为严重，为解决这一问题，2003年 11 月，中方与巴方签订《中国—巴基斯坦优惠贸易安排》，2004 年 12 月签订《中国—巴基斯坦关于自由贸易协定和优惠贸易安排议定书》。2005 年4 月 5 日，双方开始启动贸易谈判，并签订《中国—巴基斯坦关于自由贸易协定早期收获计划协议》，该协议中对关税的规定主要是：2006 年 1 月 1 日起，规定中的产品在两年内必须零关税。在《中国—巴基斯坦关于自由贸易协定早期收获计划协议》基础上，2006 年 11 月 24 日，中、巴双方签署了《中国—巴基斯坦自由贸易协定》，协定中要求：从 2007 年 7 月 1 日，双方进出口所有产品分两个大阶段降税。第一阶段是五种类别：

① 产品关税在协定生效后第三年的 1 月 1 日降至零；

② 关税在协定生效后五年内降至 5% 或以下；

③ 关税在协定生效后五年内减让 50%；

④ 关税在协定生效后五年内减让 20%；

⑤ 另外，不参与降税。

第二阶段从此协定生效时间是从第 6 年开始，中、巴双方将在之前第一阶段降税的基础上进一步进行双边协议以达到产品的实时降税。核心要求是在较短的时间内，能在同时照顾到双方实际情况的基础上，让双方各自的零关税产品占贸易量的比例均达到 90% 以上。

（四）加拿大模式政策调整

在加拿大模式下，加拿大与欧盟正在抓紧实施和签署综合性经济贸易协议（CETA）。这一协议的签订会直接让双方的市场更进一步地开放，从食品到汽车几乎所有的产品关税都会被取消。而英国脱欧之后，这一协议将不再适用于英国与加拿大，双方将会对贸易政策作出相应的调整，英国可能加入到综合性经济贸易协议（CETA）中来。

五、新加坡模式分析

（一）新加坡模式内容分析

1. 自由港模式简介

新加坡模式即自由港模式。人们习惯上把一些港口城市，特别是实行贸易、投资和金融等自由的港口城市称为自由港。欧共体的法律文件中这样表述，"自由港是港口重要组成部分，虽然不在海关管制区，但依然受海关严格监管。在自由港区域范围内，外国货物是免税的。同时，该区域内的产品可以存储、重新包装和展览，并且可以在遵守相关规定的前提下，进行货物转运、销售，对于这些行为海关一般不予限制"。

（1）自由港和自贸区的区别

根据上述定义可以得出以下关于自由港与自由贸易区的两点主要区别：

① 区域限制

自由港一定是港口（含空港）或至少是港口的一部分，有明显的区域限制。而自由贸易区则不限于港口，在远离港口的内陆甚至是边境地区均可以设立，不受限于港口。

② 自由度

自由港的自由度要比自由贸易区高，因为除了具备自由贸易区的"贸易自由"特征外，自由港还兼具自由贸易区所没有的"被雇佣自由"、"投资自由"、"经营人员出入境自由"、"商业自由"等。

（2）自由港的分类

自由港根据其自由度或者开放程度的不同，还可以分为两大种类："完全自由港"以及"有限自由港"。

① 完全自由港

完全自由港不受任何国家的海关管辖，即不受区域管辖的限制。在完全自由港内，一切外国商品进出均不需要缴纳关税，同时，可在不受海关监督的情况下，自由进行加工、制造、改装、储存或者拣选等其他作业。但是当这些外国商品退出自由港，进入所在国海关管制区范围内时，则需要根据规定缴纳相应的关税。

从自由港的发展历史轨迹来看，此类型的自由港曾经十分普遍，但是目前作用较大的自由港中极少存在完全自由港。

② 有限自由港

香港和新加坡是典型的有限自由港，其对部分指定进口商品征收相应关税，或者施行一定的贸易管制，辖区内除此之外的其他产品则可以享受自由港内该享受的免税待遇。

例如，香港对化妆品以及不含酒精饮料征收了较低的进口税或消费税，除此之外，烟、甲醇、酒和碳氢油也需要缴纳相关税费。

（3）自由港的发展特点

经过长时期的发展，目前自由港模式主要呈现出以下一些发展特点：

① 功能：单一化转向多样化

从其发展历史轨迹来看，自由港的功能日益增多。最初自由港，从功能层面来看，仅限于开展转口贸易。从政策层面来看，仅仅为过往的船只上相应货物进出口提供相应豁免征收关税优惠。随着经济社会的发展，进出口商品的增加和商业活动范围的扩大，在功能上逐渐增加了包含存储、分级、改装、简单加工等内容，但仍是在转口服务的范围内。

在以商品输出为主要特征的资本主义自由竞争时期，这种单一的提供转口贸易服务功能的自由港功能一直未变。

而当资本主义发展开始过渡到以资本输出为主的垄断时期，帝国主义为了利用广大殖民地和附属国的廉价劳动力，则选择了资本输出这一方式，就地开设工厂，实现生产的本土化。同时，顺理成章地在其殖民地自由港大力发展加工装配工业，自由港的政策也适时调整，增加了部分条款，使在港区内发展加工装配业成为可能。但是由于它还未具备新的独立产业的形式，因此新的功能只能说还处在孕育中。自由港的功能真正实现从转口贸易发展向促进工业生产转变，是在 20 世纪 50 年代才出现的。最突出的代表就是香港和新加坡，20 世纪 50 代中期和末期两者均遭遇了转口贸易危机，于是开始努力向大力发展加工制造工业转变。后来，甚至一直坚持保持传统，业务上只经营转口贸易的汉堡自由港，也顺应大趋势在港区内开始发展加工工业，反映了自由港功能已普遍地从单一转口贸易向着工贸相结合的方向发展。随着时间推进，部分在营运上取得可喜成绩的自由港，开始尝试利用自由港政策，用以促进金融、旅游、运输通信等产业发展，使之成为地区性或国际性的中心，因而自由港的功能也就更加多样化。此外，新加坡自由港还通过提供特别优惠的政策和科研环境，创办科学技术园区，以吸引外国公司在园区内从事新产品和新技术的研究与开发，这就更促进了自由港的功能在多样化的基础上朝着高科技化的方向发展。

显然，自由港功能逐渐丰富，并非偶然，原因在于其符合全球经济发展的趋势和规律。二战后，资本主义全球经济发展一大亮点，体现在生产和资本的国际化程度迅速提高，范围急剧膨胀，这就使国际经济联系从过去主要是以对外贸易的形式在国际流通领域里进行，发展到以大规模的跨国投资设厂而深入到更为重要的国际生产领域。因此，自由港必须适应新的国际化发展形势，把以往在国际流通领域所具备的功能，引入到国际生产领域，并进一步向国际金融和其他领域渗透，逐渐实现功能多样化，只有如此才能真正保证自由港的长期活力。世界上一些自由港的兴衰史，都从正反两面证明了这一点。可见，自由港功能由单一化向多样化方向发展，是符合世界经济日益国际化的客观必然发展趋势的。

② 形态：贸易型转向综合型

自由港的形态，客观上基于自由港的功能。在自由港的历史发展过程中，由于它的功能发展方向是从单一化向多样化，这就使其形态也必将产生相应的改变。当自由港仅仅作用于发挥促进转口贸易的功能时，它的形态就表现为贸易型的自由港。而当它的功能扩展到兼顾贸易和工业发展时，它的形态就改变成工贸结合型的自由港。之后，自由港的功能逐步覆盖到促进金融、旅游等产业综合发展时，其形态开始转向为综合型的自由港。由此不难看出，在自由港的功能不断变化的过程中，自由港的形态也同样地从低级形态不断向高级形态发展。总体来看，自由港形态演变，完全符合全球经济联系越来越广泛以及深入的发展需要。这成为世界自由港一直都能保持发展活力的根源所在。

诚然，当我们注意到自由港本身形式的变化时，还应该看到，世界各国在自由港政策实施上都有自己的一套办法，以在不同环境、不同时期、不同条件下满足其各自经济发展的需要，因此涌现了一批自由港的新类型，而且使用的名称和包括的内容也各不相同。据相关数据显示，自由港共有40多种名称，为了便于沟通和理解统称为自由港或者自由区，同时还把它们分为五大类，具体包括自由港、自由贸易区、出口加工区、科技园区和其他自由区。

从历史的角度来看，各种自由区也是按照一定的发展过程出现的。自由港是各种自由区的前身，是第一个自由区形式。然后，在自由港基础上诞生了自由贸易区，其区域模式基本上以自由港为范本，但一般严格禁止在该地区自由生活和从事销售货物和消费，用以和通常意义上自由港区别。伴随着自由贸易区的发展，该地区增加了允许从事加工和制造业务，因此一些国家和地区遵循自由贸易区的形式，加上建立了工业区的一般因素，因而在自由贸易区的基础上出现出口加工区形式。世界第一个出口加工区成立于1959年，为爱尔兰"香农国际机场自由贸易区"，正式以此命名的出口加工区是1965年中国台湾地区开设的"高雄出口加工区"。出口加工区借鉴自由港和自由贸易区，同样实行的特别关税政策，旨在吸引外国投资，为出口行业提供优惠和完整的工业基础设施，并将其与其他自由贸易区区分开来。这在发展中国家和地区广泛使用，因为出口加工区最适合吸收从发达国家转移的劳动密集型产业。然而，随着工业化的发展，部分发展中国家和地区为了促进工业技术水平提升，推动自身产业升级，纷纷出台相关政策，又给予出口加工区一系列特殊优惠政策，并采取措施鼓励发展技术密集型和知识密集型产业，使一些发展中国家和地区创造一种新形式的自由区——科学工业园区，使其成为具备最高水平的技术结构的自由区，这成为发展中国家和地区自由区发展的新方向和新趋势。此外，还有其他类型的自由区，例如自由边界地区、过境地区和保税区，这些地区是在利用自由港和自由贸易区的优惠措施而在特定地区建立的。总之，各种类型自由区的发展也是根据客观经济发展的需要而发展的。其发展的规律和方向是从一般自由区向专门化、高科技自由区转变。

③ 运动趋向：从经济发达地区逐步转向经济落后地区

早期的自由港，首先在世界上最繁荣的地中海沿岸地区出现，后来随着西欧资本主义的兴起，世界经济繁荣地区迁移到大西洋沿岸，开辟自由港的潮流也蔓延到欧洲。资本主义在向垄断阶段转型时，垄断资本加大了对外扩张，开辟了一些国际重要的水道和殖民港口，这些贸易枢纽逐渐发展成为自由港，使自由港的发展开始从经济发达地区的欧洲和地中海向亚洲、非洲和加勒比等经济落后地区延伸，这一趋势一直延续第二次世界大战前，反映了当时的自由港从经济发达地区逐步向经济落后地区普及的趋势明显。

第二次世界大战后，全球自由港的发展，在发展中国家和地区呈现出一些复杂的情况，曾经的自由港，有些封闭，有些没落，有些改变了名字，而有些则更加繁荣。但是整体而言，经过一番重复和调整后，总体趋势仍在发展，尤其是在一些国家和地区还增加了一些新的自由港，值得一提的是巴西的马瑙斯，委内瑞拉的玛格丽塔，哥伦比亚的圣安地列斯和普罗维登西亚莱斯，墨西哥的瓦哈卡，阿根廷的罗萨里奥和巴哈马自由港、百慕大自由港，印度尼西亚的巴丹岛自由港以及罗马尼亚苏利纳自由港。此外，拟建的自由港还有韩国济州岛和中国台湾地区的彰化（或花莲）和菲律宾苏比克湾等。这反映了发达国家自由贸易区的类型主要以自由港和自由贸易区为主，反观发展中国家和地区则主要是出口加工区和自由边境区、过境区等。总体来看，战后发展中国家和区域新开发的自由港数量有所增加，这表明战后世界自由港继续呈现出向发展中国家和地区扩大的趋势。

世界自由港的上述发展特点，是自由港在长期的发展中形成的，因此，应该把这些在发展中形成的特点连贯起来考察，这样就可以更清楚地看出，世界自由港的运动，其实是在沿着一条由单一功能向多种功能、由原始的贸易型向现代化的综合型、由局部性的经济发达地区向广泛性的经济落后地区发展的轨迹运行的。这条运行轨迹，既符合客观事物的运动由低级向高级、由局部到全体发展的一般规律，也符合世界经济日益国际化和各国、各地区之间经济相互依存、相互联系不断加深的总趋势。

2. 新加坡自由港模式

新加坡自由港模式的发展形成主要经历了以下几个阶段：

(1) 1819—1959 年：以转口贸易为主的完全自由港

19 世纪以来，新加坡因其独特而优越的地理位置，被当成西方国家在亚洲殖民活动的重要政治、经济基地。18 世纪下半叶，第一次工业革命在英国爆发，在许多行业机器生产逐渐取代了手工操作，大大提高了其工业生产力。生产力的提高一方面使得英国有多余的产品可以销售到国外，同时也加剧了其对原材料的迫切需求。在此背景下，为了打开国外市场销售出其工业产品，同时从东南亚等国家廉价收购原料以支持英国的生产力发展，英国开始在消除关税壁垒方面下功夫，提出了要开展自由竞争的理念，于是在全球范围鼓吹自由贸易政策。新加坡作为其在东南亚的重要基地，首当其冲建立了新加坡自由贸易港，以助力英国政府实行其自由贸易政策。

除了销售产品到东南亚并廉价收购东南亚的原材料之外，新加坡自由港的建立还可为英国的舰队提供补给以帮助其遏制荷兰人在该地区的殖民扩张。

1819 年，托马斯·渐坦福·来佛士爵士（英国东印度公司）发现新加坡是一个地理位置优越的深水港，当即决定在该深水港上建立贸易站。随后，英国设法取得了新加坡的租借权并宣布在新加坡全境内开辟新加坡自由港。

1824 年，英国通过相关协定和条约使新加坡正式成为英国的殖民地。至此，新加坡自由港的转口贸易得到了快速发展，从 1824 年至 1872 年，自由港的贸易额足足增长了 8 倍。此时，各国的船只均可自由出入新加坡，除了部分特定货物外，其余货物均无须征收关税，特定货物主要有烟酒和殖民地政府专卖的鸦片烟。这样优惠的政策与荷兰的高关税政策截然不同，着实打击了荷兰殖民者。此后，各地的商家纷纷从东南亚的其他港口城市来到新加坡进行相应的贸易活动。同时，在 1869 年苏伊士运河的通航以及蒸汽机的发明的推动下，新加坡迅速发展成为东南亚地区首屈一指的重要自由港。

(2) 1959—1970 年：向有限自由港过渡的转型期

在这一时期，新加坡的经济发展水平已经高于亚洲其他国家，这其中英国殖民经济的影响对于新加坡自由港的发展起到了重要促进作用，殖民经济遗产的存在也使新加坡较之东南亚其他国家站在更好的起点上。1959 年，新加坡成立了自治政府，同时自由港的发展也遇到了困境。这种困境产生的直接原因是转口贸易的落后，20 世纪 50 年代以来，新加坡的邻国纷纷脱离英国的殖民统治发展了本国的直接贸易，从而导致了新加坡港口进行转口贸易的货物量大大减少，在此影响下，新加坡港口难以保持原有的繁荣，开始走下坡路。

1960 年，新加坡出口结构中，94% 是转口贸易，剩余的 6% 为国内产品。新加坡的诸如橡胶、木材在内的加工业虽有所发展但因为基础薄弱发展十分缓慢，仅作为补充。因此，对于新加坡而言，转口贸易的经济地位无可替代，其对转口贸易的依赖性较强，国内其他产业的发展一时还难以改变这种现状。在此背景下，新加坡自由港开始积极寻求新的发展路径，来改变严重依赖转口贸易的困局，改变单一的经济结构。

要改变单一的经济结构首先需要改善新加坡工业基础薄弱的现状，建立和发展新加坡的工业基础。因此，在 1959 年，新加坡颁布了《新兴工业（豁免所得税）法案》和《工业扩展（豁免所得税）法案》，新加坡政府希望借此开启新加坡的工业化发展之路。这两部法案为新加坡当地投资指明了发展方向，即积极投资进口替代企业。

随后，新加坡制订了工业发展计划（1960 年）并成立了经济发展局（1961 年），以推动新加坡工业的发展和计划的落实。以第一个经济发展"五年计划"的公布为标志，新加坡正式开启了工业化发展之路。

1959—1967 年，新加坡的工业加工制造迅猛发展，这一阶段是新加坡大力发展"替代进口工业化"的阶段。

为了更好地实现"替代进口工业化"，新加坡自由港的完全自由港政策势必需要有所调整，因此在这个时期新加坡自由港从完全自由港政策转变为实行有限自由港政策，以保护新加坡国内刚刚兴起的工业，辅助其进口替代工业化战略。

具体来看，新加坡政府在 1960 年针对需要保护的工业开始征收工业品进口关税。在发展本国工业经济的同时，新加坡政府决定不能放弃本国较好的转口贸易以及海港、地缘优势等，而这时候面临的主要问题是如何处理好二者的平衡。关税保护和自由港地位的平衡是对当时新加坡政府的巨大考验。

在权衡各方利弊之后，新加坡政府采取了以下措施。首先，新加坡开始对征收关税的进口项目进行严格把关，在国内工业发展到具有国际竞争力之前都尽量控制在适当的范围内并征收一定的关税。而当国内相关工业发展到一定程度时，不再对该项产品征收进口征收关税；其次，新加坡在拟定应征关税的税率时采取了比较优势的策略以保证其自由港的竞争优势，即把税率定在远远低于邻近国家港口税率的水平上。

1960 年，新加坡除了对烟、酒、汽油征税外，还对肥皂和清洁剂征税；到了 1963 年，一些工业开始投产，征税项目增加了包括收音机和各类石油产品在内的 30 种产品。1965 年，由于工业化的继续推进，征税项目扩大到包括橡胶制品、建筑材料等 183 种产品。1969 年，新加坡共对 398 种进口商品征收关税，其关税保护到达最局峰。

1966 年，为了降低关税保护对转口贸易的影响，新加坡国会颁布了

"自由贸易区条例"，并在裕廊港码头设立了第一个自由贸易区。新加坡的自由贸易区不同于其他国家的自由贸易区，因为它实质上是一个免税区，不是通过优惠政策吸引外资。

商家可以免费把本来应征关税的货物存放在区内，进行重新分类、包装和陈列等，然后再转口出口，或在有利的销售时机到来时运输到新加坡的关税区，缴纳关税后再销往新加坡国内市场。通过对自由港政策的灵活运用，有力地促进了转口贸易。

(3) 1970—1990 年：制造业与服务业并举的时期

在新加坡进口替代工业化政策的带动下，新加坡改变了单一的经济结构，逐渐发展成为以制造业为支撑的合理产业结构，同时在这一时期，新加坡交通运输和以金融业为代表的第三产业得以发展。在这种情形下，新加坡颁布了《经济扩展奖励（豁免所得税）法案》，该法案于 1967 年底发布，1968 年初宣布生效，这意味着新加坡开始转变政策，开始实行面向出口的工业化政策。

该法案对 1959 年的《新兴工业（豁免所得税）法案》和《工业扩展（豁免所得税）法案》作了修改，在所得税的征收上放宽了优惠条件同时鼓励出口工业，该法案提出企业输出新产品或开辟新市场均可以享受优惠税率，此外，延长了因投资额增加而享受的免税期限。1970 年和 1975 年，新加坡两次修改法案，鼓励企业投资于资本和技术密集型的工业。由此，新加坡解除了对 232 种商品的进口关税，正式开启了面向出口的工业化路程。

新加坡先后辟建了包括裕廊、兀兰和三巴旺在内的 30 余个工业区。其中，裕廊工业区紧邻深水码头是新加坡的工业中心。电子零件、家用电器、纺织成衣、石化工业、军火工业、汽车轮船零件、钻油工具、电脑设计、精密机械、光学仪器等是裕廊工业区的主要生产项目。

工业区的建立为推动新加坡工业发展做出了重要的贡献。1968 年 6 月，新加坡设立了裕廊镇管理局，专门负责发展各工业区的基础设施建设，包括征用土地、迁移居民、筹划和发展工业区以及主持裕廊镇的港口管理。在新加坡实施面向出口的工业化时期，该管理局大力发展各工业区，尤其是集中力量发展裕廊工业区，它的投产工厂数目从 1969 年的 202 家增加到 1979 年的 933 家，十年间增加了 3.63 倍，所雇工人从 1969 年的 23914 人增加到 1979 年的 82104 人，增加了 2.43 倍。

在新加坡经济得以快速发展同时劳动力成本提高的背景下，1979 年新加坡政府提出了"第二次工业革命"，即重点发展资本、技术密集型工业，以增强新加坡工业制品在国际市场的竞争能力。这一阶段新加坡的劳动密集型工业区成功升级为资本技术密集型工业。

1969 年新加坡设立四个贸易区以加强与专口贸易和发挥海运、航运的潜力，在发展海空运输方面，新加坡最先建成亚洲最大的集装码头，1968 年，新加坡建立了国家船队并设立新加坡船只注册法，以此来增强航运竞争能力，此外，新加坡为了促进航空和旅游业的发展，建立起了亚洲最为先进的国际机场樟宜机场，一系列举措，有力地推动当地经济发展的同时，新加坡"花园城市"的美名也逐渐受到世界的认可。

在金融业行业的发展上，新加坡于 1968 年 10 月批准设立亚元市场，并于同年 11 月创设黄金市场，这两个市场的建立有力地推动了新加坡当地金融业的发展。新加坡在这一时期采取的是放宽汇兑政策，并鼓励外资银行到新加坡开业。1973 年，新加坡又进一步批准岸外银行和证券银行经营亚元，允许发放亚元债券和组织财团进行贷款活动，同年新加坡放宽黄金交易的管制。这些举措，刺激了新加坡境内的金融活动。

从 20 世纪 80 年代开始，新加坡政府在高新技术产业的发展上付出巨大努力，并积极推动传统产业的创新发展，除此之外，新加坡开始注重其现代物流业的发展和输出。为了鼓励行业发展和输出，新加坡当局专门成立了各类工作小组并设立了服务业小组委员会，对于部分行业提供政府拨款。

为了最大限度地鼓励现代物流业的发展和输出，服务业小组委员在综合考量后对新加坡政府提出了以下建议：① 建议新加坡政府对服务业征得的土地费用和货仓大厦租金的标准应与制造业一视同仁；② 建议政府在依托港口的自由贸易方面，针对不同的产业制定相应的优惠政策，同时保留原本的包括允许资本自由流动、提供相关租税优惠与奖励措施在内的激励政策。

（4）1990 年至今：多功能自由港的繁荣期

自 1990 年开始，新加坡投入大量资金建设港口，发展自由贸易区。1990 年，新加坡港口集装箱吞吐量跃居世界第一位。当前，在全球集装箱港口的排名上新加坡仍然排在前面。新加坡是亚太地区重要的航运中心，共有超过 500 条航线连接世界超过 600 个港口。截至目前，新加坡一共设立了六个海运货物（进行货物的进出口、包装以及转运）和一个处理空运货物的自由贸易区（即新加坡樟宜国际机场）。

1992 年，新加坡耗资 5 亿新元扩建丹戎巴葛和炭巴码头，并拨款 4 亿新元加强布拉尼码头的运作。2013 年，新加坡港务集团（PSA）对巴西班让货柜码头进行扩建的第 3、4 期工程完工，增建了 16 个泊位。

现在，新加坡自由港为包括远洋巨轮、邮轮、集装箱货轮在内的各种轮船提供服务，新加坡自由港码头设备完善且效率极高。在新加坡进出的无论是否为应税的货物均需要征收消费税，税率为 7%。出入新加坡的货物中，烟草产品、石油产品以及酒类和车辆，这四大类商品需要缴纳相应的关税，90% 以上的货物可在新加坡自由出入，无须缴纳任何关税。

除了上述提到的新加坡对金融服务业发展以及基础设施建设的重视之外，新加坡也逐渐意识到科技在国家发展战略中的重要地位，为此，新加坡政府着手完善了当地的科技发展体系，通过制定相应的鼓励政策，加大科研方面的投入，重视培养高科技人才，建立了科技园区等一系列的举措。经过多年的发展，新加坡成功吸引了全球 80% 的顶尖软件和服务公司，科技业在新加坡发展如火如荼。

新加坡充分利用自身地理位置和交通网络方面的优势，大力发展旅游业。利用当地金融业和现代服务业的发展的契机，新加坡结合自身的地缘优势加大了对国际会展旅游业的投入，借此新加坡逐渐发展成为全球重要的国际会议中心。

同时，新加坡利用自身热带雨林气候的自然条件，建造了诸如植物园、圣淘沙度假胜地等在内的人工旅游场所。新加坡凭借其在一系列的举措推动了当地旅游业的繁荣发展，吸引了来自全球的游客。

（二）新加坡模式可行性分析

新加坡的自由港模式下，自由港区可以进行包括投资、贸易、劳工、经营等方面较高程度的自由。同时，因其关税壁垒极低，十分有利于各国间经贸的交流合作，毋庸置疑，这十分有利于英国与新加坡的经贸合作以及双方的经济发展，在缩减了在欧盟的支出外，也一定程度上避免了来自欧债危机的拖累。综合分析认为，该模式对英国经济发展有较好的推动作用。

值得注意的是，新加坡自由港模式仅限于沿海的港口城市，具有一定的地域局限性。英国因其独特的地理位置，虽然本身已经拥有诸如伦敦、约克、利物浦在内的沿海港口城市，但其仍有众多的非沿海港口城市享受不到新加坡自由港模式所带来的优惠，不利于其国内区域经济的均衡发展。

除此之外，新加坡自由港模式还存在着无法解决的难民问题的缺陷，因为其较少限制人员流动。针对英国的国情，其将实行有限的自由港模式，在人员的自由流动方面设置相应的限制条件。

（三）采用新加坡模式的国家和地区

采用新加坡模式的地区主要为香港。

1841 年 6 月 7 日，香港自由贸易港诞生。英国驻华商务监督义律在当时提出商人可以"自由进入香港"，从香港"进出口货品均不必课税"。经过数十年的发展，香港已然发展成为在国际上舞台扮演重要角色的港口之一。

香港的自由港政策由以下三个部分构成：

1. 最重要组成部分：完全不干预政策

该项政策是其经济政策体系的最为重要的基石。即在香港区域内，除了少数本地法律对领域及行为进行限制外，基本上不对经济活动进行干涉，自由程度高。

根据香港的发展情况来看，可以将其完全不干预政策概括为以下几个方面：

（1）自由贸易制度

香港是全球范围在自由贸易制度表现最为彻底的地区之一。具体表现如下：

① 对进出口贸易不设置管制

香港一方面对武器、毒品和有关国际协定所规定的内容实行必要的管制，此外也针对食品卫生及大米贸易等进行相应的管制，这些均是为了维护香港的安全所进行的必要管制。而几乎除此之外的进出口贸易均不受管制，不论是进出口商品的种类，还是其价格，抑或是其主体身份或是进出口来源等等，均不受到限制，享有极为广泛的自由空间。

② 不设置关税壁垒

除了 6 类商品外，对一般贸易进出口商品不征收关税，仅仅征收用于支持香港贸易发展局的发展的 0.05% 从价税。征收消费税 / 进口关税的六类产品包含烟、碳氢油（汽油及柴油）、酒、甲醇（酒精及其制品）、化妆品和若干不含酒精饮品。其进出口贸易"门槛"极低。

③ 进出口手续极其简便

以上提到的 6 大类商品在进出口之前需要依照相关要求进行申请，在获得相关部门的准许后才能进行相应的进出口活动。除了以上提到的六大种类之外的其他商品，进出口均不需要再进行报批，只需要在 14 天内向香港海关总署提交相应的报关表，这份报关表主要是提供海关作为统计、管理"备忘录"以及征收从价税的依据。

④ 免办手续

针对外来船舶，香港自由港可免办进港申请及其他的海关手续，关检及卫检的手续十分简单。此外还提供豁免港口行政费的优惠待遇，整个物流体系十分流畅。

（2）自由企业制度

香港的自由企业制度表现如下：

第一，自由进入及经营制度

在香港，政府对列入管制的行业进行分类管制，管制行业主要包含武器、毒品等违禁物品的生产和经营、生态环境污染相关行业（譬如漂染业、畜牧业等）以及部分需由政府监管以避免其对社会产生不良影响的行业。

除此之外，政府只直接经营一些公共事业（机场、港口、邮政和工业村公司等）以及向社会提供有益的公共服务。

除了以上两种情况之外的其余领域投资的进入和经营均由投资者自主决定，政府对依法经营的企业活动不进行干涉。

第二，企业进入及经营门槛低

新进入企业进入门槛极低，只需要向当局进行注册，并且缴纳 600 港元的注册费以及 6000 港元资本的相应费用。

第三，居民待遇制度

在香港创办并经营企业不会因为身份的不同而受到不公正待遇，无论资金来源何地抑或是归属于集体或者私人，均享受同样的待遇，即"居民待遇"，不受歧视或者偏袒。政府对企业所采取态度均为"你投资，我欢迎；你赚钱，我收税；你亏损，我同情"。企业经营环境颇为公平。

（3）自由外汇制度

香港实行自由外汇管制，其外汇管制宽松。20 世纪 70 年代初期，因为英国面临国家收支情况恶化的现象，港元顺势在与英镑脱钩之后进一步撤销了原有的官价外汇市场管制，香港正式形成了完全开放自由的外汇市场；1984 年，香港进一步撤销了黄金进出口的禁令，即外汇、黄金以及钻石等出入香港不再受限制，各种货币可以进行自由汇兑或买卖，外汇管制进一步放松。

（4）自由出入境制度

不论是香港本地居民，或是外地人员，进入香港均十分方便，手续简单快捷。香港居民赴海外旅游或者进行商务交流十分便利，因为香港政府与众多国家签订了相关的协议，持有香港特区护照即可在多国享受免签入境的待遇，签订协议的其他国家和地区的人员进入香港地区也同样享受自由出入境的待遇。

2001 年 2 月 27 日，通过欧盟理事会的决议，香港特别行政区护照的持有人可免签进入欧盟所属国，截止于此，香港特别行政区护照持有人可以免签入境的国家达到 86 个。这 86 个国家之外的其他国家居民进入香港也很方便。

值得一提的是，香港在新闻和信息因不受限制，自由度较高，各种信息可在香港集散。

2. 基本前提：直接干预政策

为了保证香港经济正常运行，需要针对某些重要的经济活动进行严格控制，因此直接干预政策是实行完全不干预政策的基本前提。

香港的直接干预政策集中表现在如下几个方面：

(1) 对土地一级市场的干预

土地资源是香港最为稀缺的资源，因此香港对于土地市场的干预政策较为明显，主要表现在香港政府严格把关土地批准数量，对其定向开发实行相应的管制。香港政府通过对土地市场地直接干预，以期达到最大限度发挥其土地资源的潜能的目的，使有限资源得到最高效的利用，削弱其在土地资源不足方面的弱势。

(2) 对金融活动的干预

金融市场流动性强，但投机性行为也不少，而对金融活动的直接干预，在有效抑制金融投机等不良现象之外，可有效地控制金融风险。香港政府对金融市场的直接干预表现在以下几个方面：推行"金融三级制"、指定发钞银行及控制发钞银行的发钞行为、建立港元与美元的联系汇率制等方面。

(3) 对贸易领域的干预

香港政府对贸易领域的直接干预表现在诸如对大米进口实行经营许可证制和预储制，保证基本储备，防止哄抬物价扰乱民生行为的发生；对以上提到的六大类行业商品征收较高的进口关税等。香港政府还直接干预了部分影响国计民生的商品价格的形成。

3. 辅助性政策手段：临时性干预政策

香港政府为了维护香港经济的常态化运行，往往会针对经济发展过程中出现的非常态问题，采取临时性干预政策。因此，临时性干预政策是香港政府的辅助性政策手段。

在香港经济因自身变动或者因为外部因素的影响而出现大幅波动时，香港政府实行相应的临时性干预政策来促使经济发展回归常态化，而当异常现象结束，市场机制作用可正常发挥后，临时性干预政策也相应停止，不再对其进行宏观调控。

香港政府不强行人为限制市场机制发挥其相应的作用，而是通过界定政府能够在经济中发挥的作用来运用临时性干预政策，因此香港的经济在临时性干预政策的辅助下得以更为有效率地发展。

具体来看，香港运用的临时性干预政策措施包含楼花转让管制、动用外汇管理基金干预金融市场以及按揭率管制等。

六、世界贸易组织模式分析

（一）世界贸易组织模式内容分析

1.世界贸易组织简介

世界贸易组织（World Trade Organization，简称 WTO），成立于 1994 年 4 月 15 日。世界贸易组织是世界上举足轻重的国际经济组织之一，现总共拥有 164 个成员，成员贸易总量在全球贸易总量中的占比高达 98%，被称为经济联合国（Economic United Nations）。

世界贸易组织的前身为关税与贸易总协定（General Agreement on Tariffs and Trade，简称 GATT），是关于经贸规则的协调机构。关税与贸易总协定的主要思想是通过减少关税和其他经济和贸易壁垒，充分利用世界资源，改善商品生产，确保充分就业和提高收入水平，消除世界贸易中的歧视。

1947—1993 年，关税与贸易总协定举行了多次经贸谈判。在第八次"乌拉圭回合"，各方一致同意了"建立多边贸易组织协定"。同时，按照美方的建议，把 Multilateral Trading Organization 变更为 World Trade

Organization。1994 年 4 月 15 日，摩洛哥举办关贸总协定乌拉圭回合部长会议，会上做出了成立全球性的世界贸易组织的决定，并且签署了《马拉喀什协定》，世界贸易组织正式诞生。

世界贸易组织旨在提高收入水平，降低失业率，稳步增加收入和需求；增加商品和服务的提供；坚持持续性发展的道路，各成员要在不同的经济发展水平上推动各国资源的最佳利用，尊重大自然，遵守成员需要的方式，加强各种相应的措施；注重维护发展中国家的利益，使其在国际经贸发展中得到相应的收益。

世界贸易组织的职能具体体现在，首先是促进世界贸易组织协定和协议的执行、管理、运行及其目标的实现，使世界经贸原则标准化。世界贸易组织定制和推行的世界经贸原则适用面非常广泛，世界贸易组织原则的覆盖领域从商品贸易、边境关税，发展到服务贸易等领域；其次是组织成员之间的经贸会谈，为各方经贸会谈提供场所，并提供相应的组织框架；再次是处理该组织成员间在经贸往来中的矛盾。世界贸易组织制定了多项原则政策，有利于较好地解决组织成员间在经贸往来中的矛盾，推动了世界贸易的稳定发展，为世界经济的增长发挥了不可磨灭的作用；然后是调节世贸组织与其他世界级经济组织之间的关系，并通过相互合作，共同为全球经济增长出力；最后是定期审核组织成员在经贸方面的相关政策举措。

2. 世界贸易组织模式的基本原则

（1）互惠原则

互惠原则也被称为对等原则，是世贸组织最核心的原则之一，也是最重要的原则之一，关注的是国际贸易成员给予对方的优惠待遇。其主要含义是，在经贸交流中，组织成员互相给予优惠，以实现双赢局面。互惠原则对组织成员间的贸易关系做出了相应的说明，并确定了组织成员双方的相关立场。互惠原则的主要内容体现为，组织成员间通过相关谈判，在关税政策等方面进行磋商，从而双方的相关货物可以自由地进入他国市场，获得对应的贸易收益，这种收益往往是对等的。

（2）市场准入原则

市场准入原则，是世贸组织重要的原则之一，该原则的主要含义为组织成员国通过降低相应的经贸壁垒，逐步开放其国内的市场，从而实现世界贸易组织成员间货物的自由流动。市场准入原则主要内容体现为，降低经贸壁垒、减少数量限定等。在市场准入原则下，各组织成员是允许设立各自的经贸壁垒的，不仅包含关税障碍还包含非关税障碍。总体上来说，在市场准入原则的不断推行下，各组织成员间的经贸壁垒是不断被削减的，这将有利于国际货物的自由往来，推动世界经济的发展。

（3）非歧视性原则

非歧视性原则，或者叫无差别原则，是世贸组织重要的原则之一。非歧视性原则的主要含义为不能歧视对待其他组织成员国，采取差异化的限制手段。非歧视性原则包括两个重要原则，其一是最惠国待遇，该原则是指组织成员双方在经贸谈判中，给予对方不少于第三国的贸易优惠。最惠国待遇体现的是一种共享的思想，其目的是让组织成员共享贸易增长所带来的利益；其二是国民待遇，该原则是指一国给予外国人在民事方面和本国公民享受对等的待遇，而不是政治层面的待遇。国民待遇是对最惠国待遇原则做出的进一步补充。

（4）透明度原则

透明度原则是世贸组织重要的原则之一，其主要含义是世贸组织成员关于经贸方面的政策，诸如法律法规、条例、司法裁决等，统统都要公开发布，并及时反馈给世界贸易组织，不能刻意隐瞒。透明度原则的设立，主要是为了使得贸易环境具备稳定性和可预见性，有利于促进各国出口企业自有竞争，创造良好的国际经贸环境。

（5）促进公平竞争原则

在世界经贸往来过程中，世界贸易组织非常重视各国能够公平竞争。对于倾销和出口补助等措施，世界贸易组织进行了严格的界定，并设立了相应的处罚措施。

（二）世界贸易组织模式可行性分析

在世界贸易组织模式（WTO 模式）下，根据世界贸易组织设立的市场准入原则，各组织成员是允许设立各自的经贸壁垒的，不仅包含关税障碍还包含非关税障碍，因此英国脱离欧盟之后，英国与欧盟之间的经贸往来将会重新受到经贸壁垒的影响。相较于之前欧盟体系内实行的单一市场贸易规则，英国与欧盟双方贸易壁垒将会抬高，这种局面是英国与欧盟双方所不愿意看到的。但是，在这种模式下，英国政府将不用再向欧盟缴纳相应的财政预算，这将会极大地减轻英国政府的财政压力，英国政府可以运用这些资金用来扩大投资和补贴英国巨大的公共服务支出，同时刺激英国国内的经济发展。英国还可以拥有实行独立贸易协定的权利，而不再受欧盟贸易规则的限制。

（三）世界贸易组织模式应用国家

世界贸易组织成员分四类：发达经济体成员、发展中经济体成员、转轨经济体成员和最不发达经济体成员，目前共有成员 164 个。2015 年 4 月 26 日，塞舌尔结束了与 WTO 成员间长达 20 年的入世条款谈判，正式成为世界贸易组织第 161 个成员。2015 年 7 月 27 日，哈萨克斯坦成功加入世界贸易组织，成为该组织中第 162 个成员。2016 年 7 月 14 日，利比里亚成为世界贸易组织第 163 个成员。2016 年 7 月 29 日，阿富汗成为世界贸易组织第 164 个成员。

七、本章小结

英国脱欧后，双方经贸关系将会进行重新调整，英国与欧盟成员国之间的关系如何发展，英国与欧盟现有的其他 FTA 伙伴国之间的关系如何维持，英国与欧盟之间的经贸关系如何选择，这一系列问题都需要英国和欧盟双方共同解决。根据当前的国际经济环境和国际贸易情况，英国未来发展可以借鉴和考虑的模式主要有：瑞士模式、挪威模式、土耳其模式、加拿大模式等。

（1）瑞士模式

在瑞士模式下，英国将不再是欧洲经济区的成员。英国需要与欧盟签署达成多项双边协议，以此来使得英国能够进入某些特定行业的单一市场，从而参与到欧洲统一市场中去，从而可以享受到欧盟单一市场货物、人员、资本等的自由流动所带来的诸多益处。但是，英国脱离欧盟之后，将需要重新对自由贸易协定进行多项单独谈判，签署多项单边协议。因此，英国有可能选择瑞士模式，但是这种模式对于欧盟来说吸引力不大。

（2）挪威模式

在挪威模式下，英国虽不是欧盟的成员国，但是可以加入欧洲经济区。加入欧洲经济区之后，英国可以继续享受欧盟单一市场待遇，可以实现人员、货物、服务和资本的自由流动，这对英国的经济发展来说无疑将会起到巨大的推动作用。但是，加入欧洲经济区意味着英国没有实行独立贸易协定的特权，必须采用欧盟标准和法律法规，在法律制定中没有发言权。而且照样分摊预算，对欧盟的预算做出了实质性贡献，也承担开放边境和接纳移民的责任，并允许劳工跨境自由流通。英国一直以来十分关心自身在欧洲大陆的发言权和话语权，采用挪威模式之后，英国将会沦为欧盟政策的遵循者，这对于英国政府来说肯定是无法接受的，因此，总体来看，英国并不会采用"挪威模式"。

（3）土耳其模式

从有利方面来看，在土耳其模式下，英国将不用分摊欧盟预算，也有了加强移民控制的特权，但是需要采用许多欧盟现有的产品市场准则，借以消除内部关税壁垒，从而可以实现英国与欧盟之间的自由贸易，推动英国与欧盟两者间经济与贸易关系的发展。从不利方面来看，在土耳其模式下，所谓的关税联盟并不能覆盖所有行业，这对于英国某些行业来说无疑是个较大的打击。另外，英国还将被要求实行欧盟外部关税，不能对第三方产生影响或者实行有担保的准入。因此，土耳其模式对于英国政府来说显得更为糟糕，权衡利弊之下，英国政府选择土耳其模式的可能性较低。

（4）加拿大模式

从有利方面来看，在加拿大模式下，英国能够实现独立与欧盟签订自由贸易协议，因此，英国与欧盟的关系本身就是由一个自由贸易协定维系的，不会存在关税障碍，这将有利于英国与欧盟之间经济与贸易关系的发展。与此同时，英国作为独立于欧盟之外的主权国家，不再需要向欧盟缴纳欧盟预算分摊额，这就可以减轻英国的财政负担。另外，在加拿大模式下，英国可以很好地控制移民，从而充分应对当前困扰欧盟的移民问题。因此，总的来看，加拿大模式有利于英国脱欧之后英欧双方经贸关系的发展，英国有可能采用加拿大模式。

（5）新加坡模式

在新加坡模式（自由港模式）下，自由港区所能达到的自由度较高，可以实现经贸自由、投资自由、管理自由、劳工自由等，关税壁垒降低到极低，有利于经贸的交流与发展，这对英国的经济发展来说无疑将会起到巨大的推动作用。同时，英国作为非欧盟成员国也无须分摊欧盟相关的开支，还可以免受欧债危机的拖累。

但是，新加坡模式（自由港模式）具有地域局限性，仅限于沿海港口城市。英国仍然拥有众多内陆城市将享受不到这一模式带来的优惠，不利于英国国内经济的协调发展。此外，自由港模式在人员流动方面限制较少，无法有效解决目前困扰欧盟的难民问题，这是英国政府所不愿意看到的，如若在沿海城市采用这一模式，英国政府将会对人员自由流动方面进行限制，实行有限的自由港模式。

（6）世界贸易组织模式

在世界贸易组织模式下，根据世界贸易组织设立的市场准入原则，各组织成员是允许设立各自的经贸壁垒的，不仅包含关税障碍还包含非关税障碍，因此英国脱离欧盟之后，英国与欧盟之间的经贸往来将会重新受到经贸壁垒的影响。相较于之前欧盟体系内实行的单一市场贸易规则，英国与欧盟双方贸易壁垒将会抬高，这种局面是英国与欧盟双方所不愿意看到的。但是，在这种模式下，英国政府将不用再向欧盟缴纳相应的财政预算，这将会极大地减轻英国政府的财政压力。英国还可以拥有实行独立贸易协定的权利，而不再受欧盟贸易规则的限制。因此，这种模式对于欧盟来说吸引力不大。

第五章 英国脱欧后双方经贸关系前景分析

一、英国脱欧后贸易谈判研究

（一）谈判过程曲折而漫长

长期以来，英国与欧盟之间存在诸多分歧。在戴维·卡梅伦担任首相期间，英国保守党内部脱欧派势力变得越来越强大，卡梅伦的权威也开始遭遇严峻挑战。同时，独立党势力的不断壮大，也给戴维·卡梅伦政府带来了巨大的压力。为了能够在选举中获胜，戴维·卡梅伦政府不得不表示要举行英国民众公投。在英国内部，赞同留在欧盟的是政府官员等精英，而普通的英国公民则对此表示怀疑。不少英国公民都觉得，英国脱离欧盟将会是收益多于损失的。

总体来看，宣布正式脱离欧盟之后，英国面临的谈判过程将需要耗费大量时间。按照《里斯本条约》第50条规定，欧盟其他27个成员国将要举行会谈，就未来英国与欧盟之间的关系进行分析研究。这个协定需要在欧洲议会上获得半数投票通过，之后在欧洲理事会上以特定多数通过后，英国将正式脱欧。即使没有合适的安排，也需要两年后自动启动脱欧程序，因此，英国最早于2018年7月才能正式脱欧。

虽然后续流程漫长，但是英国脱欧事件会给金融市场与贸易均带来很大的不确定性。英国在欧盟是一个独特的成员，并不是欧元区成员和申根公约国，但英国与欧元区国家贸易往来在其经济中占比较高，英国作为国际金融中心在脱欧前享受在欧盟提供金融服务的权利。这些或许都将有重大变化，同时还会对英国与欧盟之间的经贸往来产生不确定性的影响。虽然在谈判中英国将尽量保留现有好处，并降低其承担的成本，但欧盟为了防止内部脱欧情绪的蔓延很可能在谈判中不会做出迁就。因此，谈判的艰难程度可想而知。

（二）英国将要面临的六大谈判

1. 面临的六大谈判

在欧盟自身的内部发展中，英国一向以来都十分主张自由贸易。在英国，自由贸易思想始于亚当·斯密时期，也即 1723—1790 年间就已经产生并发展起来，后来小穆勒、李嘉图、埃奇沃思和马歇尔（Marshall）等在亚当·斯密（Adam Smith）的基础上逐步发展了此理论。这些知名经济学家得出的一致观点是：自由贸易政策将会是最优的经贸政策。而在政策的采用上，从 19 世纪中期开始，英国向来主张自由市场的发展，而普遍群众也十分赞同自由贸易的主张，可见，自由贸易思想在当时的英国已打下了比较坚实的民意基础。英国脱欧之后可发现，国际贸易大臣这一新职位被增设在英国新内阁之中，这一举措也是旨在营造和发展对英国自身更加有益的对外贸易环境。英国首相特雷莎·梅曾经公开表示英国是一个无畏而开放的国家，会更加努力推动全球自由贸易。显而易见，为了避免"脱欧"对英国自身对外贸易的负面影响，英国下定决心加大自身对外贸易的发展力度，以便在脱离欧盟的各项自由贸易的政策优待下仍能继续对外增强经贸往来、推进自由贸易。

英国脱离欧盟之后，为了实现自由贸易，英国需要进行以下几场谈判：

（1）同欧盟的法律分割谈判

根据《里斯林条约》第 50 条，英国将要同欧盟展开相应的分割谈判。这场谈判确凿和离婚分家有林林总总相似之处：资产的分割，机构的设置问题，养老金权利的处理，谈判英国应该怎样缴纳余下的欧盟预算费用，欧盟又应该怎样对在欧盟地域中居住的英国人之权利进行有效保护，反之如此。根据欧盟的法律规定，英欧之间此番法律分割商谈给定的时间为两年，并且可以根据情况进行适当的延期。可现实情况却是，英国和欧盟两边都不愿意出现超时的状况。英国新上任的脱欧事务大臣戴维·戴维斯曾表示，英国计划正式退出欧盟的时间将会是在 2018 年 12 月。欧盟亦表示十分希望在 2019 年 6 月之前可以把与英国与欧盟之间的关系结束。欧盟这样的想法主要考虑到两点：一来是时间点上，欧盟机构层面上的大选也会如期展开，二来欧盟到时也将会把 2020 年的下一 7 年欧盟预算计划谈判确定。

（2）同欧盟的自由贸易协定（FTA）谈判

英国这一边比较坚定地主张脱欧应该与 FTA 谈判处于一个同期进行的状态。但是欧盟却表示要在英国脱欧之后才会开展下一步 FTA 的谈判。对于欧盟来说，其主要担心，假设英国同欧盟的法律分割谈判与自由贸易协定谈判一起开展，英国将把这两件事混为一谈，从而不利于谈判的顺利展开。然而，延迟双方的自由贸易协定谈判将会很明显地对英国经济发展产生一定程度的不利影响，同时那些对英国出口比重较大的成员国也将受到冲击。

由此，德国在这一点上已经显示出中和的态度，希望能准许 FTA 谈判与脱欧法律谈判同时开展。欧洲赫赫有名的智库欧洲改革中心主任格兰特（Charles Grant）在其最近更新的一期报告中发表了警告，即便允许采纳脱欧谈判与 FTA 谈判同时进行，通过 FTA 的进展速度也会远远滞后于基于《里斯本条约》第 50 条进行的脱欧方面的谈判，其要花费的时间将会很长。

（3）英欧贸易临时协定谈判

为了保证英国企业不受脱欧的负面影响，在英国与欧盟完成 FTA 谈判之前，两边将会开展一项过渡贸易协定谈判。

（4）加入世贸组织（WTO）的谈判

格兰特指出，重新成为世贸组织一员的谈判也存在诸多障碍，其中最为麻烦的事情是要加入世贸组织，便意味着要取得世贸组织成员的一致认可。假如一些国家刻意阻挠给英国增加麻烦，那么英国加入 WTO 也会因此受到一定阻挠，进展并不那么顺利。

（5）同 53 个国家的新 FTA 谈判

所谓的第五类谈判是英国要和欧盟以外的国家开展 FTA 谈判，这可以归类成两种：一是和未同欧盟签订 FTA，可与国家地位受到高度重视的国家开展商谈，像美国、中国与印度；二是与已经同欧盟订下 FTA 条约关系的国家再一次开展 FTA 谈判，而这些国家加起来总数为 53 个，诸如智利、巴基斯坦、新西兰、秘鲁和哥斯达黎加等国。英国离开欧盟之后，这些自由贸易协定将不再生效了。

（6）同欧盟在国防和安全政策方面合作的谈判

相比于前面几个谈判而言，在防务方面的谈判，英国将处于一定的有利位置。因为在这一方面，英国在外交、情报与军事领域有显而易见的优势，像挪威那样与欧洲刑警组织订下合作关系对英国来说是不错的选择。

2. FTA 谈判耗费的时间长

以 FTA 谈判为例，该类型的谈判一般包括以下几个阶段：

第一阶段为意愿表达。自贸区谈判的启动，往往是谈判方出于政治、外交和经济利益的长远考虑而做出的一项战略性安排。相关方高层领导通过表达签署自由贸易协定的意向，为推动自贸区谈判奠定政治基础。

第二阶段为可行性研究。在自贸区谈判以前以及意愿表达之后，一般都要开展联合可行性研究。可行性研究内容通常有以下几个方面：对两方经贸往来当前的状况和未来的变化动向进行相应的概述，对经贸政策的最新变化动向和也许会影响到两方经贸投资的因素进行分析，对在 FTA 中合力处理的疑难问题确认，确切认定可采取的合作措施，对会消除或减轻现存服务与货物贸易及投资壁垒带来的各种影响进行评判。

第三阶段为正式谈判。如果可行性研究报告的基本结论是积极的，谈判各方通常以政府高层声明的方式宣布启动自贸区谈判。FTA 的谈判，一般由协商的两方彼此间进行相应的磋商。磋商一般得经历几个回合乃至十几轮，才能顺利达到双方都满意的磋商结果。

第四阶段为签署协定。经过一系列讨价还价和对彼此利益的权衡，最终谈判各方达成较为一致的谈判意见，自贸区谈判即宣告完成。如果谈判各方在关键问题上无法达成共识，谈判可能停滞，甚至中止。英国脱欧之后，英国政府将要同欧盟以及其他 53 个国家进行 FTA 谈判，谈判过程将会变得较为漫长，这将耗费英国政府大量的时间与精力。

二、英国脱欧后双方经贸关系走向探析

1. 欧盟与英国相互依赖

（1）欧盟需要英国

实际上，英国和欧洲大陆国家之间的经贸往来十分频繁，双方的关系也是非同一般。经过长期的发展，英国已经奠定了十分坚实良好的经济基础，历史上也曾是在世界经济实力排名中首屈一指的大国，即便是退居到世界二线以后，英国的经济发展还依然显示出比较稳健的态势，且一路保持着较为高速的经济增长，其他欧洲大国在经济发展速度上早已经被英国赶上并超越。英国向来发挥着如同经贸桥梁一样的作用，沟通和连接着欧盟与其他国家。而现今英国也是欧盟非常重要的贸易往来伙伴。

（2）英国需要欧盟

现今，世界不同国家之间的联系不断增强，相互依存度也在不断地加强。不同国家和地区在各个方面的沟通交流发展都大大缩短了地理上的实际距离以及大大减少了交流的时间，在政治、经济、军事安全以及文化方面都是如此。在世界发展的大趋势下，假若英国脱欧之后一直与欧洲拉开着一定距离，很大可能会使得自己逐渐地被边缘化，跌入更加孤立无援的困境。另外，从传统上来看，英国的两大对外交流靠山，英联邦和美国皆不会如英国脱欧以前那样再为其提供相当实质性的援助，如此一来英国又会要考虑到另外的问题，那就是必须跟着形势发展调整自己的对外战略，缺少了维持与欧盟良性关系这一前提条件，英国是不能更进一步地促进自身的经济发展的。因此，站在全球化这一国际大趋势的角度来思考，会发现英国的发展是少不了与欧盟保持良好关系的。假如英国偏离了欧洲事务的中心地位，其也就错

过了再次重新规划欧洲和世界格局发展进程中作出有效影响的机遇和可能。

2. 关系走向

（1）引发双方贸易风险和不确定性

根据《里斯本条约》第 50 条内容所言，在脱欧程序正式启动以后，英国政府需要在多个层面进行一系列的谈判，包括本国国内层面、欧盟层面还有其他 27 个欧盟成员之间的层面。从目前的状况来看，英国和欧盟之间的关系并不会立即产生巨大的变化，但在微观经济的层面上，各个运营中的企业还是会对其经营风险是否增加、不确定性是否提高、经营成本是否上升、关税是否会提高等问题有比较迅速的反应。

针对这个问题，于 2016 年 6 月 28 日开展的英国脱欧后第一个欧盟会议就在这一问题上展开了十分激烈的讨论，决议最后是以 395 比 200 的票数通过，决议结果是敦促英国马上开启脱欧程序，旨在减少脱欧程序无限被延迟开展的不确定性。

从英国和欧盟的贸易角度来看，那些涉及货物与服务贸易的企业会遇到的最大难题是随脱欧而来的高风险和不确定性。一连串的变化将会发生在未来英国和欧盟的贸易制度上，针对这一问题，企业应该着手考虑怎样调整自己在英国和欧盟的投资与贸易上对策和方略。现今的情况是，英国有 50% 的出口量来自欧盟，可见两方经贸联系极为密切。而正式脱欧就意味着欧盟内部的自由贸易优惠待遇将会在这些英国出口企业中消失，欧盟也可能会随之进一步提高对英国的进出口关税以及建立非关税壁垒。毋庸置疑，这将有损两方之间的经贸往来，增加贸易成本，从而对宏观经济产生不利的作用力。

在脱离欧盟的过程中，不能够被忽视的问题就是洗牌自由贸易制度。英国与欧盟之间的 FTA 磋商，将在英国正式退出欧盟之后才能开始。自由贸易协定需要谈判的内容很多，通常得用几年时间来完成，耗费大量时间以及人力物力，所以，对于英国来说，和以后的经贸伙伴磋商确立各种层次的经贸关系，都可能是一场无比巨大的考验。

站在另外的角度来看，英国退出欧盟与全球化时代大趋势相背而走，尤其是全球经贸一体化，比如欧盟自身以及如今正在进行中的 TTIP、TPP 以及 RECP 等区域统一化协定商谈都试图开创在货物和服务贸易标准，因此退出欧盟可以说将会使英国蒙受很大的在全球经贸规则上的负面影响。

（2）未来英欧双方经贸关系安排

2016 年 10 月，英国首相特蕾莎·梅对外正式公布英国将会在 2017 年 3 月底前基于《里斯本条约》第 50 条的规定正式开启脱欧程序，与此同时，并一起开展英国和其他 27 个欧盟成员国为期两年的商讨和谈判。

现今情况是，英国政府还并没有正式公布开展脱欧谈判的确切时间，谈判程序也必定会成为英国和欧盟之间展开一系列周旋和博弈的关注点，如此来看，双方关系会在较长的一段时期内处于充满不确定性的状态。即便欧盟方面已经公开敦促英国早日开始正式谈判，但如《欧洲联盟条约》第 50 条的规定所言，启动谈判的主动权更多的是掌握在拟退出的成员国手中。卡梅伦在公投脱欧的结果出来之后正式宣布了辞职，并把与欧盟的谈判推至新政府手上。即便如此，英国执政的保守党内其实也并没有统一意见，特蕾莎·梅也已公开声称 2016 年内不会正式起始谈判。《欧洲联盟条约》规定，正式谈判展开后，谈判期间为两年时间，如果在这两年时间内双方协议依然还不能谈判成功，英国将会自动退出欧盟。例外情况是欧洲理事会和该成员国达成统一意见，一致决定延长这一期限。除此之外，谈判程序必定是双方博弈的关注点，英国公开表示希望脱欧谈判能够和 FTA 谈判平行进行，而欧盟则表达了其不赞同的态度。在欧盟看来，在脱离欧盟的磋商结束之后，欧盟再和英国政府确定今后的发展关系，一方面可以降低脱离欧盟的磋商会被无限延伸的不确定性，另一方面可以在谈判的时候利益脉络更加清晰，而不是将二者绑定，利益混淆不清，再者，也会避免英国过分利用其还没正式脱欧的成员国地位，影响欧盟内部决策以及提高要价。

在接着而来的谈判过程中，一系列的考验都会扑向英国和欧盟，其中尤为重要的一个关键点就是探讨英国和欧盟成员国之间的关系发展方向，它们应该怎样从原来的关税联盟关系而逐步向其他模式迈过去。一方面来看，欧盟各个成员国对于英国脱欧后英国和欧盟之间的关系未来发展持各自不同的态度，因此，各层次的谈判还需要把各方的力量也平衡得当。从另一方面来看，德国作为现今欧盟中最具领导实力的一国，和英国之间又是持有十分一致的经济政策主张的，其对英国脱欧后英欧关系发展有两大目标，这两个目标分别是：避免和减少脱欧对世界范围内经济全球化趋势的负面影响，维护好经贸一体化的有益成果以及在未来的关系框架搭建中能和英国继续保持紧密良好的经济合作发展关系。这也可以从默克尔的主张中得以体现：默克尔表示如果希望继续保持统一大市场，就必须要坚持劳动力自由劳动规则，也表示十分希望各个欧盟伙伴能继续和英国保持良好贸易往来，要理性看待经济合作发展。立场比较接近的是意大利和法国，即便和英国维持着紧密的贸易伙伴关系，但鉴于和英国在经济政策和发展理念上的差异以及国内极端右翼势力的上涨，立场比较强硬，很难再给予英国更多的例外或优待。西班牙在英国有大量直接投资，在金融领域也有较为紧密的合作，因此其希望能继续和英国保持密切的贸易往来，表示更倾向于"欧洲经济区"模式，但在核心事情上，德国会表达不同的看法。

由此可得，英国和欧盟未来的关系发展方向受各方力量的影响。整体来看，"挪威模式"，"瑞士模式"以及欧盟—加拿大自贸协定模式都是英欧未来关系框架搭建的重要参考标杆。"挪威模式"是会使英国这一边得到欧盟单一市场待遇，但是对欧盟规则的制定则没有投票权，另外还需要担负一定的欧盟预算，还必须得接受劳动力自由流动制度的约束，这种模式所带来的负面影响对英国来说相对较小，也在欧盟的接受范围内，但是英国并没有什么妥协的空间。"瑞士模式"是通过和欧盟签订并不太严谨的双边协定，可以进入到一体化市场之中，也不需要接受其他方面的限制，特别是人员自由流动制度，同时还能够降低对欧盟预算的贡献份额，这是显而易见对英国最有利的模式，但该模式被采用的可能性其实并不高，因为这主张和欧盟大多数国家的主张相违背。"加拿大模式"可以说是在双方在关键贸易原则问题上实在无法谈判成功的状况下"备用"的模式，因为这个模式无论是对于英国本身还是欧盟本身都是双输的结果，不仅会耗费很长时间，还会花掉大量人力物力，许多关键问题诸如非关税壁垒、金融服务业和政府采购等问题都不会完全纳进谈判协定之中。WTO 模式也就是世界贸易组织模式，假如英欧采纳这一模式，双方就不复存在特殊贸易规定，关税和非关税壁垒将会再采入到双方经贸往来之中。

从现在的情况来看，英国和欧盟在脱欧之后究竟会采用哪种模式还不能确认，不过从特蕾莎·梅 2016 年 10 月在保守党党代会中的讲话中还是能听出一些特别的信号。在公开指出英国将会在 2017 年 3 月底前开启脱欧流程后，特蕾莎·梅还提到英国在正式脱离欧盟后不会再遵行欧盟内部的规则，英国将会收回自己的权利，英国与欧盟的关系不会是挪威模式或者瑞士模式之中的一中，反而会是一个完全独立的主权国家与欧盟达成的协议。

第六章　英国脱欧对世界经济的影响

一、脱欧后的英国在世界经济中的地位

（一）脱欧前的经济地位

1. 经济地位逐步下滑

18 世纪的英国，率先进行了工业革命，国内经济实力大增。通过多年的海外扩张，英国在世界各地建立了殖民地，并号称日不落帝国，经济实力位居第一位。19 世纪 70 年代之后，美国、德国等国先后崛起，并慢慢地超越了英国。在经历了两次世界大战之后，英国经济遭受了重创，昔日的荣耀不再。1979 年，撒切尔担任首相之后，开始采取一系列提振经济的措施，虽然英国经济开始好转，但其在世界上的地位仍位居第五或第六位，不过基本保住了其在西方主要工业国家的地位。20 世纪 90 年代末，布莱尔执政后倡导"第三条道路"，力促高科技发展，明确提出树立"新英国"形象，加大对经济制度和技术创新力度，扼制了衰退，促进了增长，使得英国在世界上的经济地位有所提升，并在 1997—2005 年保持了全球第四的位置。2008—2012 年，受次贷危机、金融危机与欧债危机的影响，英国经济受到严重冲击，陷入衰退与低迷，其经济排名于 2011 年降至第七的历史低位。2013 年，英国逐步迈上复苏之路。2015 年，英国 GDP 为 28580 亿美元，较上年增长 2.2%，是世界第五大经济体。

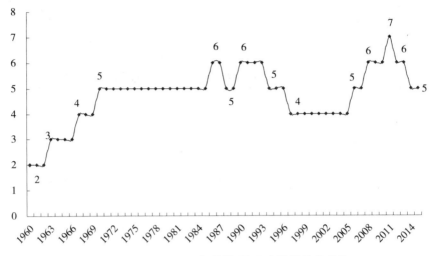

图 6–1　1960—2015 年英国 GDP 在世界排名变化

资料来源：The World Bank。

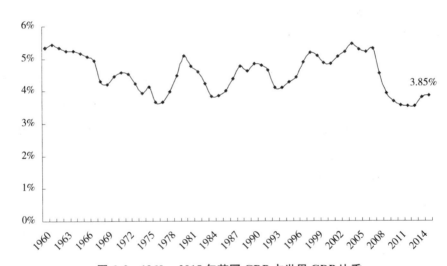

图 6–2　1960—2015 年英国 GDP 占世界 GDP 比重

资料来源：The World Bank。

2. 国际金融龙头地位保持不变

（1）国际金融中心地位概况

在当今金融行业持续成长的主流背景下，金融经济正渐渐发挥着至为关键的影响力，成为经济领域的中流砥柱。当前有三个引领着金融领域发展的金融中心，它们分别是纽约、伦敦和新加坡，而享有传统金融帝国地位的英国经过长期的积累，金融业现代化水平极高，其所占有的金融市场份额更是令人关注。

可以发现，由"金融大爆炸"，也即1986年开始，英国的金融业已开始在不同层面展现出良好的发展势头。尽管面临着诸如纽约、法兰克福、东京这样的强劲对手的激烈竞争，国际金融的龙头地位一直相当稳妥地被伦敦占据着，可以说这对英国甚至全球的经济金融发展都有着越来越重要的影响。英国在金融行业各个细分领域都有非常出色的表现，诸如外汇市场、债券市场等，这些细分领域的不断进步都给英国经济带来尤为强劲的增长动力。

虽然英国的经济实力已被美国在一定程度远超了，但可以说现今的全球金融的核心中的核心仍是伦敦而非纽约。要说世界上资金交易最为频繁的地方，必须提到伦敦。从金融从业者的人数来看，纽约华尔街的人数为约二十万人，而伦敦金融城的人数则为三十多万人。从工作时间的角度来看，伦敦和中东、美国和亚洲的工作时间都重叠，由此在英国进行的国际交易数量也是十分引人注目的，另外不得不说的就是"金融大爆炸"，这一制度也促使伦敦从一个受到法律保护的、相对仍比较小的金融机构所构成的传统金融体系变身成了一个由电子银行、众多百万富翁们以及庞大投资财团所构成的现代金融体系，伦敦的核心国际金融地位很大程度上是在被轻触式的金融监管下大大提高的。

（2）外汇交易市场地位

金融作为英国经济的一个核心产业，在各项产业中也都享有一定的特殊地位。2008年金融危机发生后，英国这种特殊的产业结构决定了危机之初英国在七国集团中表现最差。但是，金融自由化政策为英国金融业打下的良好基础使得英国金融业在危机的巨大冲击后能在较短的时间内以强劲的势头进行复苏，可以说，金融危机也丝毫没有动摇到英国金融中心的根基。

根据国际清算银行（BIS）数据显示，如图6-3所示，2007年英国伦敦的外汇交易市场份额为34%。2010年，伦敦市外汇交易市场份额上升为37%，2013年上升至41%，遥遥领先于其他地方，牢居首位。可见，英国的龙头地位并未受到金融危机的影响。近些年来，亚太国家外汇交易量开始大幅度增加，从而使得市场格局发生变化。据相关数据显示，2016年4月，英国的外汇交易市场份额下降为37%，美国紧随其后为19%，总体保持不变。

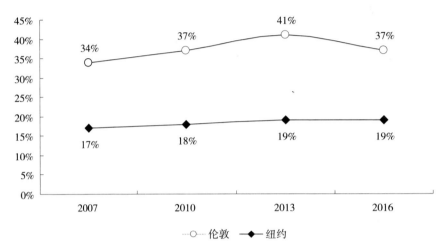

图6-3　2007—2016年伦敦和纽约外汇交易市场份额变化情况

资料来源：国际清算银行。

（二）脱欧后的经济地位

尽管英国政府已经把英国脱欧的结果正式对外公布了，但是如果从公投退欧到实际真的实行退出欧盟，这前前后后整个过程可能会需要持续约两年时间。而在英国真的退出欧盟以前，英国也仍然会是欧盟一体化市场中的其中一员，英国退出欧盟对其实体经济有多大影响以及对整个欧洲政治格局影响的大小得依据英欧两边法律谈判的进展情况，其间的不确定性也是可想而知。很多时候，英国民众的关注点都放在了英国和欧盟对现有条款具体细节的再次协商，实际上双方还有许多不同层次的利益需要进行博弈。就算是整个过程都进展得不错，但其间还是很有可能会有民意的突变以及其国内立法机构把谈判结果确认为法律过程中出现变数的。

单从英国经济金融的层面来看的话，英国的表现事实上要比欧盟更好。在经济基本面来看英国，其还是站在全球领先水平的，而不得不说这领先水平主要是得益于教育科技的长期发展所积累下来的优势，而这一优势在短期内并不会有根本性的变化，可见，伦敦这通过多年金融经济发展所建立的全球金融中心地位是历史形成的，也是不会轻易就被撼动到根基的。

1. 脱欧后经济地位

在英欧完成退欧谈判以前，英国和欧盟两边的经贸来往关系将会维持现今的状态，所以短期内脱欧公投结果对双方的实际经济发展状况的影响也是较为有限的，英国经济也不会马上陷入困境，但是毋庸置疑的是英国和欧盟关系不确定性的提高会对英国本国经营的企业以及消费群体造成相当的不良影响，对本来就脆弱的经济恢复基础有不少的打击。

从短期看，脱欧对英国自己本身的弊端有以下几个方面：1）无法享受欧盟"单一市场"福利。商品、人力、资本的流动会进一步受阻，且在短时间内无法立刻达成各项替代协议，随之而来的就是一段真空期，对于经济发展也就会形成较为明显的阻力。2）影响就业市场。在英国脱离欧盟之前，来自欧盟各成员国的优秀人才可以自由进入英国，从而很好地填补英国就业市场的供应缺口。而英国选择脱离欧盟之后，那些来自欧盟各成员国的自由劳动力进入英国将会受到诸多限制，这将缩减劳动力的总体供应规模。对于那些存在较大人才缺口的行业，企业将无法像之前那样招聘到合适且更为廉价的员工，这将增加企业的成本，削弱这些企业的竞争能力。同时，这还会放大英国就业市场的供需矛盾，不利于英国国内经济的良性成长。

自脱欧公投以来，直接影响表现为英镑持续走低，CPI 持续走高。据相关数据显示，英镑兑美元从 2016 年 5 月 31 日的 1.45 降低到 2017 年 1 月 31 的 1.26，降幅 13%；英镑兑欧元从 2016 年 5 月 31 日的 1.30 降低到 2017 年 1 月 31 日的 1.16，降幅 11%。英国消费者物价指数（CPI）年率从 2016 年 5 月的 0.3% 增加到 2017 年 1 月的 1.8%，为近些年以来最高值。预测估计 CPI 升幅将于 2017 年进一步涨到 3% 上下，对消费者的支出能力造成一定的侵蚀，而消费支出也正是从退欧公投以来英国经济表现最具韧性的助推力所在。

消费性支出是推动英国经济增长的重要力量。短期，英国脱离欧盟对其消费性支出的影响不如预期。英国的经济在公投后的表现也比预想的要好，但这并不意味着英国脱离欧盟对英国经济的影响降低，而是出现了滞后，这是无法避免的。脱欧带来的影响将会在未来逐步显现，根据 IMF 最新发布的《世界经济展望报告》也将英国 2017 年的经济增长预期上调至 1.5%，但将 2018 年经济增速下调至 1.4%。

从企业经营的角度来看，有一项针对英国 940 名小微企业首席执行官的调查，其中的调查结果发现，企业主在以下几个方面显示出了越来越明显的不安情绪：雇佣非英国籍员工、融资项目以及产品服务该怎样打入欧洲市场等。调查还显示，有超过 20% 的被采访者预计，2017 年自己的企业会在欧洲大陆建立专门的办事处，也有将近 10% 的创业者考虑将公司的总部从英国迁离。尽管英国在未来的一段时期内仍然会是欧洲地区的高科技企业集聚地，但英国脱离欧盟此举严重动摇了投资者的信心也是不容置疑的。

总体来看，受脱欧影响，英镑汇率下降，CPI 上升，生产和生活成本增加会影响消费支出、企业及投资者信心，不利于英国经济增长。根据 2017 年 1 月，《福布斯》经过研究指出，英国国内生产总值被印度超过，已经从全球第五位变成了第六位。根据相关资料指出，2016 年英国国内生产总值达到 2.29 万亿美金，而印度的国内生产总值为 2.3 万亿美金。

2. 脱欧后金融地位

如果单单从行业的角度来看的话，在英国脱离欧盟之后，英国的金融业受到的影响最大，将会削弱其世界地位。

从短期情况来看，英国宣布正式脱离联盟之后，英镑汇率在当日随即出现大幅度下跌，下跌幅度超过 10%，创下历史纪录。这一影响一直持续到 2017 年年初，同时英镑汇率下行压力依然较大。欧洲的股票市场也受到了重挫，英国富时 100 指数下跌 3.14%，德国 DAX 指数、法国 CAC40 指数分别大幅下跌 6.81%、8.05%。

从上文中可以清晰地看到，英国脱离欧盟这一事件，引发了世界金融市场的大幅度波动，为近些年来罕见的现象。造成这种现象主要是因为主流市场观点都认为英国人并不会赞同离开欧盟。原来以为是场闹剧的公投，最后却是以出人意料的结果而结束，这也是为什么金融市场风险厌恶短期急剧上升，投资仓位又得采取紧急风险控制举措来应对，从而使得市场风险厌恶情绪瞬间升温，也进一步地触发了超调现象。尽管如此，从现今的情况来看，公投的结果对国际金融市场造成的负面影响可以说已经基本上被消化掉了，许多金融资产在重新定价后也已经出现回稳的迹象。

从长时间的角度来看，金融行业在英国国内的支柱型产业，2015年对整体经济增长的作用率高达40%。事实上，伦敦金融业的成长得益于英国经贸多年进步积累所形成的强大实力，当然也与现代化的金融监管是密不可分的。

从另外的角度来看，英国脱欧后一方面可以避免相对来说更为严格的欧盟金融监管制度，从而获得更好的金融业竞争优势，也会吸引各种国际金融机构把其运营的各项业务转移到监管制度严格程度更低的伦敦。另外一方面，如果到了英国真正实行脱欧的时候，在欧盟其他成员国从业经营的相关营业执照就可能从此在英国金融机构的手中白白丢掉了，由此英国金融机构就会流失很多欧洲客户，它们的欧洲市场份额也会逐渐地萎缩。脱欧以前，许多国际金融机构都会把英国看成是进入欧盟市场的一座桥梁，而脱欧以后英国就将会在这层利益关系中蒙受很大损失。除此之外，英国和欧盟贸易有十分紧密的联系，可以说有过半的贸易量都来自欧盟，英国脱欧其实就预示着和欧盟共同贸易的政策从此不再生效，而从此英国必须要再次按照世界贸易组织多边贸易规则和欧盟一体化的贸易政策进行谈判，这对英欧贸易关系的影响也是显而易见的，进一步地还很可能会影响到伦敦国际金融中心还有资金避风港的地位。

从整体来说，当英国真的退出欧盟之后，伦敦自己身为全球的金融中心，原本伦敦对欧盟的金融业务的很多便利条件都从此消失，从而造成很大的限制。与此同时，欧盟其他国家和地区的一些金融中心很有可能会乘胜追击迅速发展崛起。但是，英国作为传统老牌资本主义国家，伦敦今天的环球金融中心的地位并非一蹴而就的，而是经过多年积累而成的，因此，伦敦金融业的世界性地位在未来一段时间还是会保持下去的。

二、英国脱欧对美英经贸关系的影响

（一）美英经贸关系

除了金融行业是核心产业，英国还是世界级的经贸大国，与世界上其他国家经贸往来频繁，其对外经贸关系对国内经济发挥着很关键的作用。因此，英国如果想做到经济稳健进步并提高就业率，就需要着重促进对外经贸的进步。目前来看，在英国 80 多个经贸往来成员中，英国对外经贸联系最为紧密的是欧盟，还有就是美国。2015 年，英国对美国的贸易总量为 804.26 亿英镑，其中进口量为 351.99 亿英镑，出口量为 452.27 亿英镑，贸易顺差为 100.28 亿英镑。根据 2015 年数据显示，美国是英国的第三大的进口国家和最大的出口国家。

2016 年 1—11 月，英国对美国的贸易总量为 778.37 亿欧元，其中进口

（单位：百万英镑）

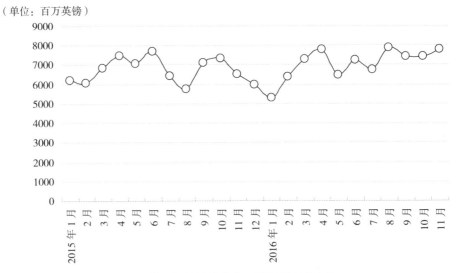

图 6-4　英国与美国的进出口贸易额月度走势

资料来源：英国国家统计局。

量为 364.43 亿英镑，出口量为 413.94 亿英镑，贸易顺差为 49.51 亿英镑。
2016 年 1—11 月，美国是英国的第二大进口国，仅次于德国，进口金额占
比为 8.4%；同时，美国也是英国最大的出口国，出口金额占比达 15%。

（单位：百万英镑）

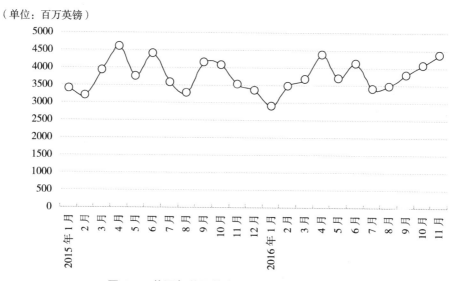

图 6–5　英国与美国的出口贸易额月度走势

资料来源：英国国家统计局。

（单位：百万英镑）

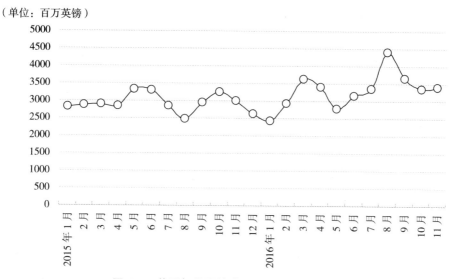

图 6–6　英国与美国的进口贸易额月度走势

资料来源：英国国家统计局。

从美国方面来看，美国经济分析局的资料显示，根据 2015 年美国对英国的经贸总额为 2350 亿美元，英国是美国第六大贸易伙伴国，双方经贸联系十分紧密。

（二）脱欧对美英经贸关系的影响

1. 在对美贸易中，英国处于不利地位

脱欧后，英国在对美国贸易中将置身于一个不利的地位。首先要提到的一点是，英国脱欧，将会遇到和其他非欧盟国家一样的关税和贸易壁垒，就比如巴西、印度和中国。当今，英国与美国之间的经贸壁垒比较低。另外，英美双方是彼此最大的对外投资者，直接影响到彼此 100 万的工作岗位。脱欧后，这些都将受到影响。

2. 英镑贬值，有利有弊

公投结果出来后，英镑汇率持续走低，变相地降低了出口商品的价格，从而有利于其产品出口。尽管货币贬值对产品出口来说产生了很大的正面影响，但同时也在进口成本和消费者的负担上增加了一定的阴影。因为英国的飞机、汽车、机械和化工出口行业都会离不开很多国外的配件和原材料，因此，这些进口货物附加值会增加多少就会直接影响到英镑贬值所带来的利益价值。另外，现今的英国企业出口到欧盟其他国家需要零关税，但是现在这部分企业正在考虑是否转移到其他欧盟成员国或者其他亚洲低制造成本区域来。显而易见的是，英镑的贬值大大增加了英国在国际教育和旅游方面的对外吸引力。

3. 影响跨大西洋贸易和投资伙伴协定的签订

跨大西洋贸易和投资伙伴协定（TTIP）作为一个贸易和投资协议，内容全面，标准高，而对于当前这一份协议，美国和欧盟的谈判还在进行时阶段。可以这样说，美国和欧盟是全球两大优良、现代化水平最高、对消费者的保护也是有最高标准的经济实体。设立 TTIP 主要是为了使彼此已经建立的经贸关系更为坚固，这也是为了进一步加快经济发展，并希望能在原有的良好发展基础上增加欧美工作岗位超过 1300 万个。

2013 年 7 月，TTIP 第一次会谈举行。但受一系列因素的影响，TTIP还没有取得重大进展。之前预计在 2016 年前结束的 TTIP 也并没有按期在奥巴马任期内结束。TTIP 如果真正实行的话，这将是全球规模最大的自由贸易区，将给美国和欧盟带来巨大的经济收益，推动两者之间的经贸往来。

英美之间经贸联系非常紧密，英国选择离开欧盟之后，TTIP 磋商将会出现延迟。在 2017 年 1 月下旬，欧盟贸易事务专员姆斯特罗姆已表示，将从现在开始搁置跨大西洋贸易与投资伙伴协议（TTIP）协议。

4. 建立新的贸易关系

按照欧盟的规定，英国要同其他国家制定并确定经贸协议，只能等到真正地离开欧盟之后。但是，英国政府也对外公布，这一规定的限制并不意味着英国不可以开展非正式的意向商议谈判。从现今的情况来看，英国仍是欧盟成员国，确实还不能合法地和自行和其他国家开展正式的贸易协议。这也意味着英国和美国之间的正式谈判也至少要等到两年之后才能真正开展起来。十年敲定正是全面贸易协定的惯例，欧洲和加拿大就是这样。

5. 激发美国对英国和欧洲政策的调整

英国作为传统老牌资本主义国家，可以说是欧盟内部尤为具有影响力和坚定的一个，其在安全政策和贸易自由等各个美国尤为关注的领域中，加强欧盟和美国立场上的接近度。从美国政府的方针中可以发现，英国融入联合化的推进是他们的主要考量，英国驻扎在欧盟会给强大的大西洋联盟打一剂强心针。英国脱欧的话就会失去对欧盟事务的各种参与决策的权利，其中就包括自由贸易协定、政策的扩大至安全合作等，这也会大大改变美国对其国际地位的看法。脱欧后的英国对美国来说战略意义呈直线下降，美国也只好把德国看成对欧政策的核心，由此在德国领导下欧盟的发展将会直接影响到大西洋关系的走向。

三、英国脱欧对中英经贸关系的影响

（一）中英经贸关系

1. 中英经贸关系曲折发展（1949—1997 年）

1950 年，英国承认了中华人民共和国的合法地位，就在这一年双方经贸额为 7350 万美元。三年之后，英国代表团冒着各种阻挠和危险来到了中国。这个代表团由当时的 48 家企业组成。这一次来访就正好给我国的经济发展带来了积极力量。此外，双方订立了许多经贸合作协议。这是中华人民共和国成立后，双方首次合作和碰面交流，由此这个团队也被赋予了"破冰者之船"的美誉。在这个发展基础上，"48 家"集团应运而生。这个集团在 1954 年 4 月正式建立起来。这个集团也是和我国进行互利贸易民间组织中最早的。而在此之后，这个集团的成员企业数量直线上升，大量的英国大金融机构、生产企业也陆续加入金融进来。此外，伦敦工商会、英商中华协会、英国商会和英国工业联合会这 4 大工商组织在 1954 年共同建立了促进中英经贸往来的组织，也就是英中贸易协会。英中贸易协会也成为和中国国际贸易促进委员会承接的有半边官方的贸易组织。

从此之后，一批批旨在加强中国和英国两国经济贸易进步的民间组织纷纷组建起来。特别是在 20 世纪五六十年代，当时成立不久的新中国仍受许多西方国家封锁禁运。正是有了像英国友好的经贸团体和"48 家"集团这样的经贸组织的大力推动和支持，中国和英国之间的贸易交流才能慢慢得以推进并增强起来。

中国和美国的关系发生比较重大的突破是在 20 世纪 70 年代初。那时候许多像美国一样的欧洲盟国都陆续开始和中国发展外交关系。1972 年，中英双方正式确立了大使级外交关系，双方经贸联系更为紧密。

中国在 20 世纪 80 年代开始改革开放，这可谓对中国和英国友好贸易往来打下强心针。中国在1979年实行改革开放，就在同一年，双方订立了经济合作协议。之后，双方贸易量第一次超过了十亿美元。在这个过程中，英国主要是从我国进口矿石等产品。

改革开放以前，中国的经济还处于一个很低的发展水平，生产能力有限，外汇紧缺等。在这段时间内，英国的主要贸易往来国是英联邦国家、欧洲大陆国家等，与中国的经贸联系相对来说微乎其微。根据相关官方统计显示，在英国对外贸易总额中，1985年中国占英国双方贸易额仅为0.3个百分点。同时，中国和英国也签订了关于香港的共同声明。这个声明可以说为两国经贸向前迈出了崭新的一步。两边订立了数份经贸合作协议。随着而来的，中国改革开放的一步步深入以及外向型经济的崛起发展。中国逐渐被英国看作一个不可忽视的庞大潜力市场。20世纪90年代初中英两国的贸易总额第一次超过了20亿美元，而到了90年代中的时候中英两国的贸易总额已经达到50亿美元。1997年，香港回归的那一年，中英两国的贸易总额已高达57.9亿美元。

除了经济与贸易往来，中国在技术等领域也同英国有了一定的交流，且合作的范围在不断地扩大。为了能参与南海油气勘探活动，英国的能源公司也有所行动，开始和我国的能源企业签署相关合作协议。两个国家在橡胶、煤炭、通信、轮胎、建筑材料、烟草等生产领域有了各个不同层面的交流发展。另外，在皮革、机电食品、纺织等行业现存企业的改造方面，英国也积极与中国进行合作。在对华投资方面，英国在欧盟15国中也是首屈一指的。

2. 中英经贸关系飞速发展（1997年至今）

香港政权正式由英国交回到中国手中是在1997年7月1日。香港回归之后，香港这一历史遗留问题给两国关系带来的复杂影响就逐渐消失了，中英双方的关系也由此迈进了新的时期。在双方关系的新时期，中英双方的经济贸易往来也逐步进入了新的模式。1997年至今香港回归近二十周年，中英两国的贸易往来数量以及互相投资发展的资金额增长都是快速增长，而这一切都离不开双方加深沟通交流与合作的不断努力。现今，双方之间的联系和合作变得更加多样化，共同合作的领域同时在不断地被开拓。合资开发、共同经营、原料加工等都是中英两者共同合作的项目。2015年，中英两国之间的经贸额高达900多亿美元，具体内容如下文详述：

（1）货物贸易

从长时间来看，中英两国之间贸易往来较为密切。在欧盟各成员国中，英国仅次于德国，是中国的第二大贸易伙伴国。根据英国税务与海关总署统计显示，2000年至2015年，中英之间的贸易额不断增长，不论是中英贸易总额，还是中国对英国的出口与进口总额，均呈现稳定增长的态势。2015年，英国与中国的双边货物贸易额为910.3亿美元，中国为2015年英国第四大出口市场和第二大进口来源地。

表6–1　2000—2016年中英进出口额

（单位：亿美元）

年份	中英贸易总额	中对英出口	中对英进口	中英贸易差额
2000	99.02	63.10	35.92	27.18
2001	103.07	67.80	35.27	32.53
2002	113.96	80.60	33.36	47.24
2003	143.94	108.24	35.70	72.54
2004	197.29	149.68	47.61	102.07
2005	245.03	189.77	55.26	134.51
2006	306.69	241.63	65.06	176.57
2007	394.35	316.58	77.77	238.81
2008	456.24	360.69	95.55	265.14
2009	391.54	312.77	78.77	234.00
2010	500.75	387.71	113.04	274.67
2011	586.85	441.25	145.60	295.65
2012	631.06	462.99	168.07	294.92

续表

年份	中英贸易总额	中对英出口	中对英进口	中英贸易差额
2013	699.67	509.58	190.09	319.49
2014	907.80	644.20	263.60	380.60
2015	910.30	633.20	277.10	356.10
2016 年 1—9 月	555.80	414.90	140.90	274.00

资料来源：英国税务与海关总署。

在英对中出口位列前四的商品是贵金属及制品、运输设备、机电产品以及化工产品。2015 年上述四类商品的出口额占比（所占英国对中国出口总额的比重）分别为 37.9%、21.9%、12.6% 和 7.5%。另外，英从中进口的前三大商品则是机电产品、家具玩具和纺织品及原料，占比分别为 37.8%、14.4% 以及 14.1%。此外，鞋靴伞、塑料橡胶以及贱金属及制品也是英国从中国进口的较为关键的产品。中国是英国许多劳动密集型产品的进口来源地。这些产品一般包括：家具玩具、英国纺织品及原料、鞋靴伞等轻工产品皮革制品及箱包等。这也是因为中国的生产发展以劳动密集型产品为主要优势。除了上述的产品以外，中国在机电产品上也是英国最大的进口来源国。其市场份额高达 17.3%，比德国（位居第 2）高出 3.1 个百分点。

（2）服务贸易

在这个方面，英国服务贸易进出口均一直保持着相当的高水平，这也很大程度得益于英国服务贸易起步时间较早。特别是当我们把关注点放在 21 世纪以来，尽管全球化的大时代趋势背景下，各国都迎来了不同层次以及不同程度的机会和考验，而英国仍一路保持着相当的服务贸易水平，一直位居世界服务进出口前列。尽管 2008 年英国的服务贸易额也受到金融风暴的重挫，服务进出口额都有较为明显的下滑趋势，但是随后就很快调整回升。2014 年，英国服务贸易总额占 GDP 的比重为 18.20%，总额为 3221.39 亿美元。同期中国这一比例仅仅是 5.86%。

（3）对外直接投资

中国一直把英国视作在欧盟最为关键的投资国家。从投资流量来看，2014 年中国对欧盟投资流量高达 97.87 亿美元，同比增长 116.3%，其中英国 14.99 亿美元，同比增长 5.6%，占对欧盟投资流量的 15.3%，仅次于卢森堡。从投资存量来看，如图 6–7 所示，从 2006 年至 2014 年，中国对英国的对外直接投资存量从 2.02 亿美元增至 128.05 亿美元，约增加 63 倍。至 2014 年底，中国对欧盟各国的对外直接投资存量中，对英国的对外直接投资存量居第二，仅低于卢森堡的 156.67 亿美元。所以，从对外直接投资来看，英国是中国在欧盟重要的直接投资国家。

（单位：亿美元）

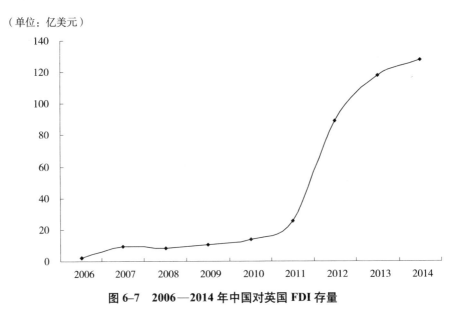

图 6–7　2006—2014 年中国对英国 FDI 存量

（二）英国脱欧对中国的影响

当脱欧正式开始实施的时候，英国和欧盟都会逃避不了一场新的政治框架搭建。这将会对处于较为稳健状态的中欧关系中英关系带来许多不确定性。由此而蒙上负面影响的可能还会有中英的国际产能合作、中欧自贸区联合等。另外，不得不重视的就是脱欧后会形成的"新英国"与"新欧盟"。

中国在英国正式脱欧后要想和双方都建立好良好的外交关系，所需要的灵活外交处理以及在外交领域的运筹能力也会大大增加，其中会遇到的相关敏感国际问题可想而知。我国对外发展的风险以及在国际上实行"一带一路"战略的难度势必也会随着英国脱欧所体现的逆全球化趋向而逐步被加大。

1. 对中国经济的影响

（1）影响

英国离开欧盟此举，会直接影响到中国与英国之间的经贸往来，同时将进一步影响到中国与欧盟之间的经济联系。

英国离开欧盟此举，对中国的影响既有正面也存在负面影响。从有正面的角度讲，中国近年来把英国视作最佳的对外投资国之一。因为许多中国企业和投资者都把英国看成是连接欧盟一体化市场的有效沟通桥梁，而不是仅仅把眼光放在英国的六千多万人口的市场上。基于这一点，在英国正式脱欧以后，在欧洲经济格局相对有所洗牌的状况下，中国的企业以及投资者也必须对形势作出准确判断并迅速作出反应和调整，调节好自己的发展和投资策略。从"利"的这一点出发去思考的话，英国在脱离欧盟之后，其原本受到的欧盟各种贸易法律制度约束将不复存在，由此减少了束缚的英国可以更加步履轻盈地加速和中国的经济贸易合作。清华大学教授李稻葵曾指出，"中国作为世界上最重要的新近崛起的市场之一，英国对中国市场的依赖性将逐渐变大"。脱离欧盟以后，对中国经贸投资方面更大一部分的自主权将回到英国自己的手中。无论是从新中国的历史发展阶段，还是当今，英国一路都坚定地表示承认中国的市场经济地位，也一直坚定推动中欧自贸区的建立。而从政治方面来看，中英两国关系的逐步加深发展也是有目共睹的。英国前首相卡梅伦也多次表示，英国有成为中国最好伙伴的愿望。中国国家主席习近平2015年10月19至23日对英国进行国事访问，双方携手共赢的黄金时代也由此开启。在未来的相互合作与联系中，英国将有大的可能性会持续对华实施正向稳健的交往政策。

再分析一下英国退出欧盟对中国与欧盟之间的经济联系的影响，综合考量之下，其造成的损失也许会超过其收益。一方面，中国在未来希望加快推进人民币国际化、经由打通英国进入欧盟市场等方案，而这些方案很可能会随着英国脱欧而失去英国这一与中欧市场资金互通枢纽，也就关闭了一个与欧洲市场沟通交流的通道。另一方面，中国和德国、法国的外交关系的发展出现阻碍，尤其是近年来法国的经济不景气，而中英联系的趋势也助长了中国与欧盟交流联系的进一步加深。可是当英国脱欧正式落地，中欧关系强有力的引擎也就随之失去动力，不再起作用，随之而来的就是中欧关系该如何推进其发展问题，就如对抗欧洲贸易保护主义的逐渐盛行，中国资本进入欧洲一体化市场的难度增加等。

（2）对策

从整体来看，英国脱欧会给中国带来一定的影响，但是总体来看影响的程度有限。所以，中国应该对此保持关注，并以谨慎态度去面对。

第一，对于中国与欧盟合作框架的再次调整。根据欧盟的规则，脱欧谈判的年限为两年，在这两年的脱欧过程和谈判的阶段中，中国应该加强关注英欧之间的经贸过渡的安排和谈判，还有就是能及时反应并作出调整，尤其是在中国和欧盟之间的合作框架以及布局。一方面是要把关注点放在德国和欧盟的其他成员国。当英国脱欧正式确定的时候，中国要想进入欧洲一体化市场就必须在这两年时间内开始加大拓展进入欧洲市场的通道，并注重对欧盟的投资及自贸协定商判。另外一方面是基于英欧之间的谈判进展以及经贸新协定、TTIP 等的进展情况来及时调整中国和英国、中国和欧洲的金融经贸合作的方向，能充分运用好有关的优惠政策。还有就是中国出口企业应该在失去英国这一打入欧洲市场的有效进口之后要及时反应，在自己的机构调配以及业务布局等方面做好战略调整。

第二，密切留意英欧政治局势的发展动向，并随之作出符合形势发展的战略性调整。尤其是要留意脱欧之后英国的优先开展外交合作战略伙伴的布局，特别是和美国的关系是否有较大的变化。2015 年，美国曾透过官方谴责英国对中国的迁就态度，并作为创始成员国加入了亚投行。从这其中也可以看出一直被看作有不寻常关系的英美关系在这些年的外交政策方向中有走分叉路的迹象。当英国脱欧正式确定之时，英国势必又一次对自己的对外政策作出相应的变化，选择不包括欧盟在内的市场，使之成为优先合作对象将是其对外政策中的重点内容。英国和美国会不会再次走向特殊外交关系的老路，通过经贸外交来填补脱欧带来的损失，这些发展动向都是不可忽视的。从另外的方面来看，英国脱欧后和中国之间也会可能进一步加深发展，把中国当作脱欧后选择的优先经贸合作伙伴，从而来弥补脱欧带来的经济损失。站在中国的角度来看，应该把关注点多放在英国脱欧对中英关系发展的有利影响，并密切关注英国和欧盟在脱欧过渡阶段的谈判变化情况，努力协调好双方利益关系，为中英友好关系进一步加深发展而努力。

另外的关注点是，欧盟在中国是否具有市场经济地位很大可能会在脱欧这件事上遇到转折。中国是欧盟的第二大经贸伙伴国，而曾经反对中国具有市场经济地位的论断也是欧盟提出的，这给双方之间的经济往来造成了不利影响。而英国脱欧之后基于急需贸易盟友的考虑，欧盟很有可能会在对中国市场经济地位这一论断上有所退让，逐渐弱化，而不是过于偏激。在这中间，德国作为欧盟的标榜国家，中国应该率先与其建立好友好合作伙伴关系，努力争得其对中国市场经济地位的认可。

第三，牢牢推动好"一带一路"倡议以及抓住人民币国际化的宝贵时机。英国脱欧正式实行以后，英国与欧盟经济贸易发展都会蒙受负面影响，各方都急需找到新的市场发展突破点。在此，中国在加速"一带一路"倡议、驱动金融货币流通以及基础设施合作等方面都有新的发展。不得不说，作为重要的战略要地，大力推进中国和中部以及东部欧洲国家的各种合作，将对整个"一带一路"规划有相当大的助推作用，因此应该特别重视，并推进双方的外交关系。英国脱欧正式施行后，欧元与英镑也会遇到许多汇率问题，诸如货币国际地位的下降、汇率下滑等。伦敦的国际金融中心地位要想继续维持也需要拓展发展思路，发展更多国际业务。在这一个大的发展形势下，人民币相比之下显示出来的较为稳健的态势会大大加强吸引力，吸引更多外国投资者，伦敦离岸人民币业务也会有新的发展机会。

第四，谨慎预测周期性系统性的金融风险，促进与各国和各地区的经贸合作交流。近段时间，特别在脱欧之后应该对国际经贸市场以及金融市场较为动荡起伏的状态多加关注。尤其是要避开因为脱欧带来的过度的风险厌恶情绪而造成国际金融资金链断裂的风险，避免再遭受像雷曼兄弟给国际金融市场带来的巨大冲击。从 2016 年起，英国就脱欧问题与欧盟进行谈判的两年间，英国脱欧所带来的不确定性会给全球金融市场带来较为持续性的波动。不可忽视的还有欧洲资产价格下调的情况，将对我国在欧洲的投资产生冲击。另外，国际金融市场风险厌恶情绪高涨，美元将有走强的迹象，再加上中国经济已经进入新常态，这会进一步加速人民币价值下跌，不利于金融市场的平稳发展。中国也由此应该谨慎提前做好风险预警方案。一来要促进和欧盟、英国等国家的合作交流，维护好自身的经贸发展，二来要采取各种必要的资本管制措施，对金融风险进行有效防范。

2. 对中国金融业的影响

（1）对人民币国际化的影响

英国脱离欧盟将导致人民币国际化的推动受到影响。但中长期看，伴随英镑、欧元的衰弱，人民币崛起迎来了崭新的发展机遇，未来国际货币格局将是美元与人民币齐驱并驾。

一方面，根据短时间的情况，人民币国际化步伐将会被打乱。其中最为直接的不利效应就是人民币汇率将承受压力。受英国脱离欧盟这一事件的影响，人民币在不到 1 个月的期限内，累计贬值程度大于百分之二。有一件一定要认清的事情是，人民币贬值主要是受到来自外部因素的影响，因而属于被动性的、策略性的贬值。

近两年时间来，人民币国际化进程也逐渐有较为明显的提速。随着英国不再是欧盟成员国和伦敦国际金融中心地位的逐步下降，中英"蜜月期"势必受到影响，我国也将被动寻求布局欧洲的新支点。

另一方面，中长期看，人民币将迎来契机。"机会往往是跌出来的。"这句股市的经典话语也同样适合人民币国际化。人民币的崛起，必然意味着美元、欧元等的地位将会下降。英国脱离欧盟的举动，将会对英镑和欧元造成冲击。从 1999 年正式流通，欧元在世界上发挥着越来越大的作用，也逐渐变成了世界第二大货币。但从近十几年的情况来看，欧元却至今都没有真正威胁到美元的霸主地位，以美元计价仍然是世界跨境贸易的主流，美元仍然是世界上各国的主要储备货币。此次英国脱欧，为防止欧元的世界影响力不被弱化。在已经开展诸多合作的基础上，欧元加强对人民币的合作将会是不二之选。

以现今的国际货币格局变化形势来看，很难动摇到美元的霸主地位。欧元、英镑以及日元都有弱化的趋势，在此情况下人民币有很大的乘胜追击的机会。我国也应该理性判断好形势的变化，并根据这一情况，逐步使人民币国际化进程不断向前推进。从现今的情况来看，如何逐步抑制人民币下行的趋势，是需要考虑的重点；在中长期，则需要为人民币国际化创造有利条件，推进人民币汇率进入稳定轨道，以加入 SDR 也就是特别提款权为突破口全面推动人民币国际化进程。

（2）对我国银行业的影响

从目前的情况来看，英国和欧盟未来的合作模式可看作是一种过渡，也就是英国究竟会和欧盟订立怎样的新的条约，会和其他国家订立何种新的条约，怎样修改国内法规来弥补脱欧产生的影响等，种种意向发展都是很难准确预知的。而具体来看，对中国银行业的相关影响，可归纳成以下几个方面：

第一，在较为短暂的时间内客户资源的失去。对于中国金融机构来说，其关键资源是在英国的中国相关的资本企业。把资产下降、汇率弱化趋向以及资金向外逃出等问题出现的话，中国资本企业很有可能会进一步缩减在英国的相关投资，并会遇到更大的不确定性。根据美联社 2016 年 10 月 17 日的报道，有调查表明，英国正因为脱欧公投的结果而丢掉了位居全球理想投资地区前 5 的排名，在美、中、德、加、法、日之后，仅排第七。从另外的层面考虑，英国离开欧盟此举可能让中国相关企业将业务中心区域转移到其他欧盟国家。因此他们的英国客户资源在一定时期内有所丢失。

第二，从近年来中英两方经贸往来来看，整体表现还是十分稳健的。2015 年的整体表现是，中国进出口总量下降了八个百分点；中国对欧盟的进出口总量也下滑了 8.2 个百分点。在此前提下，中英两国的贸易数虽稍有下降，但仍有良好稳定的态势。从中也可以看出中英两国的经济贸易发展未来还是有很大的发展空间。当前情况来看，英国和中国互相都是彼此的第二大的经贸伙伴。不得不提的还有中英相互间的服装交易，双方的贸易量较大，仅半年贸易量就超过 50 亿美金。在欧盟各国，英国与中国的贸易量最大。受国际金融市场的不稳定因素干扰，2015 年中国对英国的出口量有所下滑。同时，英镑汇率下行也给中国的出口带来了损失。但是从长时间来看，英国真正离开欧盟后，就从此失去在欧洲一体化市场中出口贸易优惠政策，由此而产生的贸易成本加剧上涨也会直接地影响到中国在英国的各个金融机构贸易业务。

第三，资产配置上的困扰。英国脱欧的公投结果可谓大大超出了国际金融市场原本的预想，风险厌恶和规避情绪也一下子变得高涨，也直接地影响着中国银行原来的金融资产配置。当下情况来看，正因为国际金融市场波动起伏大，也间接地加剧了客户的信用风险的增加。很多国内银行开展代客涉外收付汇业务，特别是做英镑和欧元代客衍生交易，杠杆会被放大，而客户在缴存保证金比例上也会有所调节。2016 年 10 月份以来，英镑兑美元汇率就呈现出比较微幅的震荡。根据很多机构的研究报告都显示，英欧在脱欧问题的谈判过程中，矛盾会逐步显现出来，因此在未来的时间里，美元兑欧元和美元兑英镑都会有上调的空间。

第四，房地产按揭的负面影响。在当今时代，全球化还是一个大的发展趋向，虽然步伐比较缓慢，但也带领着全球经济渐渐步入复苏。欧洲的许多国家都纷纷提出自己的移民政策。从 2010 年开始，欧洲房地产市场就陆续出现中国投资者。根据而英国国家统计局的数据显示，2014 年第三个季度前的一年时间里，英国新建设的住宅同比有将近 10% 的涨幅，像伦敦、伯明翰这样的大城市涨幅更是有将近 15%。从 2015 年的情况来看，房地产的价格指数却呈现出下滑的趋势，这会影响到中国金融机构在英的相关投资。

（3）中国可采取的对策

第一，抓住英国脱欧机会来扩大中国内需机制。因为中国内需不足，对外贸易曾是中国经济发展的主要拉动力，在经济反全球化趋势愈演愈盛的背景下，发展对外贸易依然是中国发展经济重要内容。但单纯地依靠出口导向的发展战略也存在一定的弊端，主要是在对外依存度很高，极易受到国外市场的冲击，比如这次英国脱欧势必会极大影响中国与欧盟之间的贸易往来，失去了英国这个重要桥梁和基石，中国原来的一些优势明显的出口商品或许会在欧盟遭到很强的阻力。比如钢铁行业和太阳能行业。根据欧盟贸易执行机构欧盟贸易委员会 2016 年 10 月在官方公报显示，中国出口的热轧卷板在欧盟市场上倾销，包括塔塔钢铁英国公司在内的欧盟企业面临"受到实质性损害的直接风险"，由于中国厚钢板在欧洲倾销，已经造成了此类损害，欧盟对从中国进口的两种钢材实施最高达 73.7% 的关税，该关税持续六个月，可能延长至五年。英国脱欧以后，中国和欧盟的联系更弱，对于欧盟的市场应该稍微降低期望。英国脱欧对中国经济的发展产生一定的负面影响。因此中国在新的国际环境下应扩大国内需求，积极转变发展战略，由外向型向内需型转变。现阶段，通过扩大国内需求来提高居民消费能力，对中国经济的复苏、缓解人民币贬值的压力，具有非常重要的意义。

第二，英国脱欧之后，中国在金融和财政方面要持续民间投资比重。英国脱欧，中国面临的是更为复杂和多变的市场，全球经济一体化的规则可能会被逐步抛弃。面临市场化的竞争，中国政府投资的环境太过复杂，很难做出最优决策。因此，我们更要强调市场看不见的手的力量，中国经济中的投资部分更需要市场的眼光。总体上，政府启动投资相对难以下手，而民间投资的束缚也较大。因此政府应适当地放宽市场准入条件，积极为民间资本进入市场营造更加优越的环境。在金融方面，要持续加大对民间投资融资的支持力度，用民间投资力量去应对多变的国际金融环境。

第三，通过产业转型、金融手段来小幅缩小对欧盟的贸易顺差。按照常规理解，贸易顺差是大多数国家所追求的。与此同时，还有较多的外汇储备。但是在英国脱离欧盟这个背景之下，我们要辩证看待传统经济学这一贯的观点。英国脱欧带来的国际贸易环境的改变不支持中国继续扩大贸易顺差。中国在降低美元的外汇储备的策略下也应该降低贸易顺差。中国的交易方的主权货币明显在一个逐步走弱并退出主要货币竞争者的地步。我们没必要储备大量的欧元。为此，中国可以通过取消或降低出口退税率的措施，来限制低附加值、高污染产品的出口，进而可以减小贸易顺差的扩大；另一方面，符合未来发展趋势的产品，还是应该有更多的优惠政策来扶持它的发展。我国贸易产品的价格优势很大程度上依赖中国的低廉劳动力，然而现在物价的提高，特别是房价的高企，劳动力已经不再廉价了。不少企业利用压低工人工资的价格优势，以出口补贴作为利润。外国进口商廉价地获取了中国的劳动力资源；此外过多地依赖价格优势来销售产品，不利于中国的产业的转型升级，而且还会使中国与欧盟之间的贸易摩擦不断加剧。因此中国应当合理对待劳动力成本，提高工人的工资来降低人民币贬值的压力。其次中国应该积极鼓励先进设备进口，来促进国内企业提升生产技术，带动国内劳动生产率不断提高，创造更为可观的利润。同时，还应适当增加对国外能源的进口，更好地保护国内资源，而对于那些环境污染严重的产品要逐步实现进口代替本国生产。在金融上，适当调整产业扶持和发展的方向，这样会促进中国企业将工作的重心转向产品的技术开发，促进中国的产业结构由劳动密集型向技术密集型转变。

第四，建立健全金融衍生品市场，推行人民币国际化。目前中国虽然外汇储备在 2016 年有比较大幅度的降低。但是显然中国逐渐认识到拥有大量的外汇储备，人民币贬值使外汇资产大幅缩水，这对中国并没有任何好处。在英国确定退出欧盟的大背景下，加大对金融衍生产品的开发和研究是当务之急。当下阶段，中国金融衍生工具在 2015 年遭受过严重的挫折，股灾的发生使监管当局把金融衍生品当作罪魁祸首，但是这严重制约中国金融、资本市场以及金融业健康发展，也让中国的经济发展也遭受了一些负面影响。所以必须加大对金融衍生产品的开发利用，这确保外贸企业在发展壮大的过程中可以利用远期市场、期权等规避风险。此外，还应把满足企业需要作为重要原则，将金融衍生品的开发同人民币国际化相互承接，更好地解决汇率变动对我国出口贸易的不利影响。大力推进金融衍生品的良好发展。设立专门机构，掌握金融产品准确的信息，从而提高企业规避风险的能力，以达到我国经济良好发展。我国推行人民币国际化的同时，维持人民币汇率的稳定也显得十分重要，要格外关注汇率变动对我国的价格水平以及经济带来的不稳定因素，形成合理的市场信号和反应机制，从而使中国对外贸易迅速转型升级，缓解汇率波动带来的影响，创造良好的条件服务外贸经济。顺势而为稳妥地推进人民币国际化。中国短期内的主要目标是有序释放人民币贬值压力，逐步完善人民币中间价报价机制，增强人民币汇率弹性；中长期需致力于为人民币国际化创造有利条件，保持人民币汇率稳定，全面提升人民币国际化水平。

3. 对中国国际战略环境的影响

（1）影响

英国脱欧对中国全球战略环境方面的影响应该需要特别重视。英国脱离欧盟之后，欧洲的框架将会发生变化，由此会进一步对大国间的关系产生作用。这也会使中国全球战略的环境发生改变。亚欧大陆可以说也是乌克兰危机以来大国关系处理的关注点之一。基于对俄罗斯的制约考量，美国利用英美之间的较为微妙的关系，波兰以及波罗的海国家担心俄罗斯会对其国家发展产生的威胁等，大力推动欧盟和美国一起制裁俄罗斯。而英国脱欧之后，欧洲地缘政治框架也随之而动，大国之间的关系发展也会由此进入新一轮的博弈和调整之中。站在欧盟的角度，其在处理中东混乱局面、应对恐怖主义的扩张以及对付俄罗斯等问题上对美国的依赖性会逐步扩大。站在美国的角度来看，关键的一点就是维护其自身在欧洲的影响力，因此美国很有可能会在两方面插手来处理脱欧之后的大国关系：一来是推动英国和欧盟能较为和平地进行分离谈判，二来是把在欧陆的外交首要对象逐步从英国转向德国。除了欧盟和美国的关系，还要注意的是俄国与欧盟的关系变化。俄罗斯时常致力于拓展自身的作用，欧亚经济联盟的创建就是其中的绝佳例子。俄罗斯一直认为英国是欧盟实行较为强硬措施的国家，而英国脱欧对俄罗斯来说确实比较有益于欧盟和俄罗斯关系逐步转好。俄罗斯很有可能会充分利用这个有利的变化，欧盟和俄罗斯的关系也会由此逐步走出低迷时期。欧盟与美国、欧盟与俄罗斯等的新变化也会促进美国与俄罗斯展开新一轮的谈话。

因此，从总体上看，美国、欧盟和俄罗斯的关系会有怎样的进展是十分值得关注的。

（2）对策

从中国的角度来看，对于起伏变动的欧洲应该怎样选择自己的对策来应对极为关键。中国在政治、经济以及文化等各个层面和欧洲国家包括英国在内都有许许多多的不同，可想而知，因此引发的矛盾和冲突也是避免不了的。不过整体来看，大部分欧洲国家还是把中国的迅速发展看作发展机会，中国和欧盟之间也不存在特别棘手的政治和战略利益纠纷。中国改革开放的三十多年能够看到中国与欧盟二者在经贸关系中逐步提升的彼此依赖性。长期以来，欧盟都是中国的位居首位的经贸伙伴。同时，中国还是欧盟位居第二位的经贸伙伴。中国和欧盟之间的经济来往交流对于双方来说都是具有不可多得的战略意义的，尤其是在经济生产力的增长以及就业率的提高方面。另外，中国与欧盟也努力在诸如安全等其他方面扩大联系，进一步提升两者的关系。从这些情况来看，中国应该有以下的应对发展思路：清楚了解中欧、中英关系的战略意义，客观衡量英国脱欧所带来的影响，并着重留意世界各国经济利益关系以及政治地缘地图的变化来随之应变，大力促进各方合作发展，造福各国人民。

（三）英国脱欧对中英经贸关系的影响

1. 对外贸易政策的影响

欧盟身为一个一体化市场一向是执行一体的贸易政策。但欧盟也已经对外公开表示英国在脱欧之后不再享有和欧盟之外的其他国家那五十条贸易协定的参与权利。基于此，脱欧后英国的对外举措变化对我国的作用主要如下：

（1）市场准入政策的影响

为了达成构建一个联合的市场，提高欧盟整个范围内的货物流通自由度，欧盟委员会决定实施一国认证。所谓一国认证，也就是各国互相承认的，针对各类产品实行一体化的或者具有同等效力的市场准入技术法规。也就是说，很多企业在此前花了大量时间金钱想要注册成功的用于进入欧盟一体化市场的准入证，很有可能在英国脱欧之后不再有同样效力。因为对于私营标准的认证，各国一直都呈现比较开放的姿态。如此看来，即便到了英国正式脱离欧盟的时候也会继续对这些认证给予认可。而那些在国际上来看都已经有无数国家采用的法规认证技术，诸如对化学品 REACH 的认证等，英国也是有很大的可能性保留采用；相对来说，脱欧后的英国比较小可能会直接认可的是涉及安全领域的产品。因为这些大多都是需要实行一体化且强制性很高的产品认证。工业品的 CE 认证就是其中的一个很好的例子。而对于其他欧盟官方的注册资格，就像肉类的欧盟官方资格认证，很大可能是英国交出自己的官方注册认证制度。而从"欧盟通行证"的含金量来看，因为欧盟在市场准入的法规设计技术上有多年经验，整个法规体系也相对比较完善。这样看来，即便英国脱欧正式落地以后，英国企业已经申请成功的欧盟通行证还是对他们自己的发展有不少帮助。

（2）商品质量标准的影响

为了确保消费者的安全，欧盟形成了数量众多的商品质量标准。欧盟的技术法规制定来源于各个国家的原则之间的协调调整，并且英国标准是欧洲标准的三大重要来源标准之一。因而可以得出脱欧以后英国在各种产品的质量安全标准上重新订立新的相关规定并不具有太大可能性。另外，因为英国政府在国际标准化活动中十分看重自己国家的利益，并且英国在正式脱欧之后也会收回更多贸易政策制定上的自主权，估计英国会不会提出新的技术标准要视乎贸易情况的变化。

（3）关税政策的影响

在关税政策方面，欧盟内部实行的是同一市场政策，实现商品的自由流通。同时，欧盟对外部订立了共同的关税。像英国这样的大国，除了享受区域一体化的利益，贸易政策制定上也会从而带上了镣铐，欧盟成员国的经贸结构存在比较大的不同，所以欧盟一体化市场的经贸政策的订立也是在综合考虑各方利益的情况下进行的。纺织服装、农业等行业的保护性关税就是其中很好的例子。第三产业在英国居于领航地位，已经接近经济总量的

80%，而制造业所占的比重约为20%。站在自由化的角度来看，英国可以接受比较高的开放水平。

因此估计，脱欧后英国会视本国情况调整中国和英国之间的贸易关税。而对于英国究竟会不会成为中国商品进入欧洲的第二个中转站，当前仍难下定论。

2. 英镑汇率波动的影响

（1）影响

对于国际货物往来来说，汇率都是被公认的特别关键的作用因素。英镑、人民币汇率的变动对中英之间的货物往来会有重要作用。

英国脱欧的公投结果公布以后，英镑汇率呈大幅度下滑。英镑汇率的如此下滑一来会减弱英国自己本身的进口需求，使得中国出口至英国的商品受到负面影响；二来也会使得越来越多的中国企业"走出去"，中国企业在英国金融、贸易、电信通信等部门都注入更多投资资金。总的看来，未来还有很多不确定因素，进口企业还要更及时机警地对脱欧带来形势变化做出随时调整。

① 在其他因素相对稳定的情况下，英镑币值的大幅度下跌会对英国对中国的出口以及中国对英国的进口产生正面影响，而对于中国出口到英国的

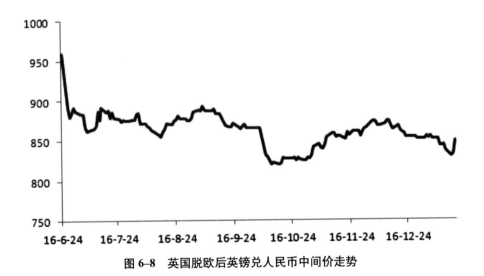

图6-8　英国脱欧后英镑兑人民币中间价走势

贸易来说则是负面影响，这也将会逐步使得中英货物贸易之间的顺差收紧。而因为英国在多年的发展过程中在全球范围内积累的良好的优势基础，中国和英国之间的服务贸易逆差是很难在短期内有太大转变。而英镑汇率的下滑进一步下滑的趋势也收紧了中英服务贸易逆差。不管是从理论上还是从实践情况来看，英国对中国出口最后能不能得益于英镑汇率的剧烈波动很大程度上需要根据英国经济未来时间里的发展情况以及经营企业对于汇率波动的敏感程度。

②中英经贸规模很大程度上依赖于英国经济发展状况。整体上来看，中国外贸的自身的特征使中国的出口受进口国的影响。这也和中美、中欧贸易的发展特征有很多相似的地方。中国和英国的贸易收支的变动会因为中国和英国两个国家的经贸变化变得更加敏感，特别是英国的经济状况、实际收支状况会给中国对英经贸施加较为明显的压力。当今情况，英国脱欧使得形势发展有了更大的不确定性，而其究竟是创造性更大还是破坏性更大，未来的英国经济会有怎样的发展方向，这一切现在都还难以下定论。因此必须密切关注相关发展动态。

③人民币汇率和中英两国经贸有着特别密切的联系。英国脱欧以来，人民币汇价有下滑的趋势。就像脱欧会不会威胁到伦敦的国际金融中心地位，进而使得国际资本有大规模的迁移，这些都是会直接并明显地影响到各国的外汇市场。尽管人民币汇率在短期来依靠是取决于储备规模，长期得依靠经济发展，中期则与其本身的国际收支情况紧密相关，但英国脱欧会对人民币汇率带来一定负面影响。中英经贸未来变化动向很大程度上会受到人民币汇价波动的影响。

（2）对策

①着重对中英经贸框架的变更，对中国货币和汇率政策持积极的态度。

中国出口贸易会受到英镑汇汇率的变化。因而中国政府要非常关注脱欧公投结果公布后英镑的汇率的变化，从而防止英镑汇价变化给中国出口贸易带来不必要的伤害。另外，要真正处理好英镑汇率变动对中国出口贸易所形成的损失，还要努力注重调整优化两国贸易结构。

②助推"走出去"，注重风险控制能力。

市场竞争力的有效提高离不开对风险的良好管理能力。企业因此应该审时度势，意识到人民币汇率在国际贸易中的重要意义。另外还要更加重视汇率风险情况。相关的货币管理部门要加强外汇市场的构建，根据国际贸易发展状况制定良好的外汇制度，使得经营企业能更有效地规避风险。企业还要加快产业升级，优化产品结构，逐步改变过度依赖出口，增加 GDP 的状况。其中，尤为不可忽视的还有产业升级中的技术创新。公司要想真正优化自身的市场环境，持续稳定地经营下去，坚持创新是其中的重要方法。

③充分利用好两国比较优势，提升双边贸易的互补。

在减轻本国出口货物的成本的同时，两国还要充分利用好双方各行业的相对优势，确保质量，并加强双方的优势，进而赢得更多的进步空间。

双方还可以进一步探讨产品创新发展，不懈努力开发新产品来紧跟国际市场的变动。这也会对双方国际市场占比的增加有帮助，加强两者经贸往来，帮助中国经贸变化升级，运用更好的策略和手段来吸引两者的合作，同时增强产业的互补能力。

3. 双方贸易协定谈判的影响

目前，中英之间的进出口状况并不协调，英国对我国的经贸逆差也有逐年增加的趋势。尤其是，中国的廉价劳动力，商品货物价格相对较低。中国和英国之间开展自由贸易协定磋商，英国工会或许将把维护就业率和维持社会治安稳定作为理由，从而增加英国政府的压力，这将影响到中英贸易磋商的展开。中英自由贸易协定谈判一旦开始，一些行业领域很有可能会由此受到一定阻挠。其中不得不提的就是高新技术和服务领域。中英两国在经贸往来中有很高的互补，而随着中国由大国变成强国，中国也将逐渐提高对英国出口产品的技术含量和附加值。

有一些行业还很可能会和英国的领先领域产生重叠，和其国内的类似产业产品发生激烈竞争，贸易摩擦也很有可能因此增大，谈判的难度也变大。特别要提到的是英国的第三产业，其国内的第三产业本身就竞争很激烈，而近些年来中国也十分注重第三产业，且增强了与英国在第三产业之间的联系。虽然现今中国的第三产业的综合实力并不强,刚开始中国不会大幅开放,但在第三产业领域放开的谈判难度是可想而知的。

如果未来中国和英国开展了关于自由贸易协定的谈判,因为英国的服务业水平高,中国要想在全球化市场经济的大趋势下在服务出口上打进英国市场,就必须提高自己的服务业水平。中国和英国的自由贸易协定谈判一经始发,很可能会遇到类似 2001 年加入世界贸易组织时那样的压力。不同的是当时的压力是在货物贸易方面,主要是为了能在进口商品的关税上有所降低,而现在的情况却是要争取在服务贸易的领域开放市场。双方现在的经贸往来为后续的经贸协定的制订做出了较好的铺垫,值得一提的是,双方的领导层均有互助的积极态度。

可以说,英国在中国进入欧洲市场的进程中起到了很微妙的作用。2014年,英国首相卡梅伦访问中国,并对自由贸易的发展表达了自己的积极支持态度。即便当时的英国钢铁产业境况并不好,卡梅伦也公开在欧盟就对中国钢铁业设置税收壁垒表示不赞同。英国也是在欧盟中首个承认我国市场经济地位的,同时还助力推动中国和欧盟达成双边投资协定。2015 年 3 月,英国加入亚投行。英国也成了首位加入亚投行的西方大国。根据英国税务及海关总署的统计资料显示,2015 年英国与中国的双边货物贸易额达到 910.3 亿美元,中国在 2015 年成为英国第四大出口市场和第二大进口来源地。从对外直接投资来看,英国是中国在欧盟重要的直接投资场所。英国一直都没有对中国公司在英国的经贸活动实施政治上的限制。近年来,中国加快了在英国的投资步伐。中国和英国在金融领域也有良好的合作基础,有丰厚的合作成果。特别是在推动人民币国际化的进程中,英国作出了尤为重大的贡献。伦敦市还是全球第二大人民币清算中心,仅次于中国的香港。

欧盟对于英国来说就是其首屈一指的出口市场。英国的出口市场在脱欧正式确定后也势必会受到很大的负面影响。在第一大的出口市场未来发展前景如此不明朗的情况下,英国政府不得不努力发掘有效的替代市场来缓解脱欧对经济发展所形成的损失。中国与英国之间的经贸互补。对于英国来说,制造业在经济结构中所占比例较小,和中国并没有形成替代关系,另外，英国的服务业与科技产业现代化程度极高，对于中国来说，将会从中受到很正面的影响。假如中国和英国的自贸协定能够顺利签订下来，英国不仅可以从中弥补脱欧所带来的损失，还很可能"因祸得福"在中国这个人口第一大国、货物贸易第一大国、世界第二大经济体上获得货物零关税的优待。中国积极推进自由贸易，对各种贸易保护主义都持反对态度，中国是英国目前是风险最小的最优的发展市场。而站在中国的角度来看，英国脱欧对人民币国际化以及中国企业的负面影响也是可以在中英自贸区的逐步建立下慢慢得以缓冲并弥补的。这也会对中国产品和中国企业进入英国市场特别有利，也会慢慢化解美国通过 TPP 制衡中国的意图。

4. 不利影响

从当今情况来看，英国离开欧盟不会对中国与英国、中国与欧盟之间的贸易投资带来过于严重的负面影响。不过，英国脱欧对中国的发展来说仍有一些不利。

第一，英国不再是中国进入欧洲市场的最佳选择，中国对此也必须转变自己的发展战略。2015 年以来，中国和英国逐渐地加强了彼此的经贸关系，英国也渐渐成为中国的关键助推者以及合作伙伴。但是，脱欧确定后，对于中国来说，就失去了打入欧洲市场的战略地位和意义。由此，中国在重要产品的进出口贸易、投资金融等方面打入欧洲市场的道路也就多了不少绊脚石。

第二，人民币世界化的步履也很可能随之变慢。伦敦市是环球金融中心，对中国来说，是促进人民币国际化的国际金融中心。因为伦敦是世界位居第二位的人民币清算中心。英国脱欧之后，对人民币推广的作用将随之而减弱，中国必须另辟蹊径促进人民币世界化在欧洲的进程。

第三，由于欧盟内部的贸易保护主义，中国公司在欧洲拥有 5 亿潜在客户，但仍然经常被拒之门外。所以，中国公司要依靠英国来打入欧盟的内部市场。英国脱欧后，英国与欧盟之间增加的贸易壁垒会减少这些中国公司在英国进出口的想法，中国公司可能会选择其他国家或地区去生产，如此一来，也提高了我国公司的成本。

四、英国脱欧对全球的影响

从国际政治的角度来看，英国脱欧可以说也是具有重要意义的，对英国、欧盟还有国际政治等方面具有复杂的影响。短期来看，英国脱欧带来了英国国内的政治变动，也使得国际金融有较为明显的起伏波动，给世界经济复苏也蒙上了一定的阴影。总的来看，英国脱欧所带来的国际影响应该是长期而且持续的。尤其是国际政治格局的变动，也会随着时间推移，慢慢显现。

（一）英国脱欧对全球经济的影响

毫不夸张地说，英国脱欧象征着大英帝国正逐步迈向衰落，一定程度上也是大大减弱了西方的霸权主义力量。英国脱欧对国际经济体系所造成的影响尚不清楚。当英国脱欧公投结果一经对外公布，全球金融市场以及欧洲的经济状况都变得动荡起来。而这种影响也非一日一时，而是会长期持续地逐步地显现出来。在全球化的大时代背景下，国家之间、区域之间经贸往来关系就像是一个环环相扣的循环，而其中的某个节点出现了问题的话，就会产生连锁反应，对整个经济循环造成不同影响。从这个角度来看，英国退欧对现今的国际经贸体系具有相当的冲击力，把欧洲的政治经济框架推到新的阶段，其带来的不确定性对全球经济以及欧洲的发展都有相当的影响。从其他经济体的状况来看，美国、日本等也遭受了不同程度的负面影响。

总的来说，英国脱欧所带来的冲击还是欧盟受到的最大，对于其他国家和地区相对都较小。伦敦本身就是国际金融中心，对全球的国际信贷、各种离岸金融活动均有非同一般的影响。由此，英国脱欧将借由金融、贸易等层面对环球其他地区的经贸进一步发挥极为重要的影响。尤其是英国脱欧已经让全球的风险规避和风险厌恶的情绪很快升温，全球金融市场开始出现动荡。估计美联储加息的进程也会由此而加快。由于形势的很大不确定性，英国脱欧对实体经济的实际影响还难以确切估计。

1. 美国经济影响有限

美国的经济发展自 2015 年首次加息后有所转好，但并没有表现出比较稳健的状态，美联储加息的步伐也表现得非常犹豫。英国脱欧公投结果对外公布后，市场普遍都显现出对第二次加息情况的担心。2016 年 12 月 15 日，美国第二次宣布加息。美联储加息实际上也预示着其经济有回暖迹象，其他一些经济体的出口预期会逐步转好。

2. 日本经济复苏艰难

英国脱欧以后，日元在很被动的状态下升值了。安倍政府原本实行量化宽松的发展政策在此情况下也受到干扰了。这可以说对日本的经济复苏并无益处，但却提高了日元的国际储备地位。日元所具有的避险属性也会使其不断升值。

3. 英国及欧盟经济将进一步下行

在中长期内有下滑压力的还有英镑和欧元。不论英国脱欧是否真的能实现，都会对英国和欧盟造成其预想不到的负面影响。其国际储备货币的地位也会随之受影响。再者对欧盟来说，欧债以及移民问题都还需着力处理，由此未来经济下行的趋势很有可能还会继续扩大。从长远来看，也还有很大的未知数。

4. 利好俄罗斯经济

乌克兰事件发生后，英国尤为激烈地表示要对俄罗斯进行金融制裁。英国可以说也是现今看来妨碍欧盟众成员国消除对俄罗斯制裁的最主要阻力。从 2014 年开始，如果制裁一直持续三年，石油价格也随着有大幅下滑的话，加上很大一部分资金外流，俄罗斯可能会损失六千多亿美元。当前，解除对俄罗斯制裁的意愿已被奥地利、匈牙利等欧盟国家重新释出。俄罗斯很有可能会利用英国退欧和欧盟内部自己的分歧来重启和欧盟商谈的大门，这毋庸置疑会有利于俄罗斯的经济复苏。即使不能达成商谈，双方的关系也将因为少了英国而开拓了空间。

再来观察全球经济，英国脱欧公投的结果给全球经济蒙上了一层阴影，且一定程度上也加剧了下行的趋势。全球经济增长速度出现下降。同时，英国脱离欧盟的行为是逆全球化，像印度、南非这样的新型工业化国家可能会遭遇经济上的恶化，失去了原来应有的全球化成果。总的看来，全球经济复苏会变得更加步履维艰，全球性的经济格局大调整也很有可能会呼之欲出。

（二）英国脱欧对国际地缘战略格局的影响

在西班牙无敌舰队被全歼之后，国际社会开始由海权主导。那时候的英国也有"日不落"帝国的称谓，殖民地可谓遍布全球。而英国的霸主地位亦直至二战结束才被美国和苏联霸占。

从苏联解体到21世纪初，美国相拥太平洋和大西洋，又有北约来制衡俄罗斯，在亚太又有相对的控制权，可以说是全球独一无二的霸主。然而，因为美国随后在中东坠入10年长时间的反恐战役，大大地削弱了国力，而后将很大部分的军事力量放到亚太来制约中国的发展。而中国在经济以及军事方面的发展并没有因此受到阻挠，迅速发展崛起，国力渐盛，也逐步动摇了美国独一霸主的地位。"一带一路"也正是世界向陆海权为标志的转型。在这方面看来，英国脱欧加快了国际地缘战略框架的再次建立。

1. 中美两国全球地缘战略格局已现雏形

2014年11月，中国和美国达成了很多共同的意见，并制定了一连串协议。这些协议和共识也象征着中美新型关系的建立。之后不久，美国的对华战略全面转到"亚太再平衡"战略。该战略也是很明显有制衡中国的意向，并提出"不冲突、不对抗"等声明。

美国通过法律操纵、军事胁迫、外交孤立、政治离间等方法来遏制中国。这反而显示出了美国的思维。这样的动作也反映出美国对自己的国际地位并没有很大的信心，唯恐中国的国力逐渐强盛而威胁到自己的地位，特别是近些年来，中国的经济高速发展，在各方面都显示出了巨大的发展潜力。然而中美之间的关系，尤其是在地缘战略框架下的格局也是双方各自综合发展的必然结果。但是，中国和美国之间接下来是合作双赢还是一味的遏制抗衡，在南海问题上也可窥一斑。

2. 英国脱欧加快了国际地缘战略格局的重构速度

第一，英国脱欧综合因素来看都减轻了美国通过英国来掌握欧盟的力度，从而使美国对全球经济发展的影响力有所减弱。近年来，英美已经形成了微妙的关系。在脱离欧盟之后，英国考虑到自身的国际地位，就不得不对美国有更多的倚靠，特别是军政等领域。

第二，在英国离开欧盟后，美国对欧盟的控制力显然将被严重地削弱。事实上，欧盟中许多成员国对美国有各种不满。因此可以看到，英国脱欧后美国很有可能会把关注点放在北约，通过强化北约来再次掌握控制欧洲的能力。只有这样，美国也才可以做到既能巩固对英国和欧洲的控制，又可以进一步威胁到俄罗斯。

第三，俄罗斯很可能会在这次英国脱欧中取得最大利益。至此，俄罗斯会逐步拉近和欧盟的关系，并使得欧盟自己内部的矛盾和分歧逐渐加大，以求赶快减少欧盟对俄罗斯的制约作用。在北约会不会东扩，俄罗斯、美国和欧盟会不会长期进行博弈等问题上，是值得探讨的问题。但是，英国在脱欧之后欧盟也很有可能会逐步取消对中国的武器禁运以求中美利益平衡。欧盟内部的法国和西班牙在以前就公开表示过取消对华禁运武器，而当时英国在美国的控制下也使得该主张被拒绝了。未来中国和欧盟在军事和贸易合作上也会有很好的机会。

第四，英国在脱欧以后，美国会增强对待俄罗斯行动的激进性，通过操纵北约东扩来压迫俄罗斯的进一步发展；其次，会通过军事捆绑联盟来继续经济制裁并威胁俄罗斯，这样的话，俄罗斯和美国就会至少形成一个战略上的势力制衡。从而，美国的更多精力就会转到亚太地区，目标当然就是中国。政治上的孤立，军事上的围堵等都是美国对待中国的惯用手段，也有试图把中国推到战略的位置上。美国国内的许多政界或军界人士对于中国的军事实力都是持半信半疑的态度，因此在南海问题上也是带着挑衅的意味来想探出中国的军事底牌。这样看来，英国在中美双方的关系上更多的是在政治和道义上的考量，而非经济性的，所以地缘战略上意义并不大。

3. 力争用和平的方式重构国际关系新秩序

审时度势，多方准备，做好最坏打算，以及力求用和平的方式再构建国际关系新秩序。英国脱欧也不是一蹴而就的，必须经历一个较为漫长的过程，而现在来看也很难下定结论其最后能不能达成。从地缘战略的角度来看，英国脱欧也是有正面影响的，只要中国能在经济上能分别和英国、欧盟牢牢把握好关系，并逐渐达到相互促进发展的绝佳境地。即使以后中美可能发生战略对抗，中欧也会站在相对中立的位置。加之俄罗斯受到北约组织的干预，这样一来，中国就会倚靠南海区位长处，专注对付美国。

对于中国来说，保持国内的政治稳定和经济稳健发展是首要任务，中国崛起也是国际形势发展的必然，而英国脱欧很可能还会进一步助推这一发展形势。但是，这一发展进程并不会一帆风顺，中国一定要审时度势，随形势变化而做好各种准备，力求用和平方式捍卫国家权利。当然，也有必要做好最坏打算，因为环境变化飞快。总之，中国必须争取同一切有可能合作的国家展开联合，力求更多的经贸交流，通过和平的方式崛起。

（三）英国脱欧对全球一体化的影响

1. 对欧盟一体化的影响

英国脱欧是逆全球化的一个典型事件，对全球化的发展和前景有相当的影响。无论是硬实力还是软实力，欧盟都会因为英国脱离欧盟而大大受阻，一定程度上也会激发其余国家对欧盟的质疑，这也将对欧盟的未来动向产生作用力。未来的发展中，欧盟必须在一连串的不确定性中找到自己的发展方向，以更加务实的态度来推进欧盟一体化，否则将会陷入不进则退的困境。

英国脱欧在一定程度上也大大削弱了欧盟的国际地位。尽管英国并不是欧盟的创始国，自始至终也被欧盟边缘化。但总体上来说，英国还是欧盟范围内最有影响力的三大国家之一，在欧盟中的作用也是不可或缺的。英国脱离欧盟会成为经济一体化过程中欧洲第一个国家退出的事例，这表明经济全球化和联合化并非不可逆转。英国是欧盟中三大经济体之一，是欧盟范围内投资存量最高的国家，同时是欧盟预算的第二大出资国，它大力推动了单一市场的进程和拓展。英国离开欧盟很大程度上对欧盟是一个巨大的损失。

欧盟范围内"疑脱"的一些极端力量也会随着英国脱欧而逐步升温。2012 年爆发的欧债危机已经开始显露出欧盟自身的一些缺点，那就是一体化的货币政策并没有相对应的财政体系来与之配合。此外，英国脱离欧盟还暴露出在政治、文化等层面的矛盾。英国脱欧在英国国内也出现了一系列负面反应，其中就是苏格兰以及爱尔兰相继提出独立的主张。

欧盟内部力量失衡加剧。在欧盟内部，英国都像平衡器一样的关键作用。一方面是欧洲南部国家开始盛行的保护主义的经济政策，尤其是以法国为代表。由此可以来平衡其他国家对德国逐步显现的领导作用的担忧。进而，法国也会在欧盟安全和相关防务上有更多的合作伙伴。在英国离开欧盟后，德国在欧盟内的影响力随之逐步加强。德国总理默克尔和外长施泰因迈尔在英国脱欧后迅速召集大国会议以求进行协调，由此而使得许多其他欧盟成员国不满。另外，欧盟失去英国之后，自由主义以及欧洲一体化发展的力量也会流失。因此，欧盟会不会变得越来越保守现在也还难下定论。

对于欧盟未来的发展方向，欧盟内部的相关争议也会愈演愈烈，能不能达成一个较为统一的看法是特别关键的。近些年来，欧盟陆续暴露出了自己内部一些系统性的问题，欧债危机就是其中一个重要的事件。欧盟的"政府间方式"就显示了其很大的超国家属性。难民问题的难以解决，显示了欧盟内部申根系统有很大的缺陷。从现今情况来看，欧盟想要进一步消除危机，很显然缺乏民意支持根基。德国财长朔伊布勒表示："应对英国脱欧，我们不能简单以进一步拓展欧洲一体化作为回应。"欧盟各成员国对欧洲一体化的发展方向也并没有一致的想法。法国希望欧盟可以朝联邦式的方向走，德国的意愿希望更多放在政府间合作的道路上，中东欧的国家比较希望自己可以拥有更多权力。总的来说，欧盟各成员国之间都比较认同欧盟是需要改革的，但到底往哪个方向走却还无法下定论。

2. 对全球一体化的影响

由于英国脱欧给经济全球化以及一体化带来的负面影响，其他的一体化经济体的进程和发展也很有可能由此遭遇困阻。TTP 与 TTIP 的谈判就是其中很好的例子。这两个协议都是由奥巴马主导在美国政府开展的，由于英国脱欧也很有可能受到牵连。世界其他地区的负面因素也很有可能会卷土重来，像恐怖主义、极端组织、地缘争端等，都可能会因英国脱欧而升温。从现在局势来看，世界的国际事务治理还很缺乏合作和联动，从而给全球化进程带来了很多不确定因素。

（四）英国脱欧对全球政治格局的影响

在未来的发展阶段中，英国脱欧会使得全世界范围中的发展迷雾逐步显现。全球的政治经济框架虽然并没有因此而被触及根基，但在一定程度上受到影响还是在所难免的。

总的来看，中国还是不能轻视全球的发展因英国脱欧所受到的影响。从当前的国际形势来看，权力框架为"一超两强"。一超就是美国一国独大，坐享超级大国美誉。两强则分别是欧盟和中国。形势也有逐步向中国、美国、欧盟三足鼎立的方向发展。尽管从现在来看，许多新兴经济体都有重新建立国际新发展框架的愿望，但这也和传统老牌发达国家的利益诉求相违背。对于美国来说，要想维护好自己在西方的独大力量，是离不开和欧盟进行合作的，尤为重要的一点是，中国和美国一直都存在着一种特别的外交关系。对于美国来说，英国在大西洋战略发展中扮演着不可或缺的沟通桥梁角色，特别是在北约和欧盟的共同国际事务处理中。事实上，美国和欧盟的向前发展都少不了英国的协助。英国离开欧盟此举如若确定，美国和英国的伙伴关系会影响就会大幅度减弱，失去了对欧盟产生影响力的英国，对美国来说，其利用价值也就大打折扣。

这样一来英国在国际事务中的影响力也会随之减弱。

1. 环球政治格局将生变

首先，英国脱欧很有可能会使得欧盟内部的"疑欧"势力崛起，并由此产生一系列的连锁反应。再者，欧债危机的蔓延还没有真正地在欧洲停止，在这样的不利发展关头，英国脱欧还会使欧盟花费庞大的经费和人力去和英国关于"脱欧"进行细节上的脱欧谈判。而在实质层面上，欧盟失去了英国，经济发展和军事发展上可以说也是元气大伤。因为历史原因，欧盟在外交事务发展能力以及国防事务处理能力上是很有限度的。欧盟在军事层面上的左右手则是英国与法国。这两个国家有在联合国安理会的否决权，还有强大的远征军和军事武器。再者，失去了英国的欧盟，G7 的实力也会有较大幅度的下滑。英国"脱欧"不仅对于世界发展格局带来不利的影响，其在国际事务中的影响力也会下降，日本一直希望通过英国的影响进入 G7，把自己的想法、理念通过英国表达和传递并由此影响中国的发展。英国脱欧后，对整个欧洲的影响力都会因此而下滑。日本很有可能会随着英国"脱欧"事件的发展转变自己在军事上的战略，从而亚太地区的形势也很有可能受到牵连。

2. 全球治理面临挑战

英国脱欧给世界的政治经济发展蒙上了一层迷雾，全世界的治理和发展特别需要构架一个完善的危机预警体系，从而可以综合地展现出国际政治经济发展因为英国脱欧而受到影响的程度。在一定程度上，英国脱欧同样显示出逆全球化趋向，因此公投结果出乎很多人的意料。这也意味着，具有很强不确定性的因子很可能会在未来世界发展当中频频出现。每个国家在当做出一些国际事务的决策时需要思考的问题更多了，可能还会遇到一些前所未见的因素。这些问题都需要被高度重视和重视。这些因素很有可能会影响到世界发展的稳定性。人口问题就是其中一个重要值得关注的问题。全球化的发展离不开人口的迁徙，而人口的迁徙会带来正面的影响，也同时存在威胁。劳工议题也一直被许多国际治理平台重点提出，反恐的问题也频频在联合国等国际组织会议上被提及。在全球化的发展进程的过程中，1）要关注跨境人口、国际犯罪等话题，2）要做好风险防范工作。如果世界的不稳定性增加，没有一个良好稳健的国际发展环境，世界上的许多国家自己内部的发展也难以有良好的契机。

3. 国内政治对国际政治的影响进一步深化

英国脱欧公投结果公布后，民粹主义便出现在了大家的视野中。可以说，英国脱欧既有其历史发展的偶然性，也有其出现和发展的必然性。其必然性在于欧盟一体化市场的自身系统性的缺陷，统一的货币政策并没有相应的财政政策与之配套，就必然会遇到很大的问题。其偶然性在于英国的国内政治经济走向。从公投的票数分布状况来看，民粹主义在公投中起了尤为关键的决定作用——传统工业区具有支持脱欧的最高比例。就业困难、产业转移等问题激发了英国的工业阶层对精英阶层的反对情绪，而直接导致了最后的脱欧结果。由此可见英国脱欧的内在原因正是英国自己内部的各种发展情况和因素混合影响所致，欧盟内部发生的债务问题、难民问题等都是外部影响因素。在内部因素和外部因素的共同影响下，最终也就影响了脱欧的公投结果，大大地影响了国际发展走向。

从现在的状况看来，国际政治受到国内形势变化的影响会越来越大，也会显现出双面博弈的情况。从内部的层面考虑，内部形成的政治重压，会使一个国家作出不同层面的对外实施方案，从而进一步对全球大环境造成一些影响。正是因为自己本国的经济发展、社会潮流趋势的变化、国内治理发展的情形等问题，才很有可能会逐步脱离至国际环境，大大增加了全球发展前景的不确定性。

4. 国家与国家之间的关系更加多元，以不同的议题领域界定关系亲疏

英国离开欧盟后，会对国家、地区间外交关系产生以下影响：

首先是美国和欧盟外交关系的发展。美国在过去较长时期内和英国存在特别外交关系，美国也一直想通过英国来影响欧盟内部的发展。从军事的层面考虑，对欧洲来说，欧美联盟意义重大。尽管如此，美国肯定会在选择自己的盟友时重心转移，有可能德法的地位会随之上升。即便会涉及军事领域，美国也很难大范围控制欧洲。

其次是俄罗斯和欧盟的关系发展。对俄罗斯来说，欧盟中呼吁对俄罗斯进行惩治最为激进的就是英国，这也就是因为美英相互存有微妙的联系。欧盟在欧债危机、难民问题以及英国脱欧后也必须思考自己的发展道路。从现今的情况看来，欧盟要深入考虑的问题还有对俄罗斯的关系、东欧问题的外交国际事务和军事行动联盟的问题等。在排除其他突发性的巨大事件的情

况下，俄罗斯和欧盟的关系会逐步趋和，欧盟和俄罗斯的关系在乌克兰危机之后一直处于比较僵硬的状态，相互制裁。英国也是对俄态度强硬，显而易见地与美国在对俄罗斯的态度上与其保持一致。欧盟对俄罗斯的态度虽然不会在英国脱欧之后就立即改变，有所缓和，但总的来看欧盟内部对俄罗斯缓和的趋向还是逐渐显现出来。目前，法国的外交部部长已经公开对外表示要在欧盟范围中洗牌对俄制裁的讨论；德国的态度也有所缓和，并表示应该逐步推进和平发展，逐步取消对俄罗斯的制裁。

再次中国和欧盟的发展动向。欧盟除了比较关注经济方面的合作问题，还不得不努力探索新的同盟伙伴发展对象。为此，中国为欧盟首要考虑的目标。近来，以中国为代表的新兴工业化国家快速成长，在全球发挥越来越大的作用，对全球事务的参与度也越来越高。在经济方面，欧盟与中国既有竞争又有联合发展。此外，欧洲债务问题还余波荡漾，英国脱离欧盟对欧盟是一次不小的冲击，因此与中国进行联合发展则是其明智之举。

最后，从整个国际大环境来看，国际关系的非传统性越发变强，根据国际社会的形势变化所建立新的安全预警体系迫在眉睫。许多新的安全影响因素频频出现在国际事务中，其对全球发展带来的影响是我们无法想象的。很多人认为英国脱欧会提高就业难度，频频发生的恐怖主义活动也令民众感受到影响世界发展的波动因素早已不仅仅局限于战争。伴随着全球化进程的深化，人口问题也逐渐对许多国家发生了深远的影响。英国脱欧所展现的逆环球化，也给英国内部的稳固产生了负面效应，激化了社会分歧和矛盾。民粹主义也有可能进一步演化成排外情绪、绝对保护主义等问题，这都会影响到社会的稳定发展。

英国脱欧后，世界的发展前景更加迷雾重重了，面对着国家之间的形势快速变迁的历史背景和环境。国家之间，尤其是欧洲国家和其他国家或地区之间的关系也会向更加务实的方向发展。在这些关系变化中，虽然也有相对的变动，但也存在相当的稳定性，从美国和欧盟的关系中就可以看出。空管关系存在的，可是对于欧洲来说，还是要不断加强，无论是外交事务上还是政治、经济的发展的速度，争取和多个国家合作发展。

（五）英国脱欧对中国经济的影响

2016 年 6 月 24 日，英国"脱欧"公投以"脱欧派"占 51.9% 而宣告结束，具有历史意义的英国"脱欧"公投尘埃落定。鉴于公投是非法律约束性行为，并且根据《里斯本条约》，英国距离真正"脱欧"还有两年过渡期，但从民众目前的反应来看，英国"脱欧"终将成为事实。所以，英国"脱欧"对中国经济的影响是需要当下我们关注的问题。

一是，英国在经贸合作上，会进一步拉近与中国的关系，英国对中国出口市场的依赖会增强。（1）英国"脱欧"之后将失去作为欧盟成员国享受欧盟经济红利的待遇，对欧出口会受到冲击。因此，英国与中国的合作有望进一步深化。（2）在脱欧公投尘埃落定以后，英国与欧盟之间在产业发展、产业分工方面将会重新组合。重新组合不仅会对世界产业结构或者国际分工、国际市场产生一定影响，也会对中国产生影响。（3）英国脱欧对中国的发展来说应该是一次机遇，尤其是中国正在打造"中英黄金十年"，中国应该抓住机遇加强与英国在各个领域的合作。（4）贸易方面，英国"脱欧"对中国也应该是利大于弊。英国曾在呼吁欧盟在中国市场地位和反对贸易保护主义方面付出很大的努力，英国在无法改变欧盟的市场保护主义倾向的情况下，脱离欧盟意味着"中国制造"进入英国市场的壁垒会降低很多，中国商品进入英国市场会更加自由。英国"脱欧"有可能会使英国脱离《里斯本条约》，但是英国不会选择退出欧洲共同市场，英国和欧盟仍有维持原贸易格局的可能，这对中国和英国以及欧盟贸易的稳定提供了基础。

二是，中国应该抓住更多与英国合作的机会，尤其是要抓住在"一带一路"和英国北方经济引擎带来的大量合作机会，并加强双方在经济、贸易、商业等方面的伙伴关系。（1）英国"脱欧"最大的赢家应该是中国，中国如果想在此时与英国签署自由贸易协定，可能性就会比较大，进而和其他国家签订自由贸易协定也会容易很多。而且未来中国和英国的合作绝不仅限于经贸领域，还应在亚投行等多方面有所推进。（2）英国退出欧盟，中国将失去一个在欧盟内部推动中欧自由贸易的重要力量，这也增加了未来中欧自由贸易协定谈判的难度，使得中欧之间合作的可能大大降低。中国应该增加同其他欧盟成员国的合作。例如：中德应该加强在"中国制造2025"和德国"工业4.0"方面的对接，加大中国在传统制造领域转型的步伐，抢占新一轮技术革命的主导权，利用中国广阔的市场的优势，吸引更多具有新的商业模式和外部资源的德国公司到中国投资。中德应该是构建全球产业链过程中重要的一环。（3）当前在英国"脱欧"的形势下，中国只有加强与其他欧盟成员国的合作，才有可能增加和欧盟在各个领域合作，而欧盟也应该在协调欧盟成员国之间利益冲突方面多做努力。

三是，从中长期来看，英国"脱欧"对人民币国际化会产生一定程度的助力。（1）英国"脱欧"会使伦敦作为"老牌"国际金融中心，同时也是仅次于香港的第二大离岸人民币中心的地位岌岌可危。（2）而英国"国际金融中心"的地位是否可以保持下去是影响人民币国际化的一个重要的因素。英国为了确保伦敦的金融中心的地位，会进一步加强对人民币离岸中心建设的支持力度，未来会给人民币以及中国金融机构更为宽松的环境和更有力的支持。虽然英国"脱欧"将不可避免地增加中国跨境资本流动和汇率的不确定性，但是人民币汇率在短期内的波动是可控的，中国与英国的关系在没有欧盟干预的情况下，联系会更加紧密。（3）英国脱欧后英镑和欧元的国际地位都将下降，反而使得人民币的国际地位上升。人民币有机会在未来同欧元、英镑、日元一样，成为"全球储备货币"。所以，从供需的角度，英国"脱欧"应该在未来提升国际市场对人民币资产的需求，进而对人民币国际化产生积极影响。（4）面对英国"脱欧"对其金融中心地位的影响，上海作为中国新兴的金融中心，应该与英国在金融领域加深合作，尤其是在建立完善的金融机构系统和金融工具方面，因为伦敦在成为金融中心后就是发挥了在银行业务和金融工具上的领先地位，才使得其他欧洲金融中心即使形成也无法对其形成挑战。

四是，退欧的方式同样是我们关注的问题。虽然欧盟内部有很多未解决的问题，但是欧共体仍是世界上一支重要的经济力量。所以，英国未来和欧盟保持一种什么样的关系，我们仍需拭目以待。目前，英国已经递交退欧文件，英国和欧盟在以后退欧谈判中，无论选择保持挪威模式还是瑞士模式，英国绝不希望切断和欧盟之间的一切联系，因为英国和欧盟之间是一种"没有永远的朋友，只有永远的利益"的关系。所以，对于英国这个追求永远利益的国家来说，欧盟作为世界上第一大经济体所拥有的经济红利仍是很大诱惑，况且英国与欧盟之间的经济融合度比较高，英国同样是欧盟巨大的市场，目前欧盟成员国仍有大量的劳动力在英国就业。所以，欧盟也不舍得从此与英国一刀两断。目前，对于中国来说，仍需抓住英国和欧盟之间若即若离的关系，在加大与英国经贸等领域合作的同时，也要以英国作为突破口，借英国目前在欧盟内部的影响力加强与欧盟的合作，加快在与欧盟其他成员国在产业、科技等领域的合作，尽早完成在欧盟内部的战略布局，从而为今后在欧盟内部拥有更多的话语权、为日后更好地推动中欧自由贸易做准备，同时也是为当下中国的"大国外交战略"提供非常重要的平台和机会。2016 年 7 月 13 日，卡梅伦宣布卸任英国首相，特蕾莎·梅随后担任英国首相，这位被英国政坛视为"铁娘子""灭绝师太""政坛超模"的政治领袖在随后与欧盟谈判过程中的表现仍需我们时刻关注。

五、英国脱欧的事态发展判断

（一）英国脱欧会助长民粹主义的发展

英国脱欧是反全球化的一个具体体现。对英国底层民众来说，脱欧意味着对权贵阶层的一种反抗。这种现象目前在发达国家有蔓延的趋势。美国总统特朗普关于穆斯林、墨西哥移民等众多"政治不正确"甚至带有歧视性的言论，是其当选美国总统的重要原因。这是在以前美国社会不可能发生的。在法国，极右政治势力已经是国内的一股重要力量，而玛丽娜·勒扬言，一旦其当选总统，也会在法国举行脱欧公投。

曾经最能够代表西方民主政治发展的英国，此次英国全民公投就是一次民粹最好的体现，正是在其所谓的成熟的民主制度下，实现了一场"庶民的胜利"。在大多数精英分子看来，脱欧是不现实并且不明智的。脱欧之后英国整体经济的影响将产生无法估计的后果：英镑在国际货币体系中地位的下降，成本的上升，对外贸易的转移，也会在军事、外交上影响英国国际地位和话语权。所有英国社会的精英人士群体，都认为英国脱欧几乎不可能。正因如此，在 2013 年面临换届压力的卡梅伦，有了苏格兰公投结果的保障，才会做出脱欧公投的许诺，希望借此获得连任，也以公投作为筹码与欧盟谈判，为英国争取更多的特权性。但最终结果是英国脱欧成功，卡梅伦引咎辞职。政治事件都有孕育其发生的社会环境，此次人们将矛头直指英国国内经济的恶化，基层民众生活没有明显的改善，加上难民涌入，与本地居民在就业和安全问题上产生了巨大的冲突，这让英国底层民众对政府失去信任感。从 2008 年经济危机爆发到 2016 年，英国国内平均工资连续下降，降幅达到 8%，但是底层群众和精英阶层生活受到的影响则明显不同，这种不公平激起了民众的不满情绪，情绪积淀越久，民众情绪爆发。而底层民众思考问题的角度比较直接，此次脱欧成功，就能自主决定难民政策，如果难民入境数量减少，那么本国人的生活品质就会得到提高。当再次审视整个事件，在分析脱欧成功的原因时候，更多地感受到的是英国普通民众对于政府和领导人的不满和愤怒，这是一种在愤怒催化下站在当政者对立面的作用。

英国脱欧是政治的偶然同时也是民粹的必然。而这种在英国脱欧问题上展现得淋漓尽致的民粹主义，将会在未来很多崇尚所谓民主的西方国家继续发酵，特别是经济长期处于低谷的国家。欧盟首当其冲。

（二）全球将进入高度不确定性的时代

随着英国脱欧的确定，未来世界的不确定性会保持在很高的水平，全球治理急需建立危机预警机制。要精确评估英国脱欧对国际政治经济格局的影响依旧很不容易。英国脱欧在某种程度上与全球化的主潮流逆反，是大多数人眼中的黑天鹅。这也预示着，未来世界将充满各种不确定性和不可预知的因素，例如特朗普成功竞选等。全球治理同样面临挑战。一些我们未曾设想或未曾充分考虑到的因素，都有可能成为影响人类社会发展的重要因素。如果世界的不确定性变得更高，那么世界上的所有国家都将面临更为复杂的外部环境，不利于国内经济社会的稳定与发展，也不利于整个世界的和平安全。然而，这是英国脱欧后我们必然面对的环境。

（三）中国与英国和欧盟的关系会发生变化

总体上讲，英国脱欧对中国的直接影响比较有限。中国可能成为英国最好的伙伴，英国脱欧将对中欧经贸往来产生综合影响。中英经贸联系密切，脱欧以后英国经济面临经济衰退的风险，英镑将持续走软，对中国出口会有影响。会让其在经济上更多依靠中国，而且与中国企业的交流也会更加频繁。反全球化的思潮涌现开来，尽管打造人类命运共同体才是这个信息技术与科学技术飞速发展，贸易越来越方便的地球的未来，但是我们无法阻止选民用选票说话。甚至"逆全球化"进程也非常有可能出现。特朗普上台之后，美国开始强行推行贸易保护主义。这种情况下，双边贸易协定以及多边自由贸易协定难免会受到影响甚至陷入僵局，自由贸易理念可能会受到更多的质疑。而对于中国来说，中欧关系有着极为重要的位置，欧盟和中国的经济发展会影响全球经济的复苏。基于上述理由，中国需要的伙伴应该是一个繁荣并且充满活力的欧盟，现在经济的发展不是此消彼长式的消耗而应该是相互合作，实现双赢，促成亚欧之间经济整合，生产要素得到更有效的流动，为全球经济增长添砖加瓦。只有当欧盟这样的经济体逐渐随着国际政治、经济的发展和局势的变化受到影响时，欧盟会更加偏向贸易保护主义。中国应该提前准备英国"脱欧"带来的各种问题，与其他的国家建立战略互惠的伙伴关系。另外中国会对英国脱欧事件进行敏感度分析，在可能的影响范围内针对建立防范体系，密切关注各国之间的利益关系，加强交流与合作，以打破贸易保护主义对经济的影响。

但是英国依旧将在中欧关系中发挥着更为重要的作用，其对华开放度一直位于欧盟国家前列，因此英国脱欧将使中国走进欧洲的渠道发生变化，此消彼长，英国会和中国建立更为亲密的关系，从而推动中国的"一带一路"倡议和人民币国际化。中国需要密切关注并且谨慎应对与英国的新型关系。另一方面，中国企业在欧盟将存在不小的投资风险。欧盟的经济增长普遍不被看好，欧元以及欧盟其他成员国的货币都出现了不同程度的贬值，从市场信号来看，欧盟经济增长疲软的现状难以得到缓解，衰退预期增强，而且欧元的贬值还会直接导致汇兑损失、增加汇率风险。另外，英国原本是欧盟主要的收入贡献国之一，"英国脱欧"给欧盟整体开支的预算收入造成了不小的缺口。欧盟成员为满足开支需要，有可能会通过税制变动、严控避税、加强税收征管等措施来筹措财政收入，无形中会增加中国企业对欧投资的制度成本压力，影响投资回报率。同时，不容忽视的是，英国在脱离欧盟之后，也将脱离欧盟统一的政策、制度和标准，这些规则的变化也会给中国投资者在欧盟与英国间的投资、生产和贸易活动带来额外的风险。

（四）脱欧引发蝴蝶效应

英国脱欧在中长期对全球主要货币产生持续性的影响，也将导致欧盟和美国的货币政策更加谨慎。脱欧不是一个短期事件而是一个过程，其影响更主要体现在长期方面。英国脱欧树立了一个对欧盟来说并不友好的榜样，当各国经济发展良莠不齐的时候，离开欧盟是必然选择。我们可以预见的是，英国脱欧可能只是开始。英国脱欧可能只是"蝴蝶效应"中轻轻挥动的那一下翅膀。英国脱欧对欧盟和欧洲一体化进程来说是毁灭性的打击，英国是欧盟在德国之后的第二大经济体，联合国的常任理事国，不管在经济还是政治或者军事上都对世界有着重要的影响力。英国的离开无疑会削弱欧盟在世界政治、经济板块中的话语权。英国脱离欧盟后将不再受欧盟的决策束缚，如回归自由贸易和实用主义传统，如何成为支持全球化的重要力量，推动世界贸易体系和金融体系改革中发挥更积极作用依旧是重要话题。假若英国在脱离欧盟后的几年时间里能保持物价的稳定，英镑的强势，英国民众安居乐业，一片欣欣向荣的景象的话，欧盟等其他各国的民粹主义势必泛滥。蠢蠢欲动的欧盟里的强国将在选票的诱惑下可能会选择接二连三地选择离开欧盟，欧盟瓦解的结局将会不可避免。

参考文献

[1] 易容：《英国与欧盟关系的历史演变》，《人间》2016年第27期。

[2] 鲁昊：《工党政府与英国第二次申请加入欧共体研究（1964—1967)》，华中师范大学，2012年。

[3] 刘建军：《欧盟统一金融市场进程与"单一护照"制度》，《证券市场导报》2002年第7期。

[4] 金瑞庭、李大伟：《英国"脱欧"对欧盟及全球经济的影响及我国对策》，《中国发展观察》2016年第12期。

[5] 尚亚楠：《欧盟金融监管改革研究》，吉林大学，2015年。

[6] 余维彬：《欧盟金融市场一体化进展》，《资本市场》2003年第11期。

[7] 何新华：《英国"脱欧"对欧盟经济的潜在影响分析》，《贵州省党校学报》2016年第5期。

[8] 东艳：《英国"脱欧"与区域一体化的挑战》，《贵州省党校学报》2016年第5期。

[9] 李文增：《英国脱欧与欧洲经济一体化》，《世界文化》2016年第9期。

[10] 李明明：《拒绝融入欧洲？——瑞士的欧洲政策探析》，《欧洲研究》2014年第5期。

[11] 王海霞：《夹缝中的生存之道——奥地利的永久中立政策》，《当代世界》1998年第8期。

[12] 金日：《从中立主义到后中立主义：瑞典外交政策之嬗变》，《欧洲研究》2003年第1期。

[13] 石泽英：《新世纪土耳其与欧盟关系探析》，河北师范大学，2008年。

[14] 张婷玉：《美国自由贸易区战略研究》，辽宁大学，2014 年。

[15] 樊一帆：《新加坡自由港模式对中国（上海）自由贸易试验区的启示》，天津师范大学，2014 年。

[16] 赵怀普：《英国与欧洲一体化》，世界知识出版社 2004 年版。

[17] 纪秀娟：《英国与欧盟的关系问题研究》，山东大学，2014 年。

[18] 陈妍：《欧洲的抉择——欧元的诞生与欧元区建设》，《经济视角》2011 年第 5 期。

[19] 费倩：《英国不加入欧元区的原因及影响》，吉林大学，2006 年。

[20] 谢婧：《英国脱欧公投背景、原因及其影响》，《新西部旬刊》2016 年第 9 期。

[21] 金玲：《英国脱欧：原因、影响及走向》，《国际问题研究》2016 年第 4 期。

[22] 江清云、张磊：《英国脱欧对国际投资贸易影响几何?》，《WTO 经济导刊》2016 年第 7 期。

[23] 黄润中：《英国经济发展之路析示》，《国际关系学院学报》2002 年第 2 期。

[24] 刘丽珺：《试析英国与申根体系关系》，复旦大学，2012 年。

[25] 杨芳：《欧债危机以来英国对欧政策评析》，《现代国际关系》2013 年第 2 期。

[26] 曲兵、王朔：《透视英国的"疑欧主义"》，《现代国际关系》2016 年第 4 期。

[27] 李捷音：《英国脱欧的影响及未来走向》，《法制与社会》2016 年第 36 期。

[28] 朱海斌：《英国脱欧的影响》，《清华金融评论》2016 年第 8 期。

[29] 李文增：《英国脱欧与欧洲经济一体化》，《世界文化》2016 年第 9 期。

[30] 盛斌、李德轩：《金融危机后的全球贸易保护主义与 WTO 规则的完善》，《国际经贸探索》2010 年第 10 期。

[31] 张汉林、付亦重：《世界贸易组织概论》，北京师范大学出版社 2012 年版。

[32] 吴桂兰：《北美自由贸易区和欧洲经济区简介》，《东北亚论坛》1994 年第 1 期。

[33] 平实：《欧洲经济区》，《国际经济评论》1993 年第 4 期。

[34] 黄汉生：《世界自由港的历史演变及其发展特点》，《南洋问题研究》1992 年第 4 期。

[35] 洪山：《世界自由港的发展及其特点》，《对外经贸实务》1996 年第 10 期。

[36] 杨英：《香港自由港政策体系及其评价》，《产经评论》2002 年第 9 期。

［37］马兰：《重大的抉择——芬兰申请加入欧共体》，《世界知识》1992 年第 6 期。

［38］史海东：《"瑞士模式"研究》，外交学院，2010 年。

［39］李者聪：《北美自由贸易区的构建发展经验分析》，兰州商学院，2014 年。

［40］张程：《土耳其入盟之路缘何漫长？——欧盟与北约关系研究》，山东大学，2014 年。

［41］车文娇：《中国欧盟经贸关系发展研究》，东北财经大学，2009 年。

［42］赵晨：《中国欧盟经贸关系的发展现状及前景分析》，《新课程：教育学术》2010 年第 8 期。

［43］温卫杰：《从卡梅伦"脱欧公投"演讲看当前英欧关系》，外交学院，2015 年。

［44］张伟顺：《第二次世界大战期间爱尔兰中立政策研究》，首都师范大学，2009 年。

［45］杨芳：《公投之后——英欧关系与英镑的未来》，《中国货币市场》2016 年第 5 期。

［46］梁秀国：《论欧元区的金融一体化深化》，吉林大学，2008 年。

［47］聂青：《论析挪威的疑欧主义》，上海师范大学，2013 年。

［48］张云逸、陈英：《论英国脱欧后的国际贸易动向》，《进出口经理人》2016 年第 5 期。

［49］吴桂兰：《北美自由贸易区和欧洲经济区简介》，《东北亚论坛》1994 年第 1 期。

［50］樊西玉、何群：《英国"脱欧"是启动中英自贸协定谈判的契机》，《对外经贸实务》2016 年第 11 期。

［51］高波：《英国脱欧对英国及欧洲金融市场影响》，《中国银行业》2016 年第 5 期。

［52］熊园：《英国脱欧中长期利好人民币国际化》，《清华金融评论》2016 年第 8 期。

［53］刘利：《浅析英国脱欧对于中国以及全球经济的影响》，《商场现代化》2016 年第 21 期。

［54］刘赛力：《中英经贸关系的回顾与展望》，《外交评论》2003 年第 4 期。

［55］魏鹏：《英国脱欧后中国银行业在欧发展影响及对策》，《银行家》2016 年第 12 期。

［56］Dhingra S，Ottaviano GIP，Sampson T，et al. The Consequences of Brexit for 英国 Trade and Living Standards ［J］. *Lse Research Online Documents on Economics*，2016.

［57］Paul Kennedy.Britain：A History Lesson ［J］. The Economist, p.51, http：//

www.economist.com/node/14742217.

[58] Arnorsson A. On the Causes of Brexit [J] . Social Science Electronic Publishing, 2016.

[59] Dorling D. Brexit：The Decision of a Divided Country. [J] . Bmj, 2016, 354：i3697.

[60] Lannoo K. EU Financial Market Access After Brexit [J] . Intereconomics, 2016, 51 (5)：255-260.

[61] Kierzenkowski R. The Economic Consequences of Brexit [J] . Oecd Economic Policy Papers, 2016.

[62] Ottaviano G I P, Pessoa J P, Sampson T, et al. Brexit or Fixit? The Trade and Welfare Effects of Leaving the European Union. [J] . Cep Policy Analysis Papers, 2014.

[63] Kroll D A, Leuffen D. Ties that BindCcan Also Strangle：The Brexit Threat and the Hardships of Reforming the EU [J] . Journal of European Public Policy, 2016：1-10.

[64] Fernandes M C. How Will Brexit Impact Deposit Balances in the UK [J] . Social Science Electronic Publishing, 2016.

[65] Vargas-Silva C. EU Migration to and from the UK After Brexit [J] . Intereconomics, 2016.

[66] Bouoiyour J, Selmi R. Are UK Industries Resilient in Dealing with Uncertainty? The case of Brexit [J] . Working Papers, 2016.

[67] Leahy P. Brexit：What happens next? [J] . 2016, 98 (8) .

[68] Moagarpoladian S, Dumitrescu G C, Baltatescu I, et al. Brexit：The Economic and Political Impact of a Possible Withdrawal of Great Britain's from the European Union [J] . Global Economic Observer, 2015, 3.

[69] Wilkin P. The strategy for Europe's Internal Market. Communication from the Commission to the European Parliament and the Council. COM (99) 464 final, 5 October 1999 [J] .

后 记

《英国脱欧：进展与前景》这本新书的出版恰逢英国正式启动"脱欧"进程之时。从 1948 年英国提出了"三环外交"的构想到 1973 年英国加入欧共体。2016 年 2 月 18 日至 19 日，欧盟在布鲁塞尔召开春季峰会，有关于英国是否能够留在欧盟的协商是此峰会的主要议题之一。英国与欧盟的关系一直是国际社会长期关注的焦点。2016 年 2 月 20 日，英国首相卡梅伦宣布，英国将于 6 月 23 日就英国是否继续留在欧盟的问题举行全民公投。公投结果，"脱欧派"以占 51.9% 的支持率以微弱的优势战胜"留欧派"。从此，具有历史意义的英国"脱欧"公投尘埃落定。但是英国距离真正的"脱欧"还有两年过渡期，2017 年 3 月 16 日，英国女王伊丽莎白二世批准"脱欧"法案，授权英国首相特蕾莎·梅正式启动脱欧程序。自此，作为世界第二大经济体的中国在思考对世界应该承担什么样的责任，准备为世界创造什么样的理念的同时，也应该需要用全新的战略的眼光去看待英国在世界政治经济板块中的位置。

当今，世界政治经济板块已经发生了很大的变化，国家利益的多元分层，社会日益活跃的各方力量需求结构的复杂化都意味着世界上拥有不同意识形态和经济发展水平的国家需要进一步的开放和进步。而一个国家的发展和进步在需要遵循制度的同时，也应该把自己放在世界的格局，只有这样才能在世界政治经济板块中发挥着自己的作用。正所谓，世界是因为世界制度才成为世界的，就如同国家是因为国家制度才成为国家的。而一个国家在自身发展过程中的每一次变革和进步都应该用整体和全局的视角来分析，只有这样，我们才能用战略的眼光去清晰地发现一国在世界格局、在世界政治经济板块的变化，这也就要求决策者要避免使用一成不变的认知和僵化的思路，要用一种变化的、全局的、多层次的视角去分析和了解这个世界。而作为生活在这个世界的我们，世界格局的改变、国家的进步和发展无疑给我们带来了更多的机遇、发展和挑战。

2016 年 1 月，经中国社会科学院人事局的工作安排，我来到院机关单位挂职，我利用每天下班之后的业余时间和周末休息的时间搜集整理相关的文献、资料和数据。2016 年 10 月起，我克服一切困难和干扰，经过半年的努力完成了这部书稿。书稿完成恰逢中国社会科学院将迎来建院 40 周年盛事之时，作为中国社会科学院的一名青年科研人员，这本书的出版也是向建院 40 周年献礼。

2014 年 10 月，我从伯明翰大学经济系毕业，通过公开招聘考试考入中国社会科学院欧洲研究所。到欧洲所报到工作的第一天，我站在社科院的门外和父母告别。父亲告诉我，作为一个知识分子要了解自己对于社会的贡献是什么，要了解自己应该成为什么样的人。你只需认真做好自己的事情，平凡的事情同样可以成就伟大。而你不必成为人世间最闪烁的那颗星星，因为会闪烁的星星往往享受太多光芒，且早已失去初衷。刹那间，我突然觉得自己作为一个平凡的人和拥有一个伟大的灵魂这两者并不矛盾。直到今天，我仍然始终坚持自己最初的理想和初衷，那就是，学术要为国家和社会服务。

从 2014 年到 2017 年，转眼间我已经工作三年，在大城市白手起家的生活艰辛，奔波繁忙的工作辛劳，充满变幻的人情世故其间都一一经历。弹指间，我已从当初刚走出校门的学生将步入人生而立之年。我由衷地热爱这三年的光阴，并深深地感恩生活给予我每一次的磨砺。

衷心地感谢我的恩师 Alessnadra Guariglia 教授，她的治学严谨、待人宽厚，为人亲切深深地影响着我在前行中所选择的人生道路；感谢欧洲所领导罗京辉书记、黄平所长、程卫东副所长、宋晓敏主任当年在我人生的十字路口给予我信任和支持。在编辑部忙碌的工作中，他们给予我鼓励、信任、宽容和呵护，这种情谊我都时刻铭记在心；感谢欧洲所经济室主任陈新研究员对本书所提出的宝贵建议；感谢欧洲所的同事们对我无私的帮助，在工作中不断激励我前行；感谢挂职单位中国社会科学院基建办的所有领导在这次书稿完成过程中给予我的鞭策和鼓励；感谢人民出版社王萍主任和编辑老师们辛勤尽责的工作和无私的付出。

谨以此书献给我的父母。自 2008 年我出国读书，离家求学，近 10 年来与父母一直聚少离多。这书中的每一个字，都饱含着我对父母亲无尽的爱和思念。

谨以此书献给疼爱我一生的、已经离开我的长辈，我的外曾祖母，陈秀珍女士。

李奇泽

2017 年春于中国社会科学院科研楼 329 房间

责任编辑:宫　共
封面设计:徐　晖
责任校对:吕　飞

图书在版编目(CIP)数据

英国脱欧:进展与前景/李奇泽 著. —北京:人民出版社,2017.8（2021.4 重印）
ISBN 978-7-01-017936-0

Ⅰ.①英…　Ⅱ.①李…　Ⅲ.①英国-关系-欧洲联盟-研究
　Ⅳ.①D756.1②D814.1

中国版本图书馆 CIP 数据核字(2017)第 173242 号

英国脱欧:进展与前景
YINGGUO TUOOU JINZHAN YU QIANJING

李奇泽　著

人民出版社 出版发行
(100706　北京市东城区隆福寺街 99 号)

北京一鑫印务有限责任公司印刷　新华书店经销

2017 年 8 月第 1 版　2021 年 4 月第 3 次印刷

开本:710 毫米×1000 毫米 1/16　印张:17.5　字数:266 千字

ISBN 978-7-01-017936-0　定价:47.00 元

邮购地址 100706　北京市东城区隆福寺街 99 号
人民东方图书销售中心　电话 (010)65250042　65289539

版权所有·侵权必究
凡购买本社图书,如有印制质量问题,我社负责调换。
服务电话:(010)65250042